海洋生态补偿问题研究

Research on Marine Ecological Compensation

黄秀蓉 著

中国社会科学出版社

图书在版编目（CIP）数据

海洋生态补偿问题研究/黄秀蓉著 . —北京：中国社会科学出版社，2022.9
ISBN 978 – 7 – 5227 – 0279 – 7

Ⅰ.①海… Ⅱ.①黄… Ⅲ.①海洋生态学—补偿机制—立法—研究—中国 Ⅳ.①D922.680.4

中国版本图书馆 CIP 数据核字（2022）第 091551 号

出 版 人	赵剑英
责任编辑	张　林
特约编辑	肖春华
责任校对	杨　林
责任印制	王　超

出　　版	中国社会科学出版社
社　　址	北京鼓楼西大街甲 158 号
邮　　编	100720
网　　址	http：//www.csspw.cn
发 行 部	010 – 84083685
门 市 部	010 – 84029450
经　　销	新华书店及其他书店
印　　刷	北京君升印刷有限公司
装　　订	廊坊市广阳区广增装订厂
版　　次	2022 年 9 月第 1 版
印　　次	2022 年 9 月第 1 次印刷
开　　本	710×1000　1/16
印　　张	17
字　　数	304 千字
定　　价	89.00 元

凡购买中国社会科学出版社图书，如有质量问题请与本社营销中心联系调换
电话：010 – 84083683
版权所有　侵权必究

国家社科基金后期资助项目
出 版 说 明

后期资助项目是国家社科基金设立的一类重要项目，旨在鼓励广大社科研究者潜心治学，支持基础研究多出优秀成果。它是经过严格评审，从接近完成的科研成果中遴选立项的。为扩大后期资助项目的影响，更好地推动学术发展，促进成果转化，全国哲学社会科学工作办公室按照"统一设计、统一标识、统一版式、形成系列"的总体要求，组织出版国家社科基金后期资助项目成果。

全国哲学社会科学工作办公室

目　录

前　言 ··· （1）

第一章　海洋生态补偿问题研究缘起 ································· （1）
　第一节　研究的缘起与目的意义 ····································· （1）
　　一　研究缘起 ··· （1）
　　二　研究的目的意义 ··· （3）
　第二节　海洋生态补偿国内外研究 ··································· （6）
　　一　生态补偿研究进展 ··· （7）
　　二　海洋生态补偿研究进展 ·· （11）
　第三节　研究述评 ··· （15）
　　一　我国海洋生态补偿研究的相关理论尚待完善 ···················· （16）
　　二　我国海洋生态补偿实证研究尚需填补 ·························· （16）

第二章　海洋生态补偿问题研究的基本范畴 ·························· （18）
　第一节　海洋生态补偿相关概念界定 ································ （18）
　　一　生态补偿的界定 ·· （18）
　　二　海洋生态补偿的界定 ·· （20）
　第二节　海洋生态补偿的深层内涵分析 ······························ （25）
　　一　海洋生态补偿的四个特性归纳 ·································· （25）
　　二　海洋生态补偿问题的基本分析框架 ······························ （28）
　　三　海洋生态补偿的问题导向与创新指引 ···························· （30）
　第三节　海洋生态补偿的功能 ······································ （31）
　　一　海洋生态补偿的生态价值 ······································ （32）
　　二　海洋生态补偿的经济价值 ······································ （34）
　　三　海洋生态补偿的社会价值 ······································ （35）

四　海洋生态补偿中的正义衡平价值 …………………………… (37)

第三章　海洋生态补偿的基本理论问题梳理 ……………………… (42)
　第一节　资源环境价值理论与生态系统服务理论 ………………… (42)
　　一　资源环境价值理论 ………………………………………… (42)
　　二　生态系统服务理论 ………………………………………… (44)
　第二节　可持续发展理论与外部性理论 …………………………… (45)
　　一　可持续发展理论 …………………………………………… (45)
　　二　外部性理论 ………………………………………………… (47)
　第三节　社会共享理论与公平正义理论 …………………………… (48)
　　一　社会共享理论 ……………………………………………… (48)
　　二　公平正义理论 ……………………………………………… (49)

第四章　海洋生态补偿运行领域的特殊性及实践难题 …………… (51)
　第一节　海洋生态补偿运行领域的特殊性分析 …………………… (51)
　　一　海洋要素的特殊性：整体性、流动性、立体性和风险性 …… (52)
　　二　渔民主体的特殊性：强海洋依赖性与弱势主体性 ………… (53)
　第二节　补偿对象的确定难题 ……………………………………… (56)
　　一　海洋生态功能补偿 ………………………………………… (56)
　　二　渔民发展权补偿 …………………………………………… (57)
　第三节　补偿标准的核定难题 ……………………………………… (58)
　　一　海洋生态补偿标准的两种核算方法 ……………………… (58)
　　二　生态系统服务价值视角的考虑 …………………………… (59)
　　三　机会成本视角的考虑 ……………………………………… (64)
　第四节　补偿方式的甄选难题 ……………………………………… (66)
　　一　财政转移支付模式 ………………………………………… (66)
　　二　财政转移支付和生态转移支付的国际比较与运行
　　　　现状分析 …………………………………………………… (68)
　　三　我国海洋生态补偿中财政转移支付存在的问题和难点 … (69)
　第五节　补偿资金的来源难题 ……………………………………… (70)
　　一　海洋生态补偿分类 ………………………………………… (70)
　　二　海洋生态补偿的资金来源分类 …………………………… (70)
　　三　我国海洋生态补偿资金筹集与运作中存在的问题 ……… (72)

第五章 国际海洋生态补偿立法及运行问题 (75)
第一节 美国、加拿大的海洋生态补偿立法及运行 (75)
一 美国的海洋生态补偿相关立法及制度机制运行 (75)
二 加拿大的海洋生态补偿相关立法及制度机制运行 (77)
第二节 英国、澳大利亚的海洋生态补偿立法及运行 (80)
一 英国的相关海洋生态补偿立法及制度机制运行 (80)
二 澳大利亚的相关海洋生态补偿立法及制度机制运行 (82)
第三节 日本、韩国海洋生态补偿立法及运行 (84)
一 日本的相关海洋生态补偿立法及制度机制运行 (84)
二 韩国的相关海洋生态补偿立法及制度机制运行 (86)
第四节 国外海洋生态补偿立法及制度机制评价 (89)
一 从分散到综合的立法境况转变 (89)
二 生态基金制度的配置 (89)
三 海洋生态补偿机制的细化落实 (90)
四 权责统一的管理模式 (90)
五 补偿资金的市场参与 (91)

第六章 我国海洋生态补偿法律规范问题 (92)
第一节 关涉海洋生态补偿的相关国家法律法规 (92)
一 《宪法》中的相关规定 (92)
二 《民法典》及原有民事单行法中的相关规定 (93)
三 《环境保护法》的相关规定 (95)
四 《海洋环境保护法》的相关规定 (96)
五 《渔业法》的相关规定 (97)
六 《海岛保护法》的相关规定 (98)
七 《水污染防治法》的相关规定 (99)
八 国家其他相关法规政策 (99)
九 《生态保护补偿条例》的起草与公开征求意见 (101)
第二节 海洋生态补偿的地方法治化探索 (101)
一 山东省关于海洋生态补偿的法治化探索与实践 (101)
二 福建省关于海洋生态补偿的法治化探索与实践 (102)
三 江苏省关于海洋生态补偿的法治化探索与实践 (103)
四 浙江省关于海洋生态补偿的法治化探索与实践 (104)
五 其他省份关于海洋生态补偿的法治化探索与实践 (106)

第三节　海洋生态补偿相关立法实践及所面临的挑战 …………（107）
　一　缺乏统一的海洋生态补偿立法引领 ………………………（107）
　二　补偿资金渠道尚需进一步拓展 ……………………………（108）
　三　补偿内容尚需进一步明确 …………………………………（109）
　四　法律责任有待完善 …………………………………………（110）

第七章　海洋生态补偿国内外案例比较及经验借鉴 ……………（112）
　第一节　国际海洋生态补偿的典型实证及经验 …………………（112）
　　一　海洋溢油的生态补偿：美国的相关立法及实践 …………（112）
　　二　填海造陆的生态补偿：日本"神户人工岛"的
　　　　再生行动 …………………………………………………（119）
　　三　滨海工业污染的生态补偿：日本的濑户内海经验 ………（123）
　第二节　我国海洋生态补偿的典型实证及经验 …………………（127）
　　一　海洋溢油污染："塔斯曼、康菲石油案" …………………（127）
　　二　山东海洋生态补偿探索与尝试突破 ………………………（131）
　　三　海洋生态补偿的区域联动：长三角、珠三角的
　　　　先行先试 …………………………………………………（133）
　　四　海洋生态补偿：资源开发与生态保护并举 ………………（138）
　第三节　国内外相关实践案例的比较及综述分析 ………………（142）
　　一　国外海洋生态补偿实践案例的比较及综述分析 …………（142）
　　二　国内海洋生态补偿实践案例的比较及综述分析 …………（144）
　　三　海洋生态补偿领域的利益平衡与分配正义实践
　　　　与发展 ……………………………………………………（146）
　　四　推进海洋生态补偿国际合作：助力海洋生态命运
　　　　共同体建设 ………………………………………………（148）

第八章　海洋生态补偿制度建构 …………………………………（150）
　第一节　海洋生态系统服务价值评估制度 ………………………（150）
　　一　评估海洋生态系统服务价值是实现海洋生态补偿
　　　　目的的必要前提 …………………………………………（151）
　　二　海洋生态系统服务价值的构成及评估 ……………………（152）
　第二节　海洋生态损失价值评估制度 ……………………………（161）
　　一　生态损失价值评估是海洋生态补偿的重要技术前提 ……（161）
　　二　海洋生态损失价值评估的三种模型 ………………………（162）

第三节　政府海洋财政转移支付制度 …………………… (166)
- 一　财政转移支付的三种模式 ……………………… (166)
- 二　纵向财政转移支付 ……………………………… (167)
- 三　横向财政转移支付 ……………………………… (168)

第四节　海洋生态补偿资金筹集制度 …………………… (171)
- 一　海洋生态补偿资金筹集的二元路径 …………… (171)
- 二　公权型资金来源及其运作 ……………………… (171)
- 三　自力型资金来源及其运作 ……………………… (173)

第五节　受益者补偿制度 ………………………………… (176)
- 一　受益者补偿：破除海洋资源环境"外部性"的必由之路 …… (176)
- 二　受益者补偿：恢复海洋生态正义的必然要求 …… (177)
- 三　指导性原则 ……………………………………… (177)
- 四　"受益者补偿"推进中的五大关键环节 ………… (179)

第六节　海洋生态保护激励制度 ………………………… (181)
- 一　海洋公共物品的"负外部性"需要引入激励制度
  加以消解 …………………………………………… (182)
- 二　被动型"外在补偿"的缺陷需要引入激励制度
  加以破除 …………………………………………… (182)
- 三　海洋生态保护激励机制的特点与优势 ………… (183)
- 四　激励制度与海洋生态补偿的关系 ……………… (184)
- 五　经济发展、生态保护、资源增值的三方共赢 …… (184)
- 六　政府与市场支持中的三个重要环节 …………… (186)

第七节　海洋生态补偿与海洋督察制度 ………………… (187)
- 一　海洋督察之内涵界定及其运行推进 …………… (188)
- 二　作为海洋督察重要基础的海洋生态环境监测 … (191)
- 三　海洋督察助力海洋生态补偿的路径 …………… (195)
- 四　海洋生态补偿的效果评估与反馈 ……………… (201)

第九章　海洋生态补偿机制设计 …………………………… (206)
第一节　运行领域创新：海—陆统筹 …………………… (206)
- 一　陆域生态补偿的配合不可或缺 ………………… (207)
- 二　海洋生态补偿成效需从"海陆统筹"层面推进 … (207)

第二节　价值目标创新：环境—经济—社会价值协调 … (208)
- 一　人类关于海洋价值认识的四个阶段 …………… (208)

二　海洋生态补偿应充分体现生态价值 …………………… （209）
　　三　海洋生态补偿应合理评估经济价值 …………………… （211）
　　四　海洋生态补偿中应关注社会价值 ……………………… （211）
　　五　价值评估中的难题：补偿标准的设定 ………………… （212）
第三节　补偿主体创新：中央—区域—地方三级联动 ………… （213）
　　一　海洋生态补偿主体与对象的确定与厘清 ……………… （213）
　　二　中央：海洋生态补偿中的战略统筹 …………………… （214）
　　三　区域：海洋主体功能区建设对区域海洋生态
　　　　补偿的整合 ………………………………………………（216）
　　四　地方：海洋生态补偿的实施主力 ……………………… （216）
第四节　补偿方式创新：政府—市场—社会三维拓展 ………… （218）
　　一　政府：海洋生态补偿运行中的统筹和协调 …………… （218）
　　二　市场：海洋生态补偿运行中的"成本—效益"评估 …… （219）
　　三　社会：海洋生态补偿运行中的参与和填补 …………… （220）
　　四　补偿方式与手段的针对性设计 ………………………… （221）
　　五　方式手段实施中的难题：海洋生态补偿量的估算计量 …… （223）
第五节　补偿阶段与流程创新：事先—事后结合 ……………… （224）
　　一　海洋生态补偿的流程配置 ……………………………… （225）
　　二　"事先—事后结合"的阶段性环节 …………………… （225）
第六节　补偿层级创新：修复—输血—造血三级推进 ………… （227）
　　一　生态修复型生态补偿 …………………………………… （227）
　　二　输血型资金补偿 ………………………………………… （228）
　　三　造血型生态补偿：可持续发展能力的追求 …………… （229）

结语　"黄土→蓝土→蓝图"的海洋文明演进 ……………… （230）

参考文献 ………………………………………………………… （236）

后　记 …………………………………………………………… （256）

前　言

　　海洋生态补偿是生态文明系统化思维的具象体现。如何补偿，如何进行补偿管理，是政府必须要面对的现实问题。补偿是在海洋资源开发与生态保护中，依据海洋要素的特点与相应标准，通过由特定主体（海洋生态受益者/海洋生态破坏者/海洋生态负外部性产生者）负担付费，或政府调控、市场社会调节等方式，实现海洋生态修复与保护，贡献者/特别牺牲者得到经济及其他形式利益填补的安排。随着陆地资源的锐减，使占地球71%的海洋成为新的竞争高地。在现代文明迈入"海洋时代"的背景下，在习近平总书记海洋强国的战略下，在"一带一路"倡议的指引下，发展海洋经济已成当前一个国家战略与研究热点。而这必然也使海洋生态补偿问题日益引起关注，成为当前"海洋时代"的重要议题。

　　本研究成果从海洋生态补偿的概念阐释入手，从海洋生态补偿的相关理论、海洋生态补偿运行中的重点和难题、海洋生态补偿国内外立法及相关法律法规解读，及其典型案例比较和经验借鉴，提出了海洋生态补偿制度建构和完善，提出了相应的配套机制运行设计。本研究成果认为海洋生态补偿具有4个特性，即：补偿类型的两个层次（对环境要素补偿和对贡献者/特别牺牲者相关利益补偿）、海洋生态补偿对象的两大类别［海洋生态本身和在海洋生态保护中作出特别贡献的或牺牲的利益主体（组织或人）］、海洋生态补偿方式与途径的多个层面（从政府财政转移支付、特定主体负担付费、市场社会调节等多个层面）、海洋生态补偿目的的两个层级（一是对现有海洋生态进行保护、对受到污染破坏的海洋生态进行修复，二是对在海洋生态保护中的贡献者/特别牺牲者进行权益保障，如经济补偿、创造发展机会、新的创业就业能力及谋生技能培训等）。海洋生态补偿运行领域具有特殊性，即海洋生态的整体性、水体的流动性、空间的立体性，以及渔民的强海洋依赖性与弱势主体性。总体而言，本研究成果的研究路径是根据海洋生态补偿及其运行中所面临的诸多现实选择性难题，如补偿对象的选择性难题、补偿标准的选择性难题、补偿方式的选择性难题、补偿资金来源的选择性难题等，从海洋生态补偿制度建构研究切入，从而为研究提供更为系统宏观的"提纲挈领"的视角，为海洋生态补偿实践创新提供理论依据和理论指导。

本研究成果认为海洋生态补偿制度不是限于单一的某一个制度，而是包括海洋生态系统服务价值评估制度、海洋生态损失价值评估制度、政府财政转移支付制度、海洋生态补偿资金筹集制度、受益者补偿制度、海洋生态保护激励制度、海洋生态补偿与海洋督察制度等系列制度，从而为海洋生态补偿的成功运行提供重要理论支撑和指导。而海洋生态补偿运行则是海洋生态补偿的价值目标、主客体、运行领域、补偿标准、方式手段、保障等组成部分的相互关系与作用总和。其包括"运行领域的海—陆统筹""价值目标的环境—经济—社会价值协调""补偿主体的中央—区域—地方三方联动""补偿方式的政府—市场—社会三维拓展""补偿阶段与流程的事先—事后结合""补偿层级的修复—输血—造血三级推进"的实践新举措，从而为海洋生态补偿的运行提供重要创新驱动力。

综合而言，本研究成果实现了系列层面的创新。研究视角上，从"统筹与联动"视角展开研究，系统研究了实践创新问题。并借助鲁、浙及环渤海、长三角和珠三角区域联动的先行先试案例，日本的濑户内海经验、日本神户人工岛再生补助项目，以及塔斯曼海、墨西哥湾及康菲案等典型实证比较分析，并形成系列相关创新观点。就补偿主体问题，提出必须推进"政府＋市场＋社会"的海洋生态补偿主体的多元化拓展，突破了以往仅仅限于政府补偿的思维局限。就补偿对象问题，提出必须推进"海洋资源要素"修复与恢复，实现海洋生态补偿对象"人＋物"的补偿对象的复合化发展思路。就补偿手段问题，提出必须走出以往仅限于"末端应对式""经济类补偿"的思维局限，实现"输血＋造血、事先＋事后"的方式多层次拓展，增加对海洋生态补偿对象的能力培养与机会选择、发展权等多层次类型的补偿。同时将海洋生态补偿延伸至"源头与过程"的不同环节，体现海洋生态补偿环节的"全过程性"，而不是局限于"末端的被动式事后应对"。本研究成果在反思与审视以往生态补偿运行的"见物不见人""事后型、赔偿型救济之路"局限及误区基础上，提出"政府＋市场＋社会、人＋物、事先＋事后、输血＋造血"的复合型补偿模式，以求完善海洋生态补偿主体、方式、阶段、层次的多维化，进而构建综合性的海洋生态补偿理论,从而在当今海洋是新的制高点的海洋时代背景下,优化海洋生态补偿运行,积极回应"海洋为基点的国际利益博弈",最终实现"海洋时代"的"人海互哺共生、共融和谐"之目的。

第一章　海洋生态补偿问题研究缘起

随着陆地资源的锐减，海洋成了新的竞争高地。人类文明开始从"黄土文明"走向"蓝色文明"，人类的生产生活方式从"脸朝黄土、背对海洋"转向"面向海洋、走向海洋"。海洋经济社会生活逐步进入人们的视野。海洋生态补偿作为生态文明与海洋时代的时势命题，其成为协调经济发展与海洋生态保护、促使可持续开发利用海洋环境资源的现实选择。海洋生态补偿为共享发展下海洋开发利用中的利益分配正义与利益共享提供对策建议。

第一节　研究的缘起与目的意义

随着陆地资源的锐减，使占地球71%的海洋成为新的竞争高地，现代文明逐渐迈入"海洋时代"。发展海洋经济社会已成为当前国家重要战略与研究热点之一。而这必然也使海洋生态补偿问题日益引起社会关注，成为当前"海洋时代"的重要议题。

一　研究缘起

海洋是地球表面被各大陆地分隔为彼此相通的广大水域，约占地球表面积的71%。随着人类的海洋资源不断被开发，海洋环境遭受污染，海洋生态系统面临破坏。海洋生态系统泛指海洋中的生物群体与海洋生态环境之间通过彼此的相互作用、相互联系，构成一个整体，并借助连续流动、不断循环的物质流与能量流形成的统一系统。就海洋生态系统的功能看：总体而言，海洋生态系统不仅为人类提供了赖以生存的宝贵资源，诸如食物、工业原料和药用资源等，而且在海洋经济社会发展中所发挥的作用也日益彰显。保护海洋环境，合理开发海洋资源，加强海洋生态建设，促进海洋可持续发展已成为当前政府、市场和社会共同的

2　海洋生态补偿问题研究

责任。

21世纪以来，中国海洋经济迅速发展，已成为国民经济新的增长点。据悉，从2001年起，海洋生产总值平均每年对全国GDP的贡献率超过9%，对沿海GDP的贡献超过15%。[①] 2018年，中国海洋经济生产总值达8.3万亿元，对国民经济增长的贡献率接近10%。[②] 而《2019年中国海洋经济统计公报》显示，2019年全国海洋生产总值8.9415万亿元，海洋生产总值占国内生产总值的比重为9.0%，10年翻了一番。该《公报》最新数据表明我国海洋经济总体稳步增长，规模持续扩大。海洋经济"引擎"作用持续发力，海洋生产总值比2018年增长6.2%，高于国内生产总值0.1个百分点，海洋经济对国民经济增长的贡献率达到9.1%，拉动国民经济增长0.6个百分点。海洋生产总值占国内生产总值的比重近20年连续保持在9%左右，占沿海地区生产总值的比重连续3年稳步上升，2019年超17%。[③] 更为重要的是，海洋生态系统在全球生态系统的改善与平衡发挥着重要的生态服务作用，诸如气候调节、水分平衡、营养元素循环等。随着海洋资源潜能的挖掘，我国对海洋资源的开发利用程度也在不断提高。无疑，优良的海洋生态系统质量在今后经济社会可持续发展中将拥有重要的地位与作用，成为我们当下推进海洋经济社会可持续发展中所必须重视的问题。

然而，伴随着人类社会从"黄土文明"走向"蓝色文明"，人类的生产生活方式从"脸朝黄土、背对海洋"转向"面向海洋、走向海洋"，一方面，海洋经济社会得到相应的发展；另一方面，海洋环境污染、海洋生态破坏的境况也日益严重。自然资源部海洋发展战略研究所发布的《中国海洋发展报告（2019）》指出：我国近海海域的环境污染呈现交叉复合的特点，海洋生态环境日趋恶化，成为海洋生态资源过度开发、环境经济快速发展过程中的一个附随的"副产品"，甚至带来不可逆转的海洋生态损害与破坏。

2018年，中国海洋生态环境状况稳中向好。海水环境质量总体有所

[①] 宫小伟：《海洋生态补偿理论与管理政策研究》，博士学位论文，中国海洋大学，2013年，第1页。

[②] http://sa.sogou.com/sgsearch/sgs_tc_news.php?req=9GzDurfE8HT5JV0LPbam461BOG0aiT4oo7Jn2qRouMooCip4M-kyfzq5WWwuW2y2&user_type=1，新华社2019-03-27 16：27，2020年4月30日最后一次访问。

[③] 《2019年全国海洋生产总值超过8.9万亿元》，http://www.gov.cn/xinwen/2020-05/10/content_5510315.htm，2020年12月19日最后一次访问。

改善，夏季符合第一类海水水质标准的海域面积占管辖海域面积的96%，连续3年有所增加。沉积物质量状况总体良好，浮游生物和底栖生物主要优势类群无明显变化，监测的典型海洋生态系统健康状况和海洋保护区保护对象基本保持稳定，海洋功能区环境状况基本满足使用要求。监测的陆源入海排污口达标排放次数比率为57%，比上年提高2个百分点，赤潮灾害累计面积比上年减少51%，绿潮灾害分布面积为近5年最小。2018年，《全国海洋生态环境保护规划（2017—2020年）》出台，系统谋划了阶段性海洋生态环境保护工作的时间表和路线图。

中国经济发展动力新常态要求，逐渐摆脱过去单纯靠数量规模的扩张和投资驱动，改变以环境污染、资源损耗为代价的粗放型经济增长模式①。因此，如何在海洋经济快速发展过程中，推进海洋生态环境保护与建设，尤其是对所受影响、过度开发乃至破坏的海洋生态给予补偿，毋庸置疑已成为当前我国社会海洋生态文明演进进程中所不容回避的和亟待解决的重大课题。

二 研究的目的意义

从初层目的意义层面看，本系统研究是以海洋生态补偿为样本，为共享发展下海洋开发利用中的利益分配正义与利益共享提供对策建议，包括为国家推进海洋战略"一带一路"倡议和制定《生态补偿条例》等提供建议。但从深层次的目的意义诉求上，无疑是基于当下生态危机、贫富失衡等问题逼近，从其深层彰显的是——工业文明之"强调竞争对抗的社会达尔文主义"的失败。显然，共享发展反思的是"强调优胜劣汰与竞争对抗"的恰当性。无疑，时势发展需要我们必须坚持以人为本，关注公平正义，在"责任共担、受益补偿、成果共享"中体现生态文明的"制衡共进、普惠共生、循环再生"特性。而这亦是共享发展引领下海洋开发利用中的利益分配正义与利益共享的要旨，更是为"海洋生态补偿乃至海洋时代系列海洋领域研究"提供深层次引领与指引。综合与系统展开而言，可从下述不同层面予以阐释。

（一）海洋生态补偿已成为当今海洋时代的重要理论现实课题

面对约为3.6亿平方千米的全球海洋，假如我们将地球的地壳视为一个球面，则地球便成为一个表面被2600多米深的海水所加以覆盖的"水

---

① 孙晓雷、何溪：《新常态下高效生态经济发展方式的实证研究》，《数量经济技术经济研究》2015年第7期，第39页。

球"。全球的海洋总面积相当于陆地面积的 2.5 倍，大约占地表总面积的 71%。全球海洋的容积为 13.7 亿立方米，相当于地球总水量的 97% 以上。因此，面对当前一方面人口增长，另一方面内陆资源又日益匮乏的局面，无疑海洋的空间与领域将为我们人类社会及其活动提供丰厚的资源能源、无尽的生长拓展空间。所以向海洋进军，抢占新的海洋制高点，开发与充分利用好海洋资源已成为全球性共识，也成为我国经济转型发展与领域拓展的一个重要选择。

然而，近年来全球的海洋生态系统的退化境况甚为明显。联合国专门针对此问题发布了相应的《千年生态系统评估报告》，这份报告表明：全球约60%的生态系统服务功能已处退化或不可持续利用状态[1]。12个河口和沿海生态系统都呈退化趋势[2]。在我国，由于基本上沿袭的是以往"以规模扩张为主"的外延式增长模式，因此在发展海洋经济的过程中，带来了"海洋资源开发过度、海洋环境污染严重、滨海湿地大量丧失、外来物种入侵、生物多样性破坏、原有生境大幅改变"等境况，导致海洋生态系统受到严重威胁乃至严重退化，进而削弱了海洋生态系统对经济社会发展的支撑能力。因此，必须尽快采取措施，修复目前已退化或正在退化的海洋生态，避免以往的"先污染、后治理"模式延伸至海洋领域中，促进人—海和谐。

无疑，填补海洋生态补偿问题研究，已经成为促进海洋生态保护与海洋经济发展协调、实现海洋生态与环境资源保护可持续利用与发展的一个现实选择。海洋生态补偿是以保护海洋生态环境、促进人海和谐为目的，衡平"发展海洋经济、开发海洋资源与保护海洋生态"的利益关系的公共活动。随着人类从"内陆时代到海洋时代、黄土文明到蓝图战略"迈进，海洋生态保护及利益补偿必将越来越引起社会各界的重视，成为当前海洋生态保护与修复的一个重要抓手，成为"海洋时代、海洋世纪"的重要现实课题。

(二) 海洋生态补偿研究急需填补，形成自有的研究方法与研究体系

海洋生态问题及其研究因人类开始面向海洋、关注海洋、逐步迈向"海洋时代"而引起关注。但就海洋生态补偿研究而言，迄今为止，生态补偿的相关研究才刚刚处于起步阶段，更何况是关涉海洋生态补偿这

---

[1] Millennium ecosystem assessment (MA). Ecosystems and human well-being: Synthesis [R]. Washington D. C.: Island Press, 2005.

[2] Lotzehk, Lenihanhs, Bourquebj, et al. Depletion, degradation, and recovery potential of estuaries and coastal seas [J]. Science, 2006, 312: 1806-1809.

一课题的研究。目前学界在海洋生态补偿问题的研究方面还处于初层的起步阶段，还远未形成系统的、规范的和可操作化的研究成果。尤其是在我国，现有的研究成果较为分散，还缺少系统的科学理念指导；多限于流域生态补偿、草原生态补偿、林地生态补偿等方面的研究，相应的海洋生态补偿研究还停留于初层理论探讨的阶段（如关涉概念、原则等基础性问题）；在补偿模式、补偿标准和数额的确定、资金来源等方面研究单薄。因此，除了填补补偿模式、补偿标准和数额的确定、资金来源等方面的研究之外，更为重要的是应推进海洋生态补偿保障的理论研究，及时总结推广海洋生态补偿的实践成果，加强海洋生态补偿政策的宣传教育，完善相关技术和政策的支撑，完善海洋生态补偿的自身研究体系。尤其是在推进海洋生态补偿的"顶天型"原理研究同时，需要厚实有关"生态价值及损失评估、补偿标准及方式"等的"立地型"实证研究。

与此同时，海洋资源环境的"整体性、流动性"特点，更使海洋资源环境问题的"外部性与非排他性"效应更为明显——致使因某一主体的不当或违法行为导致的某一海域的海洋资源遭到破坏，其不利后果却会更进一步因为海洋资源环境的"整体性、流动性"，而"流动分摊"到其他主体上；反之，海洋生态建设与海洋生态系统保护所带来的利好，也会因其中的"流动性、整体性、外部性与非排他性"，而由其他主体都得以分享与均沾，致使利好因"分散化"而不能独占，影响积极性与主动性。而这无疑又增加了海洋生态补偿问题研究的难度，急需在形成自有的研究方法与研究体系的基础上加以完善。

（三）海洋生态补偿问题研究可为不同学科的融合研究提供"实验田"

跨学科研究已经成为一个研究命题走向深入的必然要求。海洋时代、海洋命题自身就是一个跨自然科学与社会科学的当下重大课题，涉及海洋科学、环境科学、经济学、法学、政治学、管理学、社会学等不同学科。因此，对于海洋生态补偿问题研究的重要意义而言，一方面，既是当下推进国家海洋战略、发展海洋经济、拓展人类生存发展空间中的一个重要问题；另一方面，"海洋生态补偿"问题本身也是一个重要的跨学科研究的连接纽带，综合考虑资源、人口、环境、国家政治经济文化战略等相关问题，从而为跨学科研究，为系统分析方法、多学科研究方法、实证与比较分析方法、扎根理论法、调查访谈法等多种研究方法提供思路与探索经验，为不同学科的融合研究提供"实验田"。

（四）海洋生态补偿问题研究为海洋生态文明及利益分配正义与利益共享提供研究样本与思路

膨胀的海洋开发热，使海洋功能及渔民等的发展权补偿不容忽视，成为海洋生态文明建设的重要内涵，比起"陆域分配正义、陆域生态补偿"，其紧迫性与重要性毫不逊色，须填补。同时，"责任共担、受益补偿，成果共享"是"共享发展"的核心内涵。"共享发展下海洋生态补偿"既是海洋时代海洋开发利用中利益分配正义与利益共享等的探索，也是共享发展内涵在海洋领域的彰显。

（五）海洋生态补偿问题研究具有利益博弈的国家战略意义

海洋生态具有自有的"整体性、流动性"特点，尤其是海洋的流动性特征，更是经常打破行政区划的界限；相对于国家与国家而言，就是打破国家的"政治界线"。因此，伴随着当下人类文明的逐步迈向"海洋文明"、走向"海洋时代"，各国开始进一步将资源争夺战场扩张至海洋领域、利益博弈视野拓展至海洋维度，这无疑使国际的海洋利益博弈更为激烈。所以，一定意义上，海洋生态补偿课题的研究就具有利益博弈的国家战略层面意义。自"塔斯曼海案件"以来，其实就已初步显示了其中利益博弈的国际性意义，只不过当时大家还没充分认识而已。而"康菲公司案及其责任追究难题"更是再次敲响了警钟。这已不是单一的海洋生态补偿问题，更反映的是"国家海洋利益的维护实力、国际海洋正义的守护能力"问题。

在当前现代文明的演进步伐正逐步走向"海洋时代"的背景下，在"一带一路"倡议的指引下，当前海洋经济已成新增长点，必然也使海洋生态功能保护及其补偿问题不容回避。显然，海洋生态补偿问题及其研究意义若能深入这一层面，则不仅能及时夯实单薄苍白的海洋生态补偿这一时代课题研究，更是我国这一原本的"黄土文明"国，一个正从"亚欧内陆国"转型至"太平洋海洋大国"的国家，保护正当海洋利益、强化受损后的海洋权益救济、尽早摆脱在追究致害人责任方面的被动、赢得"海洋利益平衡与权益博弈"先机的重大战略。

第二节　海洋生态补偿国内外研究

人类社会开始在经意与不经意之间步入"海洋时代"，开发海洋资源、发展海洋经济已成为许多国家及诸多利益集团所关心的话题,甚至成为不少利益主体之利益追求的战略高地,无论是国家还是利益集团。然而,在大幅度向海洋进军,以攫取海洋资源、发展海洋经济作为重要追逐目标的过程中,所衍生的"海洋生态破坏与海洋生态补偿、各相关利益主体在海洋生态补偿中的复杂利益关系调整"等方面的问题日趋走向前台,日益受到关注,进而引发各国及学界对海洋生态补偿问题的研究需求。对于生态补偿问题研究而言,自 1992 年联合国环发大会以来,许多国家已开始探索生态补偿建立问题,学界也开始从生态经济学、微观经济学、法学、管理学等不同角度,对生态补偿的理论和实践进行了相关研究与探讨。在海洋生态补偿问题上,伴随着海洋、海洋领域及其相关利益关系协调问题,近年来也开始引起国家决策层及学界研究者的注意。由此,关于海洋生态补偿的理论与实践开始进入视野,在研究成果上得到了相应的丰富。总体而言,从目前的研究现状看,国内外关于生态补偿与海洋生态补偿的研究探索方面,主要集中于下述几个层面,尤其是关于生态补偿基本理论、实践和保障等方面。

一 生态补偿研究进展

(一)国外生态补偿基本理论研究进展

"生态经济学"(Ecological Economics)理论是生态补偿建设的重要理论基石,是美国经济学家肯尼斯·鲍尔丁在 20 世纪 60 年代首次提出。在此之后,不少学者开始认识到社会经济发展同自然资源与生态环境的关系密切,为此,开始关注并有意识地提出"生态价值理论、资源价值理论、生态效益论"等生态经济学理念及初步理论框架,形成了较为丰富的研究成果。其中具有代表性的包括——英国哥尔德·史密斯(1972)发表的《生存的蓝图》,日本坂本藤良(1976)出版的《生态经济学》专集,"罗马俱乐部"(1972)出版的《增长的极限》等专著。显然,逐步发展成熟起来的生态经济学等理论,为各国及相关学者进一步研究生态补偿问题,探讨生态补偿的概念、类型、特征和运行,研究"生态系统服务"等理论,奠定了重要的理论基石。

进入 21 世纪后,生态补偿问题逐渐引起各国的重视,尤其是近 20 年来,成为生态学与环境经济学等的一个重点研究领域之一。曾经有一段时间,国外生态补偿研究主要集中于环境要素市场的开发和创新的视角。其中包括在森林、农业、流域生态补偿等方面,对于美国、墨西哥、哥斯达黎加等国相关实践的系列验证①。在国际上，"生态补偿"有两个使用较为普遍的名称："生态服务补偿"（Ecological/Environmental Compensation）、"生态服务付费"（Payment for Ecological Services，PES）。生态服务补偿概念的提出从"生态系统服务"角度出发，其指通过改善被破坏相关地区的生态系统状况，或建立起新的具有相当生态系统功能或质量的栖息地，来补偿基于经济开发或经济建设而导致的生态系统功能或质量下降或破坏，以保持生态系统的稳定性②。生态服务付费的定义是"一种生态环境保护的经济手段，并且具备自愿性、现实性、条件性、有利于穷人这四个条件"③。生态补偿的标准，国外许多学者认为，评估环境服务提供的机会成本与服务的价值是确定补偿标准的关键。Pham 等（2009）指出，最有效率的生态补偿是依据提供服务的实际机会成本确定支付标准。国外生态补偿方式有多样性，主要有现金补偿，也有非现金补偿方式。Asquith 等（2008）的研究表明，服务提供者的补偿需求方式不同，面对不同的服务提供者，应采取不同的补偿方式。

  国外对于生态系统服务的研究，主要集中于"生态系统服务的内涵、分类体系及价值评估方法"三方面。Cairns（1995）以人类为中心，提出生态系统服务是为人类生存和福利所必需的生态系统功能。Gretch Daily（1997）则提出生态系统服务是指人类赖以生存的、由生态系统形成的各种自然环境。而 Costanza（1997）则认为：生态系统服务是指人类从生态系统中获得的直接或间接利益，其中既包括各种物质产品和服务，还包括各种精神利益。同时，Costanza 等人（1997）还将生态系统服务进一步划

---

① 参见 PERROT MAITRE D, DAVIS P. Case studies: Developing markets for water services from forests [M]. Washington D. C.: Forest Trend, 2001; JOHNSON N, WHITE A, PERROT MAITRE D. Developing markets for water services from forests: Issues and lessons for Innovators [R]. Washington: Forest Trends with World Resources Institute and the Katoomba Group, 2001; ZBINDEN S, LEE D R. Paying for environmental services: An analysis of participation in Costa Rica's PSA Program [J]. World Development, 2005, 33 (2): 255 – 272; WUNDER S, ENGEL S, PAGIOLA S. Taking stock: A comparative analysis of payment for environmental services programs in developed and developing countries [J]. Ecological Economics, 2008, 65 (4): 834 – 852; FARLEY J, COSTANZA R. Payments for ecosystem services: From local to global [J]. Ecological Economics, 2010, 69 (11): 2060 – 2068.

② 彭诗言:《国际生态服务付费的经验借鉴》,《前沿》2011 年第 12 期, 第 196—200 页。

③ Noordwijk, M., Chandler, F., Tomich TP: An Introduction to the Conceptual Basis of RUPES, ICRAF Working Paper, 2005: 23.

分为17种类型①，不过，由于该种分类存在交叉和重合问题，不是很利于生态系统服务的价值评估。在上述基础上，联合国的《千年生态系统评估》报告进行了高度概括，将其进一步划分为"供给、调节、文化和支持"四大服务类型②。关于生态系统服务价值评估技术的研究，Costanza等（1997）首次对全球生态进行了估算，所得出结论为——每年全球生态系统服务的总价值为33万亿美元。Robin J. Kemkes 等（2010）则认为生态补偿的标准可以是生态系统服务功能，生态系统中有功能的服务都应当得到补偿，这个补偿标准由国家制定并推广，得来的资金也要用到实处。Gert Van Hecken（2010）指出，政府调控具有许多市场调节没有的优势，在出现市场失灵的情况下，政府应该发挥作用，对生态服务系统进行收费，保护生态环境。Joshua Farley 等（2010）指出，由于市场无法有效率地分配生态资源，致使生态系统遭到破坏，生态系统服务付费也不能有效地发挥其作用，具有不完备性。Robert Fletcher（2012）以哥斯达黎加的生态补偿为例，指出政府对生态补偿付费的干预和市场的自发调节是生态补偿取得实效的基础。在前期研究成果的基础之上，学者们在之后进一步总结认为——生态系统服务价值评估方法应该分为两种类型：其一，在某一特定生境或者某一特定区域内，应用生态评估方法进行估算研究；其二，利用生态系统服务价值评估方法考量，侧重于评估生态保护的效果。总体而言，"生态系统服务理论及其价值评估方法"的研究成果，丰富了生态补偿的理论研究，厚实了生态补偿的实践探索。

（二）国内生态补偿基本理论研究进展

就我国学者目前的研究而言，主要在其中的内涵、主客体、标准、方式等方面作了系列研究探讨③。就生态补偿的理论研究而言，自经济学家许涤新（1980）提出"生态经济学"的概念，生态经济学理论在我国开始初步创建。在我国生态经济学的初创阶段，比较有代表性的著作有《生态经济学》（马传栋，1986）、《生态经济理论与实践》（王干梅，

---

① Costanzar, Darger, Degrootr, eta. The value of the world ecosystem services and natural capital, Nature, 1997, 387: 253-260.
② 《千年生态系统评估报告集》，中国环境科学出版社2007年版，第56—78页。
③ 参见王金南、庄国泰《生态补偿机制与政策设计》，中国环境科学出版社2005年版；杨光梅、闵庆文、李文华《我国生态补偿研究中的科学问题》，《生态学报》2007年第10期，第4289—4300页；赖力、黄贤金、刘伟良《生态补偿理论、方法研究进展》，《生态学报》2008年第6期，第2870—2977页；李晓光、苗鸿、郑华等《生态补偿标准确定的主要方法及其应用》，《生态学报》2009年第8期，第4431—4440页；刘国涛《生态补偿概念和性质》，《山东师范大学学报》2010年第5期，第145—150页。

1988）、《生态经济学原理》（王全新，1988）、《理论生态经济学若干问题与实践》（刘思华，1989）、《城市生态经济学》（马传栋，1989）等。其后，学者们开始引入不同的理论和方法，试图解决生态经济所涉及的各种理论和实践问题。如刘光生（1994）、张智玲（1997）、李爱年（2001）等学者对于生态补偿的界定。不过到此书出版之时，关于生态补偿的内涵组成问题，学界仍尚未形成一个统一的认识。总体来说，可以主要归结为两种观点：其一是从生态学视角来界定生态补偿；其二是从经济学视角来研究生态补偿。关于生态补偿的定义界定，最早可追溯到张诚谦1987年所认为的——生态补偿是"从利用资源所得的经济受益中提取一部分资金，并以物质或能量方式归还生态系统，以维持物质、能量在输入、输出时的动态平衡"①。另外，也有学者重点围绕流域、草原、自然保护区和退耕还林生态工程等方面的生态补偿，展开相关理论与实践研究，并借助对生态补偿的内涵与外延作了相应拓展②。总体而言，目前的生态补偿，更多的是被界定为资源环境保护的一种经济手段，一种利益相关者经济利益关系的环境监管与协调。如李文华等（2006）提出生态补偿是通过采用经济手段，达到激励公众维护和保育生态系统的服务功能，从而达到保护生态与环境效益的目标③。万本太、邹首民（2008）则在比较分析生态补偿的国际和国内实证基础上，在《走向实践的生态补偿》一文中，对"主体功能区、重要区域、重点领域、生态补偿的公共财政政策设计、典型模式"等问题进行了探索性研究。在生态补偿费上，刘光生（1994）则将生态补偿费界定为——以控制生态破坏行为为目的，而对目前尚未征收排污费用的生态破坏行为征收的费用。张智玲（1997）则认为，狭义的生态补偿应当是以遏制生态环境恶化，防止生态资源衰竭为目的；而广义的生态补偿应当是以保护和恢复所有生态环境资源为目的。李爱年

---

① 张诚谦：《论可更新资源的有偿利用》，《农业现代化研究》1987年第5期，第22—24页。
② 参见谢剑斌《持续林业的分类经营与生态补偿》，中国环境科学出版社2004年版；樊新刚、米文宝、杨美玲《宁南山区退耕还林还草的生态补偿机制探讨》，《水土保持研究》2005年第2期，第174—177页；何勇、张健、陈秀兰《森林生态补偿研究进展及关键问题分析》，《林业经济》2009年第3期，第76—79页；唐文坚、程冬兵《长江流域水土保持生态补偿机制探讨》，《长江科学院院报》2010年第11期，第94—97页；李连英、朱青《我国矿产资源开发生态补偿存在问题及解决对策分析》，《中国矿业》2010年第11期，第62—65页。
③ 李文华、李芬、李世东等：《森林生态效益补偿的研究现状与展望》，《自然资源学报》2006年第5期，第677—687页。

(2001) 指出，应由环境保护行政主管部门管理生态补偿资金的征收与使用，并确定补偿资金的使用目的，以保护与恢复生态环境。其后也逐渐形成了涉及自然生态补偿、资源补偿、环境服务补偿等研究成果。李小云 (2007) 在《生态补偿机制：市场与政府的作用》一书中，结合政策主题以及典型的实证研究成果分别对政府和市场在生态补偿中的作用进行深入探讨。其中包括三个政策——农业政策对生态补偿和土地利用的影响，全球化和国际环境公约对生态补偿的影响，以及流域森林生态效益补偿；五个实证研究——浙江的金华江流域，云南的苏帕河流域和小寨子流域，江西的梅江流域，以及湖南的汨罗江流域。陈冰波 (2009) 指出，补偿数额是双方博弈的结果，不存在固定的补偿标准。并指出在我国的生态补偿运行中，政府在制度与实施相关生态补偿标准时，应该考虑引入公众协商的形式。孔凡斌 (2010) 则在《中国生态补偿机制：理论、实践与政策设计》一书中提出了我国生态补偿政策的选择方向；并且有针对性地对生态公益林、退耕还林工程、流域和矿产资源等4个重要领域进行研究，为这些领域的生态补偿机制的建立提供理论指导；以主体功能区规划和建设任务为背景，系统设计区域生态补偿机制的实施机制和保障机制，为全面建立我国主体功能区生态补偿机制提供总体思路和实施方法。龚高健 (2011) 在《中国生态补偿若干问题研究》一书中详细分析了国内外生态补偿研究进程，从国外方面来看主要着眼于生态补偿的理论渊源及基本内涵、生态补偿资金的有效配置、生态补偿的市场化运作等；国内方面主要研究生态补偿的基础理论、重要区域和重点领域的补偿、补偿原则、标准及方式等。作者在进行必要的理论分析研究基础上，又对福建省生态补偿进行深入的实证研究，两者相结合，进而为我国生态补偿提供重要的理论支撑和价值指引。沈满洪教授 (2015) 则提出，对于具有强公共物品属性和间或进行生态产权界定的部分生态补偿理论与实践的建设侧重点是具有差异性的，就前者来看，需要着重提升政府在生态补偿中的财政转移支付的力度和能力；就后者来看，需要积极探索和完善受益者补偿的机制。上述诸多学者的研究，都为进一步完善我国的生态补偿理论，为进一步的海洋生态补偿问题研究提供了相应的理论基础。

二 海洋生态补偿研究进展

（一）国外海洋生态补偿研究进展

国外相关研究主要集中于生态补偿原理及相关理论，包括生态价值核算、生态补偿财政转移支付、生态补偿资金筹集等理论。但是就海洋生态补偿进行专门论及与研究归纳，还非常欠缺。总体而言，比如Constanza等（1997）的《世界生态系统服务与自然资本的价值》中，着重探讨了生态系统服务价值评估问题，将人类从自然界获得的物质产品和服务也归结为直接或间接来自生态系统，进而进一步提出全球生态系统服务的估算价值为33万亿美元/年等观点[①]。在此基础上，*Ecological Economics*杂志随后出版专刊，专门探讨了生态系统服务概念分析问题和价值评估方法，以及对各类具体生态系统服务功能价值的分析与评估方法。而Daily（1997）也指出海洋生态系统服务是生态系统维持人类生存环境的条件与效用。Elliott和Cutts（2004）等通过对海洋生态补偿的生态效益评估与生态补偿方式的研究，将海洋生态补偿分成了三大类型，分别是经济补偿、资源补偿和生态环境补偿[②]。另外Fernandez和Karp（1998）还以"湿地修复"为基点展开研究海洋生态补偿问题，Cowell（2003）则重点研究了海港资源替代性问题。Rhonar和Mourato通过对墨西哥圣埃斯皮瑞图海洋公园的深入性研究，发现由于当地的渔业资源十分丰富且渔业是当地的主导产业，这促使当地的渔业产业的持续繁荣，在短期内出现产业衰退化的可能性不大，因此，渔民转产所面临的机会成本是比较高的，这也导致了渔民接受补偿的意愿会高于游客的支付意愿[③]。Geenier（2000）则提出可以运用生态修复手段来促进海洋生态平衡，使其资源利用率达到高效安全。另外，Nunes等（2004）则通过重点研究意大利威尼斯渔民改变现有作业方式以及接受补偿的意愿等方面问题，指出渔业公司的渔民在接受补偿意愿上要高于个体渔民。Elliott（2004）在坚持生态效益得到充分保证的原则下，对海洋生态补偿的方式进行了划分，主要划分为三种方式，分别是经济补偿的方式、资源补偿的方式和生态环境补偿的方式。Matthew Cranford等（2011）则专门研究了区域间海洋生态补偿的转移支付等问题。Robert Fletcher（2012）专门就哥斯达黎加的生态补偿机制进行了研究，指出在强调政府补贴方式的同时，应关注发挥市场主体功能。其中较为典型的范例是美国的湿地保护银行（WMB）和生境保育计划

[①] Costanza R., D'Arge R., Groot R., et al. The value of the world's ecosystem services and natural capital[J]. Nature, 1997, 386: 253-260.

[②] Elliott M, Cutts ND. Marine habitats: Loss and gain, mitigationg and compensation[J]. Marine Pollution Bulletin, 2004, 49: 671-674.

[③] BARRRF, MOURATOS. Investigating the potential for marine resource protection through environmental service markets: An exploratory study from La Paz, Mexico[J]. Ocean & Coastal Management, 2009, 52 (11): 568-577.

(HCP)。综合而言,从各国生态补偿模式的总结看,可以归结为三类:其一,以政府为唯一补偿主体,其他补偿主体缺失的模式;其二,以政府补偿为主,其他补偿主体为辅的模式;其三,以市场化运作模式,该模式主要适用于市场化体制较为健全的国家[①]。

(二) 国内海洋生态补偿研究进展

从国外的生态补偿及海洋生态补偿的研究看,虽然我国学者已较早就关注到自然资源使用的补偿问题,但是关于生态补偿的及海洋生态补偿研究的形成与发展相对迟缓一些,不管是研究还是实践都起步较晚。从20世纪80年代开始,我国政府及学界才开始逐渐关注生态补偿课题,开始着手与重视相应的生态补偿理论等问题研究与应用。目前我国的海洋生态补偿研究始于生态补偿理论,也主要依赖于生态补偿研究。与国外相比,我国关于海洋生态补偿问题的研究,在如何针对海洋的自身特点特性、充分依据于体现海洋生态补偿自身特点、设计配置相应的海洋生态补偿等方面,研究成果相对不足。

就海洋生态补偿问题而言,我国学者王淼等(2004)是较早关注海洋生态补偿问题研究的学者。因为王淼等(2008)的研究较早,所以更偏向于海洋生态补偿的宏观方面研究,主要是研究为什么要进行海洋生态补偿,按照什么样的原则进行海洋生态补偿,对哪一群人进行补偿以及从哪获得资金进行补偿等问题。韩秋影等(2007)的研究更加深入,主要就海洋补偿所关联的人进行分析,讨论用何种方式、多大力度进行补偿的问题[②]。邱杰等(2008)就渤海湾的区域生态补偿运行提出初步设想,进而提出推广"退渔还湿"的生态补偿政策等建议[③]。国家海洋局北海环境监测中心通过对"塔斯曼海"邮轮海洋溢油生态损害的索赔案件的深入研究,系统且科学地探讨总结了海洋生态损害补偿中所涉及的具体内容、执行程序和评估方法等问题,这也被认为是我国首次提出的关于海洋溢油生态损害评估技术方面的理论框架[④],为《海洋溢油生态损害评估技术导

[①] 宫小伟:《海洋生态补偿理论与管理政策研究》,博士学位论文,中国海洋大学,2013年,第4页。

[②] 韩秋影、黄小平、施平:《生态补偿在海洋生态资源管理中的应用》,《生态学杂志》2007年第1期,第126—130页。

[③] Qiuj, Liurz, Zhaojz. Establishing eco-compensation mechanism in Bohai Sea waters under framework of ecosystem Approach [J]. China Population, Resource and Environment, 2008, 18 (2): 60 – 64.

[④] 郑伟:《海洋生态补偿理论及技术体系初步构建》,《海洋环境科学》2011年第6期,第878页。

则》的制定创造了优良的理论条件。另外，在海洋生态补偿及其实际应用中，韩秋影等以广西合浦海草床生态价值和利益受损者的实际损失为媒介，从"合浦海草床的生态价值评估、受损渔民的实际损失计算、受损渔民的接受补偿意愿"等层面进行综合性的论证与分析。张继伟等则以年为单位，按照所预测风险发生概率的高低程度提出具体的、可实施的补偿方法，这种思路主要是根据滨海化工区化学品泄漏事故风险所产生的生态识别和影响的科学预测[①]。

此外，王淼、段志霞（2007）在《关于建立海洋生态补偿机制的探讨》一文中，提出海洋生态补偿的原则，指出海洋生态补偿并不是将社会经济发展与海洋生境维护对立起来，而是在依法进行海洋生态环境保护行为的同时，还需维持和发展社会经济，为生态环境保护提供物质基础。韩秋影、黄小平等（2006）在《生态补偿在海洋生态资源管理中的应用》中对"海洋生态补偿的利益相关者、补偿强度、途径"三方面问题进行了重点研究，指出海洋生态补偿应该包括"经济补偿、资源补偿和生境补偿"。刘霜、张继民、唐伟（2008）从实施填海造地生态补偿角度出发，分析了在具体海洋生态保护项目中实施生态补偿存在的问题及建议。郑冬梅（2008）则在剖析海洋自然保护区生态补偿的困境及原因的基础上，提出了构建海洋自然保护区生态补偿的主要原则和制度架构及实施路径。王金坑等（2011）对海洋生态补偿主客体、补偿量评估标准问题及与法律体系的衔接性等重要问题进行研究和探讨。郑苗壮等（2012）认为海洋生态补偿制度是以经济手段为主、政府手段为辅的调节环境、经济及社会利益关系的制度安排。王美懿（2013）认为海洋生态补偿是为了调整海洋各利益相关人的经济和社会利益，它可以通过多种有效手段的运用，加以调节。曲艳敏等（2014）认为实行海洋生态补偿的手段包括市场手段、行政处罚和政府财政转移支付，其中的实现方式可以包括自然养护与人工修复等。林航（2014）指出要根据相关利益主体机会成本进行分担补偿。另外，关于海洋生态系统服务及价值的研究方面，其中比较有代表性的著作是《典型海洋生态》（张朝晖，2007）、《海岸带生态系统服务价值评估理论与应用研究》（彭本荣、洪华生，2006）。

海洋生态补偿的重要前提和重要步骤是进行海洋生态服务价值的量化，因此海洋生态服务系统的价值评估是我国学者研究的重要方面。就海

---

① 张继伟、杨志峰、汤军健等：《基于环境风险的海洋生态补偿标准研究》，《海洋环境科学》2010年第5期，第751—757页。

洋生态价值方面研究而言，较早开展研究的有王森、刘晓洁、段志霞等学者。王森、刘晓洁（2004）曾在分析海洋生态资源的内涵与特点的基础上，在《海洋生态资源的价值初探》一文中结合价值理论，对海洋生态资源价值进行了分析论证。同时，王森、段志霞（2004）还进一步认为海洋生态资源资产评估应包括六要素：主体、客体、目的、程序、标准和方法。刘文剑（2005）则从海洋资源与海洋环境两个层面，探讨了补偿费的核算方法。进而，刘文剑、孙吉亭等还在《渔业资源与环境开发利用的补偿费核算》一文中，阐述了渔业资源、环境开发使用补偿费的核算方法。彭本荣、洪华生（2006）采取实证研究的方法具体研究了市场主体缺失的情形下海岸带环境资源价值评估方法。张朝辉、叶属峰、朱明远（2007）则在探讨了海洋生态系统服务的内涵、特点基础上，对海洋生态系统服务进行了分类，并提出海洋生态价值评估的评估方法、技术与实现进路。郑伟、石洪华等（2007）在《海洋生态资产属性与价值特征》一文中，借助对价值计量困难点的分析，从收益性、稀缺性、权属性等方面分析了海洋生态系统的资产属性。郭晶（2014）认为仅依靠传统的市场供求关系无法对海洋生态系统服务价值作出具体测算，还需采用非市场价值评估的方法计量海洋生态资源产生的社会发展量。

第三节　研究述评

　　通过对国内外相关研究成果的整理，可以看出，国外无论是生态补偿还是海洋生态环境保护，都形成了一定成果。虽然还未充分实现系统性，但基本形成了较为明确的生态补偿基础理论。其理论研究方向经历了"从生态补偿的理论依据"向"生态补偿的具体标准"方面的转变。在生态补偿的实现方式上，更加侧重于关注与思考社会力量的结合与汇聚，构建覆盖范围广、参与度高的补偿模式，逐步实现"由单一政府补偿模式"向"以党为统领，以政府为主导、产权清晰的市场为辅助的模式"转变。在海洋补偿问题研究方面，也有涉及"海洋生态系统服务价值评估、海洋生态补偿资金筹措"等理论构建的问题研究。

　　不过，梳理现有的有关海洋生态补偿的研究成果可知，由于我国关于生态补偿特别是海洋生态补偿的研究起步较晚，各种研究尚停留在理论探讨的阶段，特别是对于海洋生态补偿研究缺乏系统化和规范化；在补偿原则、补偿主客体、补偿标准及方式等补偿机制方面还缺少系统理论指导，跟进补偿机制的管理监督方面相对滞后。当然也不乏个别较为前卫者已经在着手海洋生态补偿实践及其管理。这种局部海域的"试点"对于海洋生态补偿有着重要的促进作用，既可以检验现有理论的可行性，又可以在实践中发现新的问题，从而为理论探索注入新的元素。不过，许多方面尚需填补与加强。

一 我国海洋生态补偿研究的相关理论尚待完善

就生态补偿的相关研究而言，目前还有许多基础理论问题还需要拓展与深化。许涤新教授曾经就"生态补偿的战略目标和原则、生态补偿的优先领域与法律政策依据、生态补偿的补偿依据和标准、生态补偿的责任赔偿制度"等方面作了相对较完整系统的阐述。但是目前生态补偿仍有许多基础性的理论现实问题（如补偿原则、补偿主客体、补偿标准及方式等），需要进一步系统深入研究，并加以清晰界定与系统解决，并提供相同、明确的理论基础与统一指引。

另外，从研究层次与系统性看，现有的研究成果多集中于补偿的必要性、问题及原则层面，对于"补偿主体、对象、标准和途径"等方面问题的研究，则散见学者的不同研究成果中。总体而言，有关海洋生态补偿的研究还缺乏系统性。此外，海洋生态补偿与森林、矿产资源、流域等领域的生态补偿研究与实践相比，还是一个当下刚刚走向前台的问题，关于海洋生态补偿理论的研究还很不成熟。与此同时，对于海洋生态系统服务的类型、特征方面的细致研究，大多仍仅限于从传统的"生态补偿"层面，直接从"生态补偿"嫁接，来阐述论证海洋生态补偿的相关问题，并未充分体现海洋生态补偿的特性。综合而言，不论是生态补偿研究还是海洋生态补偿研究，其中的相关研究成果，相当程度还限于生态补偿与海洋生态补偿的"顶天型"原理论证及研究阶段，关于"生态价值及损失评估、补偿标准及方式"等"立地型"实证研究，尤其是在"海洋生态价值及损失评估、补偿标准及方式"方面非常苍白，需要尽快加以厚实。从整体来看，缺少系统的科学理念与基础理论的指导，对于"海洋生态损失价值评估、生态补偿量计量的技术性研究"，则更是还远未形成体系，不能为构建海洋生态补偿制度提供基础性的技术支撑。显然，相应的系列性研究还需要大力加以夯实。

二 我国海洋生态补偿实证研究尚需填补

目前我国学者进行的主要实证研究，一方面集中于翻译分析国外的海洋污染补偿实证；另一方面主要集中于我国溢油事故的损失赔偿上面，鲜有学者对于填海造地、跨界污染转移等的生态补偿问题进行研究①。造成我国现有实证研究的不足，不能为我国海洋生态补偿构建提供实践经验指导，进而降低了顶层理论与原理设计的实践效益。

总之，"海洋生态补偿理论、特性、运行"等问题研究与实践，尚需很长的一段路要走。需要国家及学界研究以生态补偿理论的完善作为基础，以当前全球社会的海洋战略为特殊背景，以海洋及其生态系统、海洋问题的特性为切入点，以可操作性的海洋生态损失及价值计量标准作为技术基础，以典型的海洋生态补偿实例进行分析，深化海洋生态补偿这一重要时代性课题的研究。

---

① 贾欣：《海洋生态补偿机制研究》，博士学位论文，中国海洋大学，2010年，第9页。

第二章 海洋生态补偿问题研究的基本范畴

就生态补偿的概念定义而言，目前学界还尚未形成一个统一的定义。理论界对生态补偿的概念界定的争议集中在生态补偿的调整对象上。从这个角度来看，生态补偿制度调整人与自然的关系。本研究成果认为，从法的作用形式来看，法律调整的是人与人的关系，但从法的作用效果来看，仅仅认为法律只能调整人与人的关系是有失偏颇的，人与物的关系也有可能受到法律的调整。

第一节 海洋生态补偿相关概念界定

海洋生态补偿研究首先要对其相关概念进行界定，这是研究的起点，也是研究的要求。

一 生态补偿的界定

从历史发展看，《关于制定国民经济和社会发展第十一个五年规划的建议》（2005年出台）作为官方文件，第一次阐述了生态补偿机制的建立问题[1]。就生态补偿的概念定义而言，目前学界还尚未形成统一的定义。最初在广义上是指有助于提升资源管理效率的经济刺激机制。不过在进一步的研究与实践工作过程中，有关"生态服务付费"（PES）的问题研究一度引起学界关注[2]。国际社会曾一度将"生态环境服务付费"视为与

---

[1] 2005年出台的《关于制定国民经济和社会发展第十一个五年规划的建议》中首次提出依据"谁开发谁保护，谁受益谁补偿"的原则，加快建立生态补偿机制。
[2] 彭诗言：《中国环境产业发展中的生态补偿问题研究》，博士学位论文，吉林大学，2011年，第93页。

"生态补偿的本质内涵"最为接近的一个概念。在《环境科学大辞典》中,将生态补偿定义为生物群落受到干扰时,所表现出来的生态负荷的还原能力①。

对于生态补偿的概念界定而言,中国政法大学法学院的曹明德教授认为:生态补偿是生态资源使用人或受益人在合法利用资源过程中,对其所有权人或对生态保护付出代价者支付相应费用的法律制度②。而湖南师范大学法学院的李爱年教授则对"生态补偿"作了这样的界定:相关行政主管部门向生产者和消费者直接征收的,用于保护、恢复由于过度开发导致的生态效益减损。丘君等则指出:"生态补偿特指对损害生态环境的行为向资源开发利用主体进行收费或向保护资源环境的主体提供利益补偿性措施,以达到资源可持续利用的制度安排。"③ 不同的研究者从不同的研究视角出发,或以法律、行政、生态等角度出发的,或以公平正义为视角出发点,对生态补偿作了不同层面的界定与阐释。

综合而言,理论界对生态补偿的概念界定的争议集中在生态补偿的调整对象上。有的学者认为生态补偿的调整对象是生态系统本身,即通过特定的制度设计,实现人与自然的和谐相处和环境资源的可持续发展;有的学者认为生态补偿的调整对象是人而非生态系统,即通过特定的制度设计,使利益获得者对利益受损者进行补偿,从而实现人与人之间利益冲突的平衡;有的学者则认为生态补偿的调整对象既有生态系统,又有人,即通过特定的制度设计,既保护自然环境,实现环境资源的可持续发展,又能够平衡不同利益主体的冲突,化解利益获得者与利益受损者之间的矛盾。实际上,争议的焦点在于生态补偿法律制度能否调整人与自然的关系。按照传统的观点,法律制度只能调整人与人的关系,人与物的关系并不能成为法律制度调整的对象。从这个意义上来说,生态补偿法律制度的调整对象只能是利益获得者和利益受损者的关系,而不能是人与自然的关系。然而,生态补偿制度的重要内容之一便是对生态系统的损失进行补偿、恢复、综合治理,从这个角度来看,生态补偿制度当然调整人与自然的关系。本研究成果认为,从法的作用形

---

① 张建肖、安树伟:《国内外生态补偿研究综述》,《西安石油大学学报》(社会科学版) 2009 年第 1 期,第 23—28 页。
② 曹明德:《对建立生态补偿法律机制的再思考》,《中国地质大学学报》(社会科学版) 2010 年第 5 期,第 28—35 页。
③ 丘君、刘容子、赵景柱等:《渤海区域生态补偿机制的研究》,《中国人口资源与环境》 2008 年第 2 期,第 60—64 页。

式来看，法律调整的是人与人的关系，但从法的作用效果来看，仅仅认为法律只能调整人与人的关系是有失偏颇的，人与物的关系也有可能受到法律的调整。法律是确定主体权利和义务的规范，物不具有享有权利、承担义务的资格，因此无法成为法律关系主体，不能为法律所调整。在这个意义上，法律调整的是人与人的关系。就生态补偿法律制度而言，生态系统本身无法享有权利，也无法承担义务，因此不能受到法律的调整。但从法的作用实质上看，法律通过确定主体的权利义务，对主体的行为进行规范，从而保护相应的法益，而法律所保护的法益恰恰有可能与"物"密切相关。因此，生态补偿法律制度虽然无法直接作用于生态系统，但通过利益获得者付费，对生态系统进行补偿、恢复、治理等，从而实现环境资源的可持续利用。在这个意义上，法律也可以调整人与物的关系。

生态补偿可以分为增益性补偿和抑损性补偿。生态补偿主体因保护环境而产生相应的成本，或丧失发展机会，需要通过资金、技术、实物、政策优惠等方式对其进行补偿，这种正外部性内部化的过程称为增益性补偿。生态补偿主体从事的经济活动利用自然资源，对生态系统造成破坏，对环境造成污染，需要对生态系统进行恢复、治理等，因此需要利益获得者对因此产生的费用进行补偿，或自身从事恢复、治理等补偿活动，这种负外部性内部化的过程称为抑损性补偿。

总体而言，生态补偿是指在资源开发与生态保护中，依据相应标准，通过由特定主体（生态受益者/生态破坏者/生态负外部性产生者）负担付费，或政府调控、市场社会调节等方式，实现生态修复与保护，贡献者/特别牺牲者得到经济及其他形式利益填补的制度机制安排。

二 海洋生态补偿的界定

我国未明确提出海洋生态补偿概念之前，有很多类似的尝试，并逐步发展为海洋生态补偿的概念（见表2—1）。

表2—1　　　　　　　　海洋生态补偿的概念演进

时间	事件	意义
20世纪80年代	开始了人工增殖渔业资源措施	取得了明显的经济效益和生态效益

续表

时　间	事　件	意　义
21 世纪初	拨出专项资金支持海洋渔业减船转产工程 实施渔船报废制度 拨出专项资金对渔民予以补助 详细规定对退出海洋捕捞渔民的补贴标准和资金的使用范围	开始针对有利于降低渔业对海洋生态造成破坏的因素进行补偿性保护
2001 年	《渤海碧海行动计划》	有效监督监测陆源排污；消减海洋工程项目对生态环境的不利影响；维护渔业生产者的合法权益
2005 年	《关于制定国民经济和社会发展第十一个五年规划的建议》	首次阐述生态补偿机制
2008 年	《国家海洋事业发展规划纲要》	首次阐述海洋生态补偿机制
2013 年	《海洋生态损害评估技术指南（试行）》；通过《生态文明体制改革总体方案》，明确提出严格实行生态环境损害赔偿制度	为海洋生态补偿提供了技术性支撑
2015 年	《关于加快推进生态文明建设的意见》	加快形成海洋生态文明建设的社会风尚，促进海洋产业开发与生态保护并重
2016 年	《关于健全生态保护补偿机制的意见》《关于加快建立流域上下游横向生态保护补偿机制指导意见》	进一步完善江河海一体的生态补偿体系

　　从有关海洋生态补偿的研究进展情况看，我国对于"海洋生态补偿"的研究起步较晚。2008 年国家海洋局发布的《国家海洋事业发展规划纲要》是第一个就"海洋生态补偿"作出专门阐述的官方文件。该文件表明——要推进"海洋生态补偿"问题的研究，从而将生态补偿机制引入海洋保护的领域。2010 年召开的《生态补偿条例》起草工作会议上，决定在立法调研分组中增加"海洋生态补偿问题调研组"，以求结合海洋生态保护的实践，推进海洋生态补偿工作。但遗憾的是，至今该条例仍未出

台。"十二五"规划时期海洋经济在国民经济发展中的地位显著提高，海洋生态保护受到相当的重视。在党的十八大系列报告中，更是将海洋战略摆在了突出的位置①。2013年，国家海洋局颁布《海洋生态损害评估技术指南（试行）》，为海洋生态补偿提供了技术性支撑。在2015年最新实施的《环境保护法》中明确规定生态保护补偿制度，并以法律的形式确定生态补偿的方式②。同时各个地方也分别结合自身实践，努力就海洋生态补偿问题开展相应的理论研究与实践探索，其中粤、福、鲁、浙、苏、辽等省份纷纷出台相应的法律法规，如：福建就专门制定了《福建省海洋环境保护条例》，明确将"谁污染谁治理，谁开发谁保护"③ 这一原则纳入体系，为生态补偿提供原则基础；2014年苏州人民代表大会通过《苏州市生态补偿条例》，为地区首次作出制度明晰化的尝试。尽管国家层面和地方层面在海洋生态补偿领域作出努力的尝试，但也只是提出生态补偿的原则和宏观构建，并未对具体操作的规程进行明晰，运行推进仍然相当缓慢。相关法律法规和政策缺位、技术规程空白，导致仅仅在小区域范围内进行尝试性探索。

20世纪90年代以来，有些学者一度把"生态补偿"从狭义上理解为"生态服务付费"的概念。不过，若要对"海洋生态补偿"加以界定，则应有别于国际上关于生态环境服务付费（PES）的概念界定。就"生态环境服务付费"而言，强调的是生态服务享有使用者给予生态服务提供者在费用上的一种支付，其偏重于不同的利益主体之间在市场机制下的一种交易和协商。但是，对于"海洋生态补偿"而言，其内涵则表现得更为多层，除了包括海洋生态利益受益者向保护者所提供的补偿，还包括海洋生态利益损害者向受害者的补偿。当然，从价值取向与核心目标看，海洋生态系统服务付费与海洋生态补偿基本一致——力求通过综合运用政府调控、市场社会调节手段，调整与衡平海洋生态保护及其利益相关者之间的关系，以求合理、可持续地开发利用海洋资源、促进海洋生态的保护及其

---

① 如2012年党的十八大报告中提出："提高海洋资源开发能力，发展海洋经济，保护海洋生态环境，坚决维护国家海洋权益，建设海洋强国""深化资源性产品价格和税费改革，建立反映市场供求和资源稀缺程度、体现生态价值和代际补偿的资源有偿使用制度和生态补偿制度。"2013年党的十八大三中全会公报中强调："要健全自然资源资产产权制度和用途管制制度，划定生态保护红线，实行资源有偿使用制度和生态补偿制度，改革生态环境保护管理体制。"

② 《环境保护法》第31条针对生态保护补偿问题作了相应的制度性规定。

③ 《福建省海洋环境保护条例》第4条指出：海洋环境保护实行"谁污染谁治理，谁开发谁保护"。

可持续发展。

海洋生态补偿的目的包括两个层次：一是保护和改善海洋生态环境，推动海洋自然资源可持续利用和海洋生态系统可持续发展，实现人与海洋的和谐共生；二是调整利益获得者与利益受损者的关系，通过利益获得者付费，一方面应用于海洋生态系统的恢复、治理，另一方面对利益受损者进行补偿，包括现有利益的损失和可得利益的损失。

生态补偿可以分为"增益性补偿"和"抑损性补偿"。同样地，海洋生态补偿也可分为"增益性补偿"和"抑损性补偿"，"增益性补偿"即海洋生态保护补偿，"抑损性补偿"即海洋生态损害补偿。海洋生态保护补偿坚持"谁受益，谁补偿"的原则，由海洋生态保护的受益者付费，从而促进海洋自然资源的可持续利用和海洋生态系统的可持续发展。一般而言，海洋生态保护补偿包括两方面的内容：一是国家作为全体社会成员的代表，通过支付相应的费用，对海洋生态环境进行补偿。如国家为了恢复和改善海洋生态环境，采取建造人工鱼礁、设立海洋自然保护区等措施对海洋进行生态环境补偿和资源补偿。二是国家作为全体社会成员的代表，对因保护海洋生态环境而丧失发展机会的主体进行补偿，这里的"主体"，既包括人，如对退出海洋捕捞的渔民给予的补贴；也包括地区，如入海河口或海域所在地区对上游地区进行的适当补偿。海洋生态损害补偿坚持"谁破坏，谁补偿"的原则，是指国家作为全体社会成员的代表，因海洋自然资源的开发主体在使用自然资源，或享受生态系统服务过程中对海洋资源或生态环境造成了损失，而对其征收相应的费用，用于海洋生态系统的恢复或补救，推动海洋自然资源的可持续利用和海洋生态系统的可持续发展。

2013 年 7 月，习近平总书记指出，要全力治理海洋生态环境，加快建立海洋生态补偿和生态损害赔偿制度。2016 年国家海洋生态环境保护工作重点明确指出，"沿海省级海洋部门要结合实际，推进海洋生态补偿和生态损害赔偿制度建设"。[①] 因此，准确界定和辨析"海洋生态补偿"和"海洋生态损害赔偿"的概念，有利于准确把握"海洋生态补偿"和"海洋生态损害赔偿"的科学内涵，有利于海洋生态补偿和海洋生态损害赔偿制度的构建。

---

① 于冰、胡求光：《海洋生态损害补偿研究综述》，《生态学报》2018 年第 19 期，第 6826—6834 页。

海洋生态损害赔偿制度起源于美国，主要体现在自然资源损害评估指导文件中；主要涉及溢油污染事故造成的人身健康和财产损害赔偿，以及受损生态系统的治理和恢复。由此可见，最早的生态损害赔偿制度的赔偿内容既包括对人的赔偿，即对利益受损者的人身、财产损害赔偿，也包括对物的赔偿，即生态系统的破坏者要承担恢复、治理生态系统的责任，无论以金钱的形式还是以实物的方式。2004 年欧盟在充分借鉴美国相关立法的基础上颁布了一部指令，该指令具有两个特点，一是确定严格的环境责任，二是强制执行环境责任。值得一提的是，这部指令是欧盟地域关于海洋生态损害补偿领域的首部法令，对指导海洋生态损害补偿制度建设有着重大意义。2014 年，中国国家海洋局颁布了《国家海洋生态破坏损失赔偿办法》，明确规定海洋行政主管部门可以对造成海洋环境污染或生态破坏的行为责任人提出索赔。2016 年山东省出台的《山东省海洋生态补偿管理办法》第十二条规定："海洋生态损失补偿是指用海者履行海洋环境资源有偿使用责任，对因开发利用海洋资源造成的海洋生态系统服务价值和生物资源价值损失进行的资金补偿。"这里的"海洋生态损失补偿"与"海洋生态损害补偿"应属同义，因此它对海洋生态损害补偿的概念进行了界定。综合而言，"海洋生态补偿"包括"海洋生态保护补偿"和"海洋生态损害补偿"，"海洋生态保护补偿"与"海洋生态损害赔偿"的界限较为清晰，容易区分，最主要的是对"海洋生态损害补偿"和"海洋生态损害赔偿"的概念进行辨析。"海洋生态损害补偿"是指海洋自然资源的开发利用主体的用海活动是经过批准的，是在法律允许的范围内的，因此在对海洋生态系统造成破坏后应对利益受损者和海洋生态系统本身进行补偿；"海洋生态损害赔偿"是指海洋自然资源的开发利用主体的用海活动是非法的，因此在造成损害后果时应当对利益受损者和海洋生态系统本身进行赔偿。这里的"赔偿"不应理解为惩罚性赔偿，开发利用主体未经批准非法进行用海活动，在造成损害后果后，对利益受损者而言，开发利用主体构成侵权，应当依法承担侵权责任，而对于海洋生态系统而言，其赔偿的金钱或实物用于海洋生态环境的补偿、修复，也不能具有"惩罚"的性质。值得注意的是，海洋自然资源的开发利用主体经过批准进行用海活动，在用海过程中由于非法行为产生危害后果，依法应当承担相应责任。这种责任的承担应当认为是"海洋生态损害补偿"而非"海洋生态损害赔偿"，因为用海主体在用海过程中造成海洋生态系统的破坏，除在用海活动前能够进行预估的危害后果外（基于"用海者付费"的原则已经缴纳海洋生态补偿费），其余绝大多数是由于用海主体的过失造成的，绝对的无过失却导致意外的危害后果的情况几乎是不存在的，若将其视为"海洋生态损害赔偿"，将大大扩大"海洋生态损害赔偿"的范围，而使得"海洋生态损害补偿"的制度体系的调整空间十分狭窄，这显然是不适当的。

综上所述，就定义而言，海洋生态补偿是指在海洋资源开发与生态保护中，依据海洋要素的特点与相应标准，通过由特定主体（海洋生态受益者/海洋生态破坏者/海洋生态负外部性产生者）负担付费，或政府调控、市场社会调节等方式，实现海洋生态修复与保护，贡献者/特别牺牲者得到经济及其他形式利益填补的相关制度机制安排。力求通过综合运用政府调控、市场社会调节手段，调整与衡平海洋生态保护及其利益相关者之间的关系，以求合理、可持续地开发利用海洋资源、促进海洋生态的保护及其可持续发展。

第二节　海洋生态补偿的深层内涵分析

伴随着人类社会从"黄土文明"走向"蓝色文明"，人类的生产生活方式从"脸朝黄土、背对海洋"转向"面向海洋、走向海洋"。海洋经济社会生活逐步进入大众的视野。海洋生态补偿作为生态文明与海洋时代的时势命题，其成为协调经济发展与海洋生态保护、促使可持续开发利用海洋环境资源的现实选择。内涵界定上，生态补偿指国家或受益者对生态功能、生态保护者投入及发展机会补偿；而海洋生态补偿则是其在海洋领域的延伸，并展现海洋领域生态补偿的特性。海洋生态补偿是指在海洋资源开发与生态保护中，依据海洋要素的特点与相应标准，通过由特定主体（海洋生态受益者/海洋生态破坏者/海洋生态负外部性产生者）负担付费，或政府调控、市场社会调节等方式，实现海洋生态修复与保护，贡献者/特别牺牲者得到经济及其他形式利益填补的相关制度机制安排。就海洋生态补偿的概念而言，海洋生态补偿内涵框架涉及海洋生态补偿提出的时代背景，海洋生态补偿涉及海洋要素的特点、补偿主体、补偿客体、补偿方式、补偿相关法律制度及机制等。

一　海洋生态补偿的四个特性归纳

（一）特性之一：类型的两个层次

虽然不同学者关于海洋生态补偿概念定义的最终表达可能会有所不

同，因为基于不同的视角、不同的学科出发点。但是总体而言，在海洋生态补偿的内涵界定上，特性还是明显的。总体而言，海洋生态补偿可以分为两大层次：①对环境要素的补偿，即对海洋生态本身的补偿。②对贡献者/特别牺牲者的补偿，即对海洋生态保护中所涉及的特别牺牲者的补偿。当然，在上述两大层次的海洋生态补偿类型基础上，还可以根据海洋生态补偿之动因、补偿标准、途径及方式、海洋生态补偿的双方关系等不同角度，进一步细分：如基于围海造地而形成的海洋工程性生态补偿，缘于突发性溢油污染事故而引发的事故性生态破坏补偿，针对区域开发而导致的跨区域海洋生态补偿等。

（二）特性之二：对象的两大类别

正是基于类型上的上述两个海洋生态补偿层次，就海洋生态补偿对象而言，可以分为两大类：①海洋生态本身（环境要素）。②在海洋生态保护中作出特别牺牲的利益主体（人）。这里的补偿对象既有对物/环境要素的补偿（如要求恢复和改善海洋生态环境、设立海洋自然保护区加以保护等），也有对人的补偿。在对人补偿方面，就在海洋生态保护中的贡献者与作出特别牺牲的利益主体而言，主要包括海洋生态保护者、环境生态损害或破坏的受害者、海洋生态环境保护中的正外部性产生者等。例如因围海造地工程而利益受损的渔民、因陆源污染而利益受损的沿海城市居民等。

（三）特性之三：途径的多个层面

根据相应的海洋生态标准，从政府财政转移支付、特定主体负担付费、市场社会调节等多个层面展开。

1. 基于海洋生态环境的公共性（海洋环境问题的公害性、海洋生态利益的公益性、海洋生态保护行动的公众性），决定了政府作为公共主体参与海洋生态补偿的必然性和重要性。传统的政府调控方式包括：政府财政补贴或财政转移支付、财政援助、税收减免或返还、劳务输出、异地开发、就业能力及技术培训等方式与途径。在以往政府的生态补偿方式中，经济与实物方面的补偿占据绝大部分比重。但是，在生态补偿中，更为重要的是原有环境要素及生境状况的保有，以及在这一生态系统中生活发展的相应主体的环境生态可持续保护与利用的意识与能力。在以往的流域、草原、草地的环境要素的生态补偿中，由于习惯于仅仅关注经济上的补偿，而忽视了相应主体的环境生态可持续保护与利用的意识与能力培育，因此，生态补偿的效果往往事倍功半，远未达到预期目的。对于新型海洋领域的生态补偿而言，如果要避免再走以往的老路，就必须在海洋生态补偿的所涉范围上，充分加大在"相应主体的海洋生态可持续保护与利用意识与能力的培训"方面的重视与投入。除了传统的经济补偿，还应充分加大对"生活发展于这一海洋生态系统中的相应主体的能力补偿——如渔民的海洋生态可持续保护与利用意识与能力的培训"的重视程度与比重。无疑，对于要真正做到海洋生态—经济—社会的可持续利用与发展，渔民等相关主体的海洋生态可持续保护与利用意识与能力提升与增强不可或缺。例如对海洋生态系统敏感、基本生活条件贫困的相应地区，借助异地开发、劳务输出等方式，向有开发条件的区域迁移部分居民；又如，在推进滩涂围垦、围海造地等海洋工程项目中，对于技术落后、生产方式不合理区域的"失海渔民"，可以采取技术引导、技术培训、就业创业指导等方式，对"失海渔民"进行再就业创业能力的补偿，从而实行海洋生态补偿在"可持续发展能力、发展权补偿"等方面的拓展与深入，而不是仅仅限于初层的经济层面的补偿。对于这些新的补偿方式，政府的调控应在此层面上积极加以考虑，充分发挥政府在职责职能的优势，推动多种途径的统一协调和整体推进，以便提高海洋生态补偿的实效性，实现海洋生态补偿的最终价值目标。

2. 基于海洋生态补偿关涉"围绕海洋生态保护而形成的系列利益分配"问题，因此，需要引入市场与社会的调节机制，包括市场激励机制的运行、海洋生态补偿的社会基金的形成、环保非政府非营利性组织等，从而推进海洋生态补偿的方式及其途径的多元化与多样化，以便提高海洋生态补偿的实效性，实现海洋生态补偿的最终价值目标。

另外，在海洋资源开发及环境保护过程中，就各相关的利益主体看，可以分为海洋生态的保护者（含特别牺牲者）、受益者、海洋污染者、海洋生态破坏者等。因此，对于海洋生态补偿的责任负担与付费主体而言，海洋生态保有及改善的受益者（海洋生态环境负外部性产生者）、海洋污染者、海洋生态破坏者是其中的特定主体。因此这些特定主体的"负担与付费"也是海洋生态补偿中不可或缺的方式与途径，也非常吻合法律上的"污染者负担、受益者补偿"原则。当然，不同的利益关系主体，在负担与付费的金额、渠道和方式上会有所不同。

（四）特性之四：目的的两个层级

就海洋生态补偿所要实现的目的而言，有两个层级：一是包括对于现有海洋生态保护及受到污染破坏的海洋生态的修复等。二是对于贡献者/特别牺牲者的经济利益补偿，以及其他形式利益填补（如发展机会成本、新的创业就业能力及谋生技能的培训等）。这里的特别牺牲者，当然也包括上述所涉及的比如因围海造地工程而利益受损的渔民、因陆源污染而利益受损的沿海城市居民等。他们作为海洋生态保护者、环境生态损害或破坏的受害者、海洋生态环境保护中的正外部性产生者，应得到相应的经济利益补偿，以及其他形式利益填补。从而借助海洋生态补偿，既在开发新型海洋领域、发展海洋经济过程中，力求实现避免或消减对原有海洋生态的影响与破坏；又能借助海洋生态补偿的二次分配，矫正开发新型海洋领域、发展海洋经济过程中的利益失衡，实现在过程中的贡献者/特别牺牲者、利益受损者的利益平衡与失衡矫正，实现海洋环境正义。

二 海洋生态补偿问题的基本分析框架

（一）基本分析框架的第一部分

涉及海洋生态补偿提出的时代背景，即在过去相当长一段时间，由于追求海洋短期经济效益，海洋环境遭受污染，海洋生态系统面临破坏。近年来，虽然随着海洋生态补偿机制的不断深入推进，海洋生态被恢复，环境保护取得较好进展，但相关问题建设和研究滞后，急需跟进。这是海洋生态补偿概念再解读再界定的重要缘由。也就是说，对海洋生态补偿时代背景和意义的理解，可以有利于更全面地对其概念进行界定和解读，也更明确在海洋生态补偿探索中的重点问题。这为海洋生态补偿问题研究命题的展开提供研究初衷和动机，也为研究的深入打造立足点、锁定突破口。

（二）基本分析框架的第二部分

在对概念的基本界定上，梳理海洋生态补偿特性。对于海洋而言，其作为自然环境的一类组成要素，有海洋生态要素自身的特点。这也决定了海洋生态补偿在具体的操作与运用中，必然会和其他类型的生态补偿有所区别。因此归纳海洋生态补偿区别于其他生态补偿运行的特殊性显得尤其重要，这是海洋生态补偿内涵的重要表现形式。

（三）基本分析框架的第三部分

在阐释海洋生态补偿运行领域的特殊性分析基础上，提出了海洋生态补偿的应有功能和作用。海洋生态补偿功能和作用主要体现在其中的价值目标在政府、市场和社会等不同主体的设计中。就"价值"的内涵而言，一般意义上的"价值"是客体满足主体需要的属性，而经济意义上的"价值"，则是可以被货币衡量的无差别人类劳动。海洋生态环境中的很多要素虽然不具有经济价值，但是却有着无法估量的生态价值，其对于人类乃至整个地球生物种群的生存发展有着不可替代的作用。至于生态功能和社会功能是显而易见的，这原本就是海洋生态补偿提出和推广的初衷。因此海洋生态补偿追求目标定位要兼顾环境—经济—社会价值协调。

（四）基本分析框架的第四部分

阐释海洋生态补偿活动及其相关要素，也可以说是阐释"谁以什么方式用什么东西补偿给谁"的过程，相关要素包括补偿主体、补偿对象、补偿标准、补偿方式、补偿资金等。海洋生态补偿活动是否顺利进行是受这些要素限制和影响，同时，海洋生态补偿活动及其这些要素也是海洋生态补偿可持续有效推进中的难题所在的环节和要件，需要解决一系列选择性难题：补偿对象的确定难题，是海洋生态功能还是渔民发展权补偿？补偿标准的核定难题，是机会成本还是生态系统服务价值？补偿方式的甄选难题，是纵向统配还是横向转移？补偿资金的来源难题，是政府还是市场、社会力量？海洋公共物品的外部性难题，是海洋公地悲剧还是受益者补偿？进而在下文"补偿对象的确定、补偿标准的核定、补偿方式的甄选、补偿资金的来源"等诸多难题研究中，力求寻找突破与解决的钥匙。

（五）基本分析框架的第五部分

关于海洋生态补偿的制度建构。对于海洋生态补偿而言，其制度建构使海洋生态补偿得以推进，并能取得良好效果，达成其总体目标的重要保障。近几年，制度经济学和新制度经济学在我国的经济体制改革中发挥越来越重要的作用，日益引起人们的关注和激发学者们的研究。制度的作用可能是多维的，制度安排对经济增长产生决定性的影响[1]。就海洋生态补偿而言，制度建构一定程度上可以说是一个规则的集约。该集约包括海洋生态系统服务价值评估制度、海洋生态损失价值评估制度、政府财政转移支付制度、海洋生态补偿资金筹集制度、受益者补偿制度、海洋生态保护激励制度和海洋生态补偿的海洋督察推进等系列制度，它们彼此各具优势、互助合作，形成良性循环，集约而成总体的海洋生态补偿规则。

---

[1] 钟昌标、李富强、王林辉：《经济制度和我国经济增长效率的实证研究》，《数量经济技术经济研究》2006年第11期，第15页。

（六）基本分析框架的第六部分

海洋生态补偿的机制设计。海洋生态补偿机制是指海洋生态补偿的价值目标、主客体、运行领域、补偿标准、方式手段、保障制度等组成部分的相互关系与作用总和。各自相互联系而非分立，彼此"互补—依存—联动、互哺—共生—共进"，从而推进海洋生态补偿的目的与价值的实现。从更进一步看，海洋生态补偿机制运行是一个庞大的系统工程。海洋生态补偿机制的设计及运行，必须立足于其中的特殊性特点，如海洋环境资源及生态系统的整体性、流动性、立体性，渔民强海洋依赖性与弱势主体性等，充分考虑其今后完善与发展的走向，对海洋生态补偿机制进行有针对性设计。综合而言，可以从下述几个层面加以设计与配置：从"运行领域层面"加以设计与配置的"海—陆统筹机制"；从"价值目标层面"加以设计与配置的"环境—经济—社会价值协调机制"；从"补偿主体层面"加以设计与配置的"中央—区域—地方三方联动机制"；从"补偿方式层面"加以设计与配置的"政府—市场—社会三维拓展机制"；从"补偿阶段与流程层面"加以设计与配置的"事先—事后结合机制"；从"补偿层级层面"加以设计与配置的"修复—输血—造血三级推进机制"等。显然，通过上述不同层面机制的设计与配置，以及彼此的相互呼应与配合，从而为海洋生态补偿的成功运行提供重要驱动力。

三 海洋生态补偿的问题导向与创新指引

（一）海洋生态补偿研究的问题导向

总而言之，海洋生态补偿内涵解读是基于针对海洋生态补偿及其运行中所面临的诸多现实难题（补偿对象的确定难题、补偿标准的核定难题、补偿方式的甄选难题、补偿资金的来源难题等），系统研究美国、日本、韩国、加拿大等国家的生态补偿制度，全面梳理我国海洋生态补偿法律体系，借鉴先进经验，发现现存问题，反思以往生态补偿"见物不见人、事后被动式"的局限，重点针对当前海洋溢油损害事故、填海造陆、沿海工业污染等热点实证，比较研究国内外典型实证的试错及其进展，并加以经验借鉴。进而在此基础上，推进制度创新，建构七大生态补偿新制度——海洋生态系统服务价值评估理论、海洋生态损失价值评估理论、政府转移支付理论、受益者补偿理论、补偿资金筹集理论、海洋生态保护激励理论和海洋督察理论，为海洋生态补偿的运行提供理论依据。

(二) 海洋生态补偿研究的创新指引

从研究补偿主体、补偿对象、补偿方式与手段，海洋生态补偿量的计量、标准和流程等层面，设计与配置六大实践创新：海—陆统筹、环境—经济—社会价值协调、中央—区域—地方三方联动、政府—市场—社会三维拓展、事先—事后结合、修复—输血—造血三级推进，从而为海洋生态补偿运行提供动力。从而在"政府+市场+社会、人+物、事先+事后、输血+造血"的"全过程复合"补偿基础上，实现"海洋时代"的"人—海互哺共生、共融和谐"。还对海洋生态补偿课题的走向、尚需进一步深入研究的问题及其发展趋势进行了展望。

另外，从系统的观点来看，海洋生态补偿是以人为干预的方法来缓和或解决海洋生态经济系统中的海洋生态系统和海洋经济系统两个子系统之间的基本矛盾的一种安排。其中，不论是海洋生态经济系统，还是海洋生态系统与海洋经济系统两个子系统，作为海洋生态补偿对象都具有典型的系统的基本特征，这就要求必须用系统分析方法，才能科学地研究海洋生态补偿问题。

第三节 海洋生态补偿的功能

在海洋生态补偿及其运行进程中，海洋生态补偿的价值构成及价值目标实现是其中的重要内在决定力，其体现在政府、市场和社会等不同主体的价值目标设计中，体现于海洋生态补偿运行的不同环节中。就"价值"的内涵而言，一般意义上的"价值"是客体满足主体需要的属性。在海洋生态补偿及其运行进程中，对于不同主体而言，基于海洋生态补偿的特性与特定目标诉求，海洋生态补偿的价值构成及价值目标实现，则可以主要体现在不同层次价值目标设计与满足——海洋生态补偿的经济价值、生态价值、社会价值、正义衡平价值等，乃至基于不同层次价值目标诉求的价值体系建构。显然，伴随着人类社会迈入海洋生态文明时代，就海洋生态补偿及其运行，除了可以被货币衡量的经济意义上"价值"外，更有着更深层次的生态价值、社会价值、正义衡平价值等不同层次价值构成，进而形成一个系统的价值体系。从深层次审视，在海洋生态补偿及其运行进程中，虽然有些场景情境不能马上呈现及彰显以往被重点关注的经济价值，但是却有着更为深层的无法仅用经济价值估量的生态价值、社会价值、正义衡平价值等。而在其中，正是基于不同层次价值的诉求及呈现，进而促成海洋生态补偿的价值体系建构，引领海洋生态补偿及其不同层次价值目标的达成。

一 海洋生态补偿的生态价值

在地球这一庞大的生态系统中，海洋是极其重要的一环。正因为海洋是地球最重要的自然生态系统之一，所以海洋对于自然界的影响是十分巨大的。海洋不仅为人类提供了不可或缺的物质和资源，而且在自然界水热平衡、气候调节、营养物质循环和生物多样性维持等方面发挥了举足轻重的作用。但是，随着人类文明的出现和不断发展进步，人类对海洋不再陌生和恐惧，渐渐地人类有了"征服海洋"的思想，毫无限制地向海洋索取，使得如今的海洋"千疮百孔"，其环境面临着严峻挑战。当然，我们也不难发现，这种对海洋破坏的消极影响已经波及了人类自身。面对这一不可逃避的现实，加强对海洋的生态补偿和保护已成为必然。所以海洋生态补偿的理论和制度得以探索和建设。那么海洋生态补偿对于生态环境有何价值呢？

海洋生态补偿能够积极地推进海洋生态系统的修复与机能的恢复。我们知道，海洋生态系统类似我们人的身体一样，具有自我恢复的能力。但是不同的是，人体的自我恢复所需要的时间远少于海洋生态的自我恢复的时间，这一时间概念是远超我们所能认知的。所以我们对于海洋生态系统的消极性影响在海洋生态系统漫长的恢复周期中短时间内是难以自我恢复的。当然，这也需要区别看待，消极性影响程度往往有轻重之分。对于海洋生态消极性影响程度较轻的，海洋生态的自我修复能力可能会与之相适应，达到平衡；但对于海洋生态消极性影响程度较重的，海洋生态的自我修复能力即时的相对表现往往会滞后，使得海洋生态的架构处于失衡的状态。换言之，因为超负荷或某些原因会使海洋生态系统无法主动自我修复。那么，这就需要海洋生态补偿在事前和事后的一些措施对海洋生态系统中的一些要素进行干预，使得海洋生态系统的机能得以恢复。海洋生态系统的修复和机能恢复对于海洋生态治理是十分重要的。没有海洋生态系统的平衡与稳定，就无法使海洋生态各要素相协调，诸多海洋物质的和谐存在也会不可能的。海洋生态补偿对于海洋生态要素的补偿性建设利于这种平衡有效且较快地恢复到良好或者原有的水平线上。例如红树林保护区和海洋鱼类保护区的建立对于海洋生态系统的恢复性作用是巨大的。诸如此类的海洋补偿性措施有力地推动了海洋生态系统的修复和机能的恢复。海洋生态系统机能的恢复会使海洋生态系统自身修复更具有自觉性，进而推动美丽和谐海洋环境的建设。

海洋生态补偿能够有效地处理海洋所面临的生态环境问题。近现代以来，人类的生产生活方式发生了巨大变革，由落后的农牧业生产方式向工业化、信息化运作方式转变；世界也从单一走向整体，各地区间的联系越来越紧密。在这些过程中，海洋发挥了巨大作用，而且也作出了巨大的牺牲，为了巩固人类的发展，海洋奉献了资源，提供了空间。虽然我们所认知的海洋是庞大的、无边无际的，但事实上海洋也是弱小的，尤其在它的生态环境方面。近些年来，海洋生态系统持续处于亚健康状态，而重点的河流入海口、海湾甚至处于不健康的状态。究其原因不难发现，陆源污染物持续排放入海、人类不合理地海洋资源开发、海洋基础设施的意外事故等都是重要因素。在这种欠健康的海洋生态系统和众多因素的影响下，海洋生态环境问题日益严峻，例如海洋生物多样性惨遭破坏、海平面上升、海水水温异常升高，以及赤潮、盐潮、厄尔尼诺和娜尼拉现象频繁，等等。因此，创新海洋生态保护机制，建立和完善相关海洋生态补偿机制，对补偿受损海洋要素及其功能，具有重要的现实意义和历史意义。

海洋生态补偿能够合理地保障海洋生态文明的长期有效治理。大力推进海洋生态文明治理体系和治理能力的现代化是国家战略，对于维护国家领海安全、提升国家海洋经济活跃度、促进海洋生态和谐度等方面具有重大意义。海洋生态补偿通过一定的行政或者经济手段，甚至是鼓励群众参与的方法来实现对海洋生态诸多要素进行良好补偿。海洋生态补偿这一制度的塑造不是暂时性的，也不是随意性的，而是持续长久的、整体性的。因此这就为海洋生态文明治理提供了长久且有效的保障。这样才有可能推进海洋生态环境问题得到充分的克服，才有可能使得海洋生态环境越来越美好。

综上所述，海洋生态补偿的生态价值主要体现在三个方面。一是从海洋生态环境自身来看，主要是通过相关措施推动海洋生态系统的修复和机能的恢复。只有海洋自身的生态系统恢复才能更有效地推进海洋生态环境建设，且范围也更广。因为同海洋漫长的自我修复周期相比，人类的干预措施往往只是小修小补。二是从当前的严峻海洋生态环境问题来看，主要是通过对部分受损要素的补偿，及时遏制破坏环境的行为，实现区域性的海洋生态环境的良好治理。三是从长远实现治理有效的角度来看，主要是完善海洋生态补偿制度建设来实现长期性对海洋生态环境治理的保障。总而言之，海洋生态补偿对于海洋生态文明建设价值重大，且影响必将深远持久。

二 海洋生态补偿的经济价值

在介绍海洋生态补偿经济价值之前，先认识一下海洋生态补偿的目的。一般认为海洋生态补偿的目的及意义有两个部分：第一是从海洋生态价值来看的，即保障海洋生态服务价值供给的稳定性，这是一种持续性、整体性的过程，既要考虑区域供给稳定，也要考虑整体供给的稳定；既要考虑对当代人供给的稳定，还需要考量对后代人的供给稳定。第二是从海洋利用与保护的关系来看的。海洋的利用与保护不是矛盾的双方，不能只利用不保护或者只保护不开发，需要将两者协调统一起来，无疑，海洋生态补偿具有这一功能。所以在认识海洋生态补偿的生态价值的基础上，了解海洋生态补偿的经济价值是十分必要的。那么，海洋生态补偿有哪些经济价值呢？

海洋生态补偿有利于推进海洋经济的可持续发展。海洋经济的发展往往是利用海洋资源发展起来的，例如渔业、海底石油产业等，但这些产业通常会以牺牲海洋生态环境为代价。这种硬核的经济发展方式的的确确可以快速地促进某一时期或某一地区的经济发展，但是这不是长久之策。随着时间的推移，对海洋环境破坏持续加深，海洋环境就会对经济进行一定的"报复"。由于是自然性海洋活动，其破坏力往往是巨大的且是人类在短时间内难以调控的。因此，对经济的消极性影响是难以估量的。前期获得的利润与后期投入的生态补偿成本两者间必然会存在矛盾，而且对海洋生态破坏的补偿是很难让海洋生态恢复到原有状态，即使达到原有的水平，也可能产生"后遗症"。可见这种经济发展方式是不适合当今海洋经济发展的。可持续发展是一种既考虑到当下又考虑到未来的发展模式，在生态环境问题上，在发展的前期就做好了设计，这种发展模式无疑是破解上述问题的有效出路。海洋生态补偿在发展之前就会制定相关制度、投入一定的资金为可持续发展提供保障，同时在发展之后会对发展所涉及的诸要素进行合理补偿。在对这事前、事后补偿的双保险下，可持续发展理念才可以付诸实践并得到发展，同时，也防止了可持续发展模式偏离原设定的正常运行轨道。

海洋生态补偿有利于海洋资源的协调性利用。海洋对人类最大的物质性影响就是为人类提供了大量可利用的资源。纵观历史长河，因为抢夺资源而引发的战争不在少数，由此可见资源对于人类是多么的重要。21世纪是海洋的时代，人类对海洋资源的渴望度、需求感将会更强，那么如何让有限的资源合理地供给人类无限的需求将是人类面临的一大难题。面对这一难题，人类提出协调发展理念。资源的协调利用是为了满足不同主体对资源的不同需求，这有利于促进资源最大利用率，将资源的浪费降到最低，尽最大能力实现各取所需，满足不同主体的利益诉求。在实现资源协调利用过程中，海洋生态补偿将会扮演重要的调节角色。海洋生态补偿是通过政府的宏观调控和市场自觉调节两种手段来开展工作的，宏观和微观相结合的方法可以为资源的协调利用提供保障。如果单一政府宏观调控，则小个体的资源需求得不到满足，资源利用的就近原则也不会得到实践；如果单一市场自觉调节，则市场的盲目性、自发性等问题将凸显。无论哪一种都不会使资源得到合理地利用。而海洋生态补偿是将两者相结合的，是可以带动资源的协调性利用的。

海洋生态补偿能够为经济发展提供新的要素。一是激发了市场主体的活力。资金保障是海洋生态补偿制度实施的前提。因此，应拓宽海洋生态补偿制度的融资渠道。一方面，完善国内融资渠道，如建立生态补偿税制度；另一方面，应加强国际合作，以获得国际财政和技术援助。[①] 相关法律法规和制度的建立健全为海洋生态补偿提供了法律保障。这些措施可以提升投资者投资信心，进而激发市场主体活力，带动经济发展。二是海洋生态补偿催生新兴产业。海洋生态补偿会通过一定的手段依法取缔高污染等对环境破坏严重的企业，取而代之的将是一些绿色新兴产业，这些企业将会带动区域就业，促进经济可持续发展。三是创造更多的消费群体。海洋生态补偿对海洋生态环境的修复，会制止一些对于环境有重大不利影响的从业人员，当然这类人群会获得一定的经济物质上的补偿。这在一定程度上有利于促进社会消费，从而推动经济的发展。

海洋生态补偿的经济价值主要体现在两个方面。一是从宏观和纵向上来看，海洋生态补偿为这一大范围内、长久的发展理念（可持续发展理念）的实践提供了保障。二是从微观和横向上来看，海洋生态补偿为特定区域的、当下的资源协调分配和营造新的经济发展要素创造了条件。

三 海洋生态补偿的社会价值

海洋生态补偿在生态、经济领域均具有重要价值，当然，社会领域也

---

① 张普：《我国海洋生态补偿法律制度探析》，《中国环境管理干部学院学报》2017年第11期，第10页。

不例外。海洋生态补偿对于社会的价值也是巨大的，毕竟海洋生态补偿是一种社会意识，它来源社会实践。

海洋生态补偿有利于推进社会民生建设，促进社会公平。海洋生态补偿在某种程度上来说，是海洋生态的既得利益者对于海洋贡献者或牺牲者在经济或其他形式上的一定性补偿。所谓海洋贡献者或牺牲者往往是较弱势的一方。通过这种方式，在一定程度上有利于协调社会财富分配，促进社会公平。另外，满足不同利益群体的需求也是促进社会公平的重要表现。海洋生态补偿对海洋生态环境的修复极具重要意义。重大海洋生态工程建设，例如海岛修复、海岸修复等，有利于美化其周边环境，是提升人民群众生活环境质量的重要体现。海洋生态补偿建设所吸引的新兴企业在区域建设完善有利于当地的基础设施，同时也有利于当地居民的就业，提升人民的生活质量。由此可见，海洋生态补偿在社会民生工程建设、促进社会公平方面具有独特的价值。

海洋生态补偿有利于持续推进资源节约型和环境友好型社会建设。推进资源节约型和环境友好型社会建设需要整个社会的共同努力，海洋生态补偿对海洋资源的节约和与海洋环境和谐友好相处都有一定的作用。以海洋资源节约和友好相处为模板，向全社会其他环保领域推广，最终形成构建资源节约型和环境友好型社会强大动力。海洋生态补偿有利于构建人类与海洋和谐发展的新型关系，这种人与自然和谐相处的思想是可以武装广大人民群众的环保意识，进而有效地推动资源节约型和环境友好型社会建设。

海洋生态补偿有利于促进国家海洋治理体系和治理能力现代化。海洋生态补偿在当下的社会中还属于理论完善阶段，并未广泛地实践。这是一种创新的海洋治理模式，对海洋生态和人类社会都有一定的影响。海洋生态补偿对参与海洋生态的主体都具有一定的协调，无疑具有强大的实践性和生命力。这种现代化的海洋治理模式是对传统治理模式的突破，必将推进国家治理体系和治理能力的现代化。

海洋生态补偿的社会价值主要体现在对公民、对社会和对国家的意义上。一是有利于民生事业的建设，使得公民的生活质量提升。二是有利于促进社会公平和谐，推动资源节约型和环境友好型社会建设。三是有利于推进国家海洋治理体系和治理能力的现代化。

海洋生态补偿在生态、经济和社会的三方面价值都是巨大的，这也说明了其功能的强大。同时，我们还应该注意到，海洋生态补偿最重要的价值在于能够有效地调节三者的矛盾，使三者更和谐，只有这样我们的海洋生态环境才能得到有效治理。相信海洋生态补偿能够很快从理论变成实践成果并得到广泛应用,让它的价值得到最大限度上的发挥。

四 海洋生态补偿中的正义衡平价值

(一) 生态补偿中的正义内涵

生态补偿的理论基础涉及很多学科,包括地理学人地关系理论、可持续发展理论、外部性理论和公共产品等经济学相关理论,以及环境正义理论。就本质而言,生态补偿在本质上,是一个关涉社会公平的问题。环境资源产权定义的不同或权利的初始分配,实际上导致了发展权的不平等。生态补偿应该被赋予更多的社会和谐和公平的责任。[①] 人类社会所追求的理想与目标是公平正义,环境权与人类的生命健康和社会永续发展有着密切的关系。环境权就是人们享有的环境利益,而生态补偿就是对人们的环境利益和环境责任的分配,而分配问题必然涉及公平正义问题,相应地环境正义(公平)就成为生态补偿的一个重要理论基础。

从古至今正义理论一直存在各种各样的表达,平等正义观一直是正义理论的一种重要观点,而在罗尔斯提出当代正义理论后正义理论开始被应用到环境领域,成为环境正义理论深入发展的理论支撑。平等正义观主张正义即平等,平等是正义的尺度。受到众多学者支持的罗尔斯认为正义是每个人都应该有平等的自由权和平等公平的机会,而在自然状态下人们间的差别则需要社会分配制度使得最不利的人获得最大利益。他的观点主张弥补人们在自然状态下的不平等,追求结果平等、实质平等。

正如正义内涵一直未有定论一样,环境正义的内涵也随着人类社会经济发展和人与自然关系的变化未能有一个确切的界定,较为普遍的定义有:"环境正义突出表现在反对强势群体对弱势群体的环境剥削和掠夺,环境资源的不公平分配,环境负担的不公平承担,以及立法、执法和司法机关对于弱势群体的环境权利的忽视、漠视和歧视等。"[②]"环境正义是指人类不分国籍、种族、文化、性别、经济状况或社会地位,都同等地享有安全、健康以及可持续性环境的权利,而且任何人都无权破坏或妨碍这种环境权利。"[③] "所谓环境正义,是指人类社会在处理环境保护问题时,各

[①] 黄河、柳长顺、刘卓:《水生态补偿机制案例与启示》,中国环境出版社2017年版,第30页。

[②] 权睿学、范小玲:《评析"环境衡平正义"》,《环境保护》2004年第10期,第60—63页。

[③] 郭琰:《从环境正义看人类中心主义与非人类中心主义之争》,《经济与社会发展》2009年第2期,第17—19页。

群体、区域、族群、民族国家之间所应承诺的权利与义务的公平对待。"①虽然这些定义不同，但它们通常有一些共同的特征，且都是在生态恶化、环境危机的背景下提出的。它们都是建立在作为正义的平等的基础上，并倡导环境权。环境正义的核心是在环境领域，所有的生态共同体成员（世代、世代、国际），不论其政治、经济、社会地位，不论年龄、民族、种族、民族、性别、阶级、城乡之间的教育水平等，都同样享有安全、健康和可持续发展的环境和资源的权利以及免受环境损害的危害。②

环境正义理论与罗尔斯分配正义理论相一致，它根据罗尔斯的平等原则，主张资源和利益的平等分配，保护弱势或贫困群体平等享受基本资源的权利，这与罗尔斯提出的差异原则是一致的。环境正义要通过正义的分配机制来实现，不平等的分配制度会直接或间接地影响环境正义的实现，使得少数人的发展是以牺牲多数人的生存机会换来的，以分配正义为基础的制度可以做到平等地分配资源与利益，保障弱势群体能平等地享有环境权益和发展的权利。

（二）海洋生态补偿中的正义价值体现

海洋不论在自然生态环境还是在人类社会经济发展方面都扮演着重要角色，随着人类对海洋资源的开发与利用，海洋生态环境的破坏也日益加剧，海洋经济可持续发展越来越受到重视，生态补偿机制在海洋领域的应用也成为学者们研究的重要课题。

根据生态补偿的定义，海洋生态补偿可以被界定为在海洋资源开发与生态保护中，依据海洋要素的特点与相应标准，通过由特定主体（海洋生态受益者/海洋生态破坏者/海洋生态负外部性产生者）负担付费，或政府调控、市场社会调节等方式，实现海洋生态修复与保护，贡献者/特别牺牲者得到经济及其他形式利益填补的制度及机制安排。可见海洋生态补偿机制的目标是力求通过综合运用政府调控、市场社会调节手段，调整与平衡海洋生态保护及其利益相关者之间的关系，以求合理、可持续地开发利用海洋资源、促进海洋生态的保护及其可持续发展。

和生态补偿以环境正义理论为基础相同，海洋生态补偿也以海洋生态环境正义理论为基础，海洋领域的生态补偿目标也是实现海洋领域的平等正义，保障在海洋经济发展过程中贡献者或特别牺牲者的环境利益和发展权利得到补偿以实现可持续发展。

---

① 马晶：《环境正义的法哲学研究》，博士学位论文，吉林大学，2005年，第25页。
② 苑银和：《环境正义论批判》，博士学位论文，中国海洋大学，2013年，第30页。

从海洋生态补偿机制的价值目标来看,海洋生态补偿机制除了关注生态价值和经济价值,还关注社会价值。一方面,补偿机制关注在对海洋资源开发与利用过程中逐渐变成弱势群体的渔民的正当利益保护与补偿。对海洋依赖程度很高的渔民在对海洋资源攫取(如海涂围垦、房地产开发等)行为的影响下生产空间日益缩小,渔民的权益受到极大冲击,所以海洋生态补偿机制需要充分关注对渔民的正当权益的保护与补偿。另一方面,补偿机制也关注海洋代际正义。海洋生态补偿不仅平等公平地在同代人之间分配海洋生态利益与责任,而且还关注当代人与其后代在海洋利益上的平等,防止透支后代的海洋利益,导致海洋代际的不正义。

从海洋生态补偿机制的主体来看,补偿主体有海洋生态受益者、破坏者和其他负外部性产生者,他们在开发利用海洋资源过程中直接或间接地造成了海洋生态环境破坏,应该对这种破坏进行补偿;海洋生态补偿对象包括海洋环境资源及生态开发利用中的利益受损者、海洋环境资源及生态破坏中的受害者和为保护与建设海洋生态环境而作出"特别牺牲"的"特别牺牲者"。这三类主体为海洋生态环境的开发利用和人类社会发展遭受了损失,作出了贡献,依据平等正义原则,理应获得补偿。

从所构建的海洋生态补偿的制度来看,财政转移支付制度和受益者补偿制度正是海洋正义的体现。目前海洋生态补偿机制中的财政转移支付制度以纵向财政转移支付和横向财政转移支付为主。纵向财政转移支付将富裕地区的一部分财政资金转移给贫困地区,以此来实现区域间公共服务水平的公平性。以海洋的"整体性"特点为条件的横向财政转移支付以"谁保护,谁收益""谁污染/获益,谁付费"为原则,由实际享受了海洋生态服务的人向海洋资源环境的受害者/特别牺牲者支付一定的费用,弥补保护者/特别牺牲者因保护海洋资源环境而在生存机会和发展成本上的牺牲,平衡双方的权益;受益者补偿制度是指海洋生态利益的受益者有义务补偿对海洋资源和环境保护的贡献者(或特别牺牲者)应有的权益。在海洋资源的开发利用过程中污染/破坏行为人应当对其他主体产生的负面影响予以补偿,同时受益者也应当成为补偿主体,否则对于海洋资源的开发利用的投资者、行为人来说是一种不平等、不正义,将受益者纳入补偿人行列才能充分体现环境正义价值。而这种补偿除了经济性补偿,还包括非经济性补偿,即对特别牺牲者所牺牲的自我生存和发展空间的补偿,这种更深层次的补偿也体现了环境正义应有之义。

总之,海洋生态补偿机制的设计是围绕着平等分配破坏者/受益者和受害者/牺牲者之间的权益责任展开的,同时这种补偿机制的设计不仅平衡一个国家内部各个主体的海洋环境权益,也要平衡国与国之间、区域与区域之间的权益,甚至要考虑到平衡当代与后代人之间的海洋环境权益,使海洋生态补偿机制真正体现环境平等正义。

(三)海洋生态补偿中的正义特性

海洋生态补偿制度具有自己的一些特点,它所体现出的正义理念也有一些特性。

1. 海洋生态补偿体现的正义是社会正义和海洋生态正义的统一。社会正义更强调在天然不平的情况下通过社会分配制度达到一种人们利益之间的平等。但在海洋生态正义实现中,从表面看,海洋生态环境的全球性、流动性、非排他性等诸多属性,决定了海洋生态环境对于每位主体、每一海洋区域而言,表面上看来是天生平等的,海洋生态环境的全球性、流动性、非排他性会打破排他与垄断,不会因为谁拥有的财富多及能力强,谁就可以基于排他与垄断,而享有更多的海洋生态环境利益。与此同时,囿于海洋生态环境无法和其他利益一样能够等分,同时也无法根据谁是致损与破坏者,或者谁在其中的所负责任多少来分配海洋生态环境利益;并不会因为某一主体在其中的责任小或是无责者,而所享有的海洋生态环境利益就多;相反所致的海洋生态环境致损或破坏的后果,却因海洋生态环境的全球性、流动性、非排他性,而由所有主体来共同承担;毋庸置疑就会由此而产生海洋生态环境利益与责任分配领域的不公平。由此,为了维持、填补、修复利益分配与责任承担的平衡,就须配置海洋生态补偿制度机制,由海洋生态环境致损者或破坏者(或责任大者),对利益受损方或特别牺牲方予以海洋生态补偿。如此,海洋生态正义包含了人、社会和海洋生态环境三个要素,在此其中,人是社会和海洋生态环境的连接要素。故而就海洋生态补偿的目标而言,既包括恢复和保护海洋生态环境;也包括为使人类社会发展和海洋生态环境保护相协调,使人类与海洋生态环境能够共同永久地存续下去。

2. 海洋生态补偿的正义体现具有超越时空的广泛性。就同一个时空来讲,海洋生态补偿不仅维护生态正义,更要维持社会正义,兼顾平衡受益者和受害者/特别牺牲者的利益,兼顾补偿能力强的地区和补偿能力弱的地区,甚至包括全球海洋及国际海洋生态环境利益补偿。另外就不同的时空来说,海洋生态补偿也是基于维护全球海洋系统下的代际间海洋生态利益的平衡。

3. 海洋生态补偿的正义借助制度化、法律化的形式,来加以实现运行和目的实现。海洋生态补偿作为一项被越来越多的学者不断地研究完善的可以运行的制度机制，需要法律保障其实施。法律规范常被普遍适用并由国家强制力保证实施，而且法律所要实现的价值之一就是正义。海洋生态补偿的制度机制实施，自然离不开政府等公权力，以及法律规范制度的利益调整机制的配置与运用。无疑，将海洋生态补偿制度法律化，不仅有利于使此制度机制中蕴含的海洋正义理念得到有效彰显，还有助于保障实施海洋生态补偿制度过程中的正义实现，从而达致实质正义和程序正义。

综上所述，伴随着人类社会迈入海洋生态文明时代，在海洋生态补偿价值构成及其目标设置中，毋庸置疑需要兼顾经济价值、生态价值、社会价值、正义衡平价值等不同价值协调与统筹。进而借助包含经济价值、生态价值、社会价值、正义衡平价值等不同层次价值的价值体系建构，引领海洋生态补偿及其运行，促进海洋生态补偿及其运行的多元价值共生及目标达成。

第三章 海洋生态补偿的基本理论问题梳理

海洋作为人类赖以生存的重要场所，在人类不断开发和利用海洋资源时，人类应及时保护海洋生态，甚至优化海洋生态。随着党的十八大提出的"海洋强国"战略思想不断推进和深入，开发利用、管理保护海洋已成为我国社会主义现代化建设的重要内容。海洋生态补偿是保存海洋资源，保护海洋生态，开发海洋生态的重要实现方式，其经济价值、生态价值和社会价值的体现进一步证明了海洋生态补偿的重要性。可持续有效推进海洋生态补偿成为我国乃至世界重要议题。在一定程度上，需要我国乃至世界对该问题达成共识。比如要体现海洋生态补偿中的资源环境价值、海洋生态补偿中的可持续发展、海洋生态补偿中的社会共享和海洋生态补偿中的公平正义等理念。

第一节 资源环境价值理论与生态系统服务理论

一 资源环境价值理论

习近平总书记2005年在浙江安吉余村考察时提出"绿水青山就是金山银山"的科学论断，是我国指导生态文明建设的一大理论。绿水青山与金山银山的挂钩给我们带来的不只是生态资源的价值化观念，更重要的是把生态文明建设放在经济发展前，只有绿水青山才有金山银山。

资源环境的价值理论研究是在经济学与哲学融合的价值理论基础上进行深化和发展，现有的价值理论包括劳动价值理论、效用价值理论、存在价值理论、生态价值理论、哲学价值理论。与海洋生态资源价值直接相适的效用价值和存在价值，可以简单理解为使用价值和非使用价值。海洋生态资源的使用价值既包括了海洋生态本身所拥有的价值，又包括了其在人类活动中所增加的价值，比如劳动成本提升了海洋生态资源价值。存在价值单指海洋生态资源存在的意义，人类享用其无形的产品或服务。

一定意义上，充分认识资源环境的价值，遵循资源环境特征，对其中的资源环境价值进行科学的界定，无疑构成了生态补偿及其实施的重要理论基础。①

然而，在很长一段时间，"资源无限、环境无价"被认为是理所当然。这一观念也深度影响着人们的行为、生活方式与消费观念，并渗透到社会经济生产活动与生活的诸多领域。资源的无限性和无成本的环境使用性假象迷惑着人类，人们对海洋生态环境资源的使用无节制增加了资源价值的浪费和价值再造循环的规律，从长远来看，对于海洋资源生态环境有害无利。从深层次看，"资源无限、环境无价"观念一定程度上实质也是导致人类社会无视生态保护、浪费资源的罪魁祸首。伴随着生态危机的日益逼近，生态破坏问题的日趋恶化，时势要求人们必须反思"资源无限、环境无价"这一曾经有点根深蒂固的观念，必须逐步树立"资源有限、环境有价"观念，关注生态系统的服务功能（能量流动、物质转换和信息传递等诸多有形无形的服务功能与价值）。生态系统服务是指对人类生存和生活质量有贡献的生态系统产品和服务。生态系统产品表现为具体的商品，能够用货币进行衡量，而生态系统服务表现为净化水土、涵养水源、保持生物多样性等生态价值，具有重要的生态意义，但很难用具体的货币形式进行衡量。在此基础上，伴随着人类的经济社会发展视域从"黄土→蓝土"，开始面向海洋，逐步步入"蓝土时代、海洋时代"将成为人类社会的发展趋势与走向。显然，"海洋资源环境的保护、海洋资源环境的价值及其评估"毋庸置疑将成为一个不容回避、必须加以重点关注的问题，以免人类社会在"蓝土时代"又重走"先污染破坏、后治理保护"的老路，再次重蹈"黄土时代"的覆辙。

如果从"资源有限、环境有价"层面看，海洋资源与环境的价值应该包含三个层面的价值②：海洋资源所固有的价值、海洋环境所固有的价值、海洋开发利用过程中所包含的人的劳动价值。因此，要充分认识与评估海洋资源环境的价值，必须积极引入利益分析方法，将集体主义和整体主义引入海洋资源环境的开发利用与保护中。无论是对于海洋生态系统还是人类整体，不能把单个个体置之不理，单个生物体离开了生态系统无法

---

① 韩秋影、黄小平、施平：《生态补偿在海洋生态资源管理中的应用》，《生态学杂志》2007 年第 1 期，第 26—130 页。
② 姜文来：《关于自然资源资产化管理的几个问题》，《资源科学》2000 年第 1 期，第 6—7 页。

存活，个人组成的社会整体讲求的是社会利益至上而不是个人利益至上。通过海洋生态结构分析、海洋开发的历史分析和海洋文化底蕴分析，将诸如环境政策法律、政治、社会意识形态等"非经济因素"纳入海洋经济研究的内生变量中，促使人类社会在走向海洋、发展海洋经济过程中，既考虑其中的"经济因素"，又虑及其他"非经济因素"的影响。在评估"海洋资源环境所涉的价值"，促进"海洋生态系统服务的价值量化"等方面，进行努力与尝试。如通过生态系统服务付费的方式，使海洋资源与环境的价值得以实现。无疑，这方面的努力与尝试将进一步推动人类社会重视、认识、充分评估海洋资源环境价值，为其奠定思想观念与理论基础。当然，海洋资源环境的一系列特性，譬如海洋生态的整体性、海洋水体的流动性、海洋空间的立体性、渔民的强海洋依赖性与弱势主体性等特征，必然带来海洋资源环境的价值及其评估形成其自有的特殊性，而这无疑也对海洋资源环境的保护、海洋资源环境的价值及其评估提出了特定的要求。这些都将决定海洋生态补偿内涵界定、标准设定、实践基本走向，为其提供科学理论依据。

二 生态系统服务理论

生态系统是生命支持系统，是人类经济社会赖以生存发展的基础，比如我们无时无刻不在享用的清洁空气、水源等。人类从生态系统中所获得的服务和价值基本上是很难用数据来衡量的，但是如果空气和水源等被污染破坏，其提供给人类的生态服务价值会受到相应程度的折扣，至于是程度的大小主要折扣反馈到生命健康、生活质量等非实体化的方方面面中。

生态系统服务指人类直接或间接从生态系统得到的利益，主要包括向经济社会系统输入有用物质和能量，接受和转化来自经济社会系统的废弃物，以及直接向人类社会成员提供服务的如清洁空气、水源等舒适性资源。从传统的经济学意义上讲，生态系统服务，它实际上是不同于一种购买和消费同时进行的商品，它只有一小部分能够进入市场被买卖，大多数生态系统服务是公共物品或准公共物品，无法进入市场。生态系统服务以长期服务流的形式出现，能够带来这些服务流的生态系统其实就是人们常说的自然资本。

自然资本是相对于人造资本而言的。我们在享用美好经济生活和生态系统服务时，不得不经常在维护自然资本和增加人造资本之间进行取舍，在各种生态系统服务和自然资本的数量和质量组合之间进行选择，在不同的维护和激励政策措施之间进行比较。一旦被迫进行这些选择，我们也就进入了评价过程，无论是道德方面的争论还是评价对象的不可捉摸，都无法阻止我们进行评价。

以合适的方式评价生态系统服务能力和自然资本的变动有助于我们更全面地衡量综合国力，有助于我们选择更好地提高综合国力的路径。以货币价值的形式表达不同的生态系统服务能力和自然资本变动尤其有助于我们进行比较和选择。生态服务价值的实现主体是人，其价值主要体现在人们对生态系统的利益获取，在这一过程中，人们的行为可能是自觉、主动、直接的，也可能是不自觉、被动、间接的。该利益通常是具有非排他性和非竞争性的，并作为一种公共性的社会资本存在于社会之中。为满足人类日益增强的对于舒适环境质量的需求，当下生态系统服务已成为一种极其稀缺的资源，生态系统服务对于人类社会的功能作用无疑也是巨大的。其中的稀缺性与有用性就是其价值的来源。因此，其所包含的价值是无须证明的。尤其是在当下海洋生态危机日趋逼近，舒适环境日益稀缺的背景下，海洋生态系统对人类贡献的生态系统服务管理和开发显得尤为重要。我们一边要限制海洋资源环境的过度消费使用乃至破坏，一边要克服基于海洋资源环境"公共物品"的供给不足，拓展与激励海洋生态系统服务的提供。海洋生态补偿是利用和管理海洋生态系统服务的一项计划。如何开展海洋生态服务价值评估，成为海洋生态补偿的首要条件。价值评估主要体现在规范海洋补偿标准核算与设计中，在这些方法中"生态系统服务价值的核算、机会成本的核算"相对而言所受关注与讨论较多，这将成为海洋生态补偿实践中的一大难题。

第二节 可持续发展理论与外部性理论

一 可持续发展理论

进入 21 世纪，中国经济社会发展面临着诸多挑战，主要体现在资源短缺、需求增长、人口压力、生态退化等，这些直接导致了我国可持续发展后劲严重不足。人们把注意力转向了未开发的海洋。中国丰富的海洋生物资源、珍贵的海洋矿产资源、浩瀚的海洋空间资源等海洋资源，已成为经济社会持续发展的重要基础。但是海洋沿海经济对我国经济发展和社会进步作出了巨大贡献的同时，对海洋环境污染和生态破坏问题日益凸显，这在某种程度上，威胁人类的健康和安全，减少海洋生态资源、生态环境和其他生态系统支持经济和社会发展的能力，从而严重影响了海洋生态系统对人类贡献的生态系统服务。海洋生态补偿是利用和管理海洋生态系统服务的一项计划。海洋生态补偿作为一种补偿利用自然资源和调整相关利益关系的手段，由生态受益者、生态破坏者和特定的生态负外部性主体等支付，海洋生态恢复和保护的贡献者和特殊受害者获得利益。世界海洋资源开发的浪潮势不可挡。如何平衡海洋资源开发与海洋生态保护的互补性，维护海洋生态的整体性，实现海洋生态补偿，已成为协调经济发展与海洋生态保护，促进海洋环境资源可持续开发利用的现实且必要选择。

　　如何保障海洋生态的可持续发展，利用逆向思维，从制约海洋生态可持续发展的因素考虑。限制因素有：海洋生物多样性丧失、海平面上升、富营养化和海洋灾害频发、生境丧失、沿海水域环境质量下降。上述现象主要是由于人类活动干预，人类活动对海洋生态环境的影响是不同的，"整体"如资源、城市化、人口走向大海，过度或意识形态的原因，海洋开发活动的障碍，市场失灵，政府失灵等。清楚地了解这些问题的原因有利于正确认识人类与海洋生态系统之间的关系，提供思想对于海洋生态系统的利用和管理服务，并提供一个桥梁助力人类和海洋生态的可持续发展。海洋生态补偿作为一种有偿使用自然资源和调整相关利益的手段，已成为协调经济发展和海洋生态保护、促进环境资源可持续开发利用的现实选择。20世纪80年代，我国开始进行海洋生态补偿的实践和探索。随着海洋生态问题的日益严重，人们对生态补偿的政策需求也在逐渐增加。在实践中，中国（特别是地方）已经形成了海洋生态补偿政策。日益恶化的环境问题、日趋逼近的生态危机，促使人类社会必须反思传统的发展道路及指导理论。而这也催生了可持续发展理论的形成与发展。从形成与发展轨迹看，可持续发展理论的提出，最早可追溯到1980年《世界自然保护大纲》这一国际文件中。而较系统地提出与形成则见于1987年的《我们共同的未来》①。1992年6月于巴西里约热内卢召开的联合国环境与发展大会，顺利通过《21世纪议程》《地球宪章》两大纲领性文件，标志着可持续发展作为一个相对较完整的理论体系得以建立，可持续发展也开始从理论探讨走向资源开发与生态保护的具体实践中。国家海洋局1996

---

① 世界环境与发展委员会：《我们共同的未来》，王之佳、柯金良等译，吉林人民出版社1997年版，第52页。

年发布《中国海洋21世纪议程》规定,把海洋可持续发展、利用与海洋产业作为我国21世纪海洋发展的指导思想。并要求坚持以下战略原则:一是以发展海洋经济为中心;二是适度快速发展;三是海陆一体化开发;四是科教兴海;五是协调发展和综合利用。无疑,在海洋生态补偿的理论研究及其实践进程中,可持续发展理论必是其中的一个重要基础理论,起到重要的指导作用。

在人类社会的发展方向开始面向海洋、接近海洋,人类社会逐渐步入海洋时代的进程中,在争取环境治理国际话语权的过程中,应充分体现布伦特兰夫人在《我们共同的未来》中所界定的可持续发展两个层次:一是满足当代人对海洋资源获取与海洋生态保护的需要;二是不对后代人满足其需要的能力构成危害。针对海洋可持续发展的制约因素、战略原则,结合海洋生态补偿,可以遵循以下措施:加强海洋可持续发展思想观念,转变全民的意识;推进海洋法制的建设,形成依法治海;依靠科技进步升级,对为保护海洋生态而研发或购买环保技术、机器的企业或个人应按照相应标准给予优惠补贴;积极遵循可持续性原则,从可持续发展视角,改变传统的单一追求海洋经济、忽视海洋环境保护的发展模式;调整海洋产业结构、开发应用高新海洋技术,充分评估海洋生态系统的服务功能价值;协调海洋生态与发展之间的关系,促进海洋资源开发与海洋环境保护并举;综合考虑经济、社会、海洋资源环境效益;既满足当代人的海洋经济发展需求,又兼顾后代人的海洋利益维续。从而在开发海洋资源、保护海洋生态的过程中,在海洋生态补偿的推进中,充分体现对于人海和谐、海洋时代人与社会、当代人与后代人持续协调发展的关注与理念,被得到广泛接受而形成共识。

二 外部性理论

外部性从内外类型上,可以分为正外部性和负外部性,其是一种成本(或)效益的外溢结果与现象。在海洋生态补偿问题中,正外部性与负外部性可以一定程度体现在——比如我国沿长江流域城市及其居民所形成的陆源污染,却通过长江流域的流动"外溢"至长江的入海口,从而导致由长三角近海口的城市及其居民来承担这一"陆源污染"后果等。显然,外部性应由行为人自己来承担其行为所造成的不经济性后果,或者说享受其外部经济性的成果,即外部性内部化。外部性问题的存在,意味着海洋资源环境的配置没有达到"帕累托最优"。根据科斯对外部性的认识及其所提出的解决外部性的途径——科斯第一定理、科斯第二定理①。因此，必须对海洋资源环境的外部性找出一种解决机制，这就是海洋生态补偿。借助相应的海洋生态补偿理论设计、实践安排，调整围绕海洋资源环境这一公共物品而产生形成的利益关系，充分认识海洋资源环境的价值；规制海洋资源环境破坏者，促使海洋资源利用者付费、海洋环境保护者补偿；限制海洋资源环境的过度消费使用乃至破坏，克服基于海洋资源环境"公共物品"的供给不足，拓展与激励海洋生态系统服务的提供。发挥海洋生态补偿的外部性矫正手段，消减与避免外部负效应，拓展外部正效应，促进海洋环境成本外部性内部化。从而促使海洋生态补偿运行—海洋经济发展—海洋资源环境保护之间形成一种互动关系，实现海洋资源环境这一公共物品的利用与保护的可持续。

第三节　社会共享理论与公平正义理论

一　社会共享理论

海洋生态资源是公共享有的，特别利益牺牲者、贡献者等特定主体对海洋生态环境改善所带来的影响，其生态服务价值每个人都可以享受。但这不一定意味着海洋生态负外部影响的创造者独自承担海洋生态补偿责任，海洋生态遭受破坏产生的负外部影响是对整个环境而言的，对每个人的生态服务价值享有都会造成一定的减损。也就是说，无论是海洋生态的正外部性影响还是负外部性影响对于社会来说都是共同承担的，具有社会共享性。按此来说，对于海洋生态补偿的责任也是社会共享的，不过为了彰显社会公平公正和惩罚威慑海洋生态破坏者、负外部性产生者，而要求其承担海洋生态补偿的全部责任或大部分责任。

面对海洋环境保护的呼吁，公众的认知、态度与其行为有着紧密联系，往往损害环境的行为都是由对海洋环境的错误认知、对短期经济利益的盲目追求所导致的。生态的社会共享性在某种维度上要求意识先进的海

---

① 科斯第一定理：如果产权是明晰的，同时交易费用为零，那么无论产权最初如何界定，都可以通过市场交易使资源的配置达到帕累托最优，即通过市场交易可以消除外部性。与此同时，科斯还进一步探讨了市场交易费用不为零的情况，并提出了科斯第二定理：当交易费用为正且较小时，可以通过合法权利的初始界定来提高资源配置效率，实现外部效应内部化，无须抛弃市场机制。详见科斯·H. 罗纳德《论经济学和经济学家》，上海人民出版社2010年版。

洋保护倡导者承担更多的社会责任，通过无偿性、义务性的行动为海洋环境进行弥补。以个人或组织的名义参与海洋生态补偿，在当下来看，这种社会责任在世界范围内已经形成一定规模的社会活动，并且对海洋生态补偿的作用分量不可忽视。

海洋生态补偿社会共享的责任担当仅仅依靠人民群众的发展壮大还远远不够的，需要国家层面在战略发展上进行"民唤醒"。就此我国第十八届中央委员会第五次全体会议将"五大发展理念"定为"十三五"乃至更长时期关系我国发展全局的重要指导理念与发展价值取向。其中的"共享发展"，强调的是分配正义与成果的社会共享，以稳步迈进共同富裕与更高层次文明为重要目标。"共享发展"作为五大发展理念的重要组成，将成为公平正义维护与新型文明演进的基本理念与重要价值引领。无疑，在生态文明建设中，"共享发展"亦是重要组成，必然对相应生态补偿运行、环境正义实现提出需求。故"共享发展"引领下海洋开发利用中的利益分配正义及利益共享就成为不容回避的重大课题。而"共享发展引领下的海洋生态补偿命题"必将凸显，需深入研究。从更深层意义上看，"共享发展"中的海洋生态补偿问题为"共享发展及五大发展理念"拓宽海洋视角，因应"海洋时代"的需求。

海洋生态补偿关涉海洋开发利用的利益分配正义与利益共享重要命题，其是"共享发展"在海洋生态文明建设中的价值彰显，出发点是公平正义，落脚点是"共享发展"。海洋生态"共享发展"是指在海洋生态资源开发过程中，以生态平衡的理念和公平的角度来对待海洋，协调海洋生态资源开发受益者和弱势者的利益分配，通过海洋生态补偿减少海洋资源开发对弱势群体带来的外部性影响，形成社会效益和经济效益的和谐发展共识。其有效运行，制度与机制设计是关键。

二 公平正义理论

从可持续发展的两个层次出发，可以进一步推进海洋生态补偿中关于公平正义理论的两个层面阐释。一方面，要能够满足当代人对海洋资源获取与海洋生态保护的需要，即实现海洋生态补偿中的"代内公平"；另一方面，要能够不对后代人满足其需要的能力构成危害，即实现海洋生态补偿中的"代际公平"。

实现代内公平，即从现实的维度出发，协调不同主体、不同地区之间的利益冲突。一部分人对海洋资源进行开发利用，一方面会对海洋资源造成影响，使海洋资源的总量减少，另一方面会对海洋生态环境造成一定程度的破坏。海洋资源的开发利用主体获得利益，而使得其他主体对海洋资源的开发利用水平降低，甚至由于海洋生态环境的破坏而导致其他主体的正常生产生活受到影响，因而产生负外部性后果，造成不同主体之间的"不公平"。因此，对海洋资源的开发利用主体征收海洋生态补偿费用，一部分用于补偿海洋资源环境的"特别牺牲者"，另一部分用于海洋生态环境的修复、治理，从而实现海洋自然资源的可持续利用和海洋生态系统的可持续发展。实现"代内公平"还需要协调不同地区之间的利益冲突，一般而言，入海河口或海域所在地方有更多的获得海洋利益的机会，能够把海洋产品转化为经济利益，而对于上游流域的地区而言，其需要承担保护河流生态环境的义务，却无法从中获取经济利益，从而丧失借此发展的机会。因此，入海河口或海域所在地方的政府需要对上游流域给予适当的经济、实物补偿，从而协调不同地区之间的利益冲突，实现地区间的"代内公平"。

其中最重要的一环是关于海洋生态的补偿标准制度设计，如何安排更能体现社会公平。由于地区之间的经济发展不平衡，我国在立法层面上如果实行"车轨同文"式的政策将会对落后地区的省份产生不公。只有因地制宜，根据各省份地区的经济水平和生态环境情况确立适宜的海洋生态补偿标准，同时应具备良好的灵活应动性，随着海洋环境和经济发展状况的不断变化，进行某一时期标准的更新。

实现"代际公平"，即从长远的维度出发，协调当代人与后代人之间的利益冲突。当代人在开发利用海洋自然资源的过程中，应当考虑到不影响后代人对海洋自然资源的开发、利用，即开发利用要有必要的限度，过度的开发无异于竭泽而渔，势必会造成发展的不可持续和代际不公平，从而影响海洋发展甚至国家整体发展的长远利益。

第四章 海洋生态补偿运行领域的特殊性及实践难题

伴随着人类迈入海洋时代，海洋及其相关领域问题正逐步被人类关注与涉足。但是即使人类欲求接近并针对性研究海洋，也并不能像接近陆地那么容易。对于新凸显的海洋生态补偿议题更是如此。从深层原因与所具备条件看，目前海洋生态补偿议题研究欠缺深入性，很大程度可能因为下述两方面原因所导致：其一，海洋问题及海洋领域的生态补偿等问题是人类社会开始迈入海洋时代所凸显的一个新兴课题，仅仅在当前各国海洋战略推进中才进一步引发，尚属新近引起大家关注的研究命题。其二，即使有相关学者涉及海洋生态补偿的原理及其理论基础问题，可能也会囿于认为"原有生态补偿原理和相关理论应该可以直接运用于海洋生态补偿，为海洋生态补偿提供指导与借鉴"，而忽略其中的海洋领域问题的特殊性。因此，欲求海洋生态补偿问题进行系统与深入的研究，就需要对海洋生态补偿的特殊性问题、系列特定难题（如补偿对象确定、补偿标准核定、补偿方式甄选、补偿资金来源等）予以系统梳理与针对性研究。

第一节 海洋生态补偿运行领域的特殊性分析

就海洋生态补偿问题研究及其推进而言，可以发现，在我国的起步甚晚，即使有相应的一些成果，也是仍停留在理论探讨阶段；在关于补偿主客体、补偿原则、补偿标准及方式等基础性问题方面，尚缺乏系统的、成熟的相关研究成果，尤其是对于海洋生态补偿问题缺乏系统化和规范化的研究。在海洋生态补偿的具体操作与运用中，比如评估海洋环境质量、海洋生态损失，确定海洋生态补偿标准与补偿数额等，都需要充分考虑海洋生态环境要素自身所存在的特点与特殊性。这样才能和其他类型的生态补偿，诸如流域生态补偿、草原生态补偿、林地生态补偿等有所区别。

一 海洋要素的特殊性：整体性、流动性、立体性和风险性

对于海洋而言，其作为自然环境的一类组成要素，有海洋生态要素自身的特点。所谓海洋资源，是指在海洋的立体空间范围内形成和存在的资源。海洋资源范围极其宽广。显然，这也决定了海洋生态补偿在具体的操作与运用中，必然会和其他类型的生态补偿（诸如流域生态补偿、草原生态补偿、林地生态补偿等）有所区别。比如"海洋生态的整体性、海洋水体的流动性和海洋空间立体性、与海洋密切相关的利益群体（渔民）的强海洋依赖性等"。无疑，在海洋生态补偿的具体操作与运用中（如评估海洋生态损失、确定海洋生态补偿标准与补偿数额等），需要充分考虑海洋生态环境要素自身所存在的特点与特殊性。

（一）海洋生态的整体性

海洋生态的整体性是指海洋生态整体之间是彼此相互联系、相互依存，不是各自独立互不相关的。海洋面积占整个地球表面面积的71%，且相互流动，形成一体，各要素之间彼此相互影响，并发生作用，不管是直接的还是间接的。

（二）海洋水体的流动性

海洋海水是流动的，当水体形成大规模海洋流动时，就会有大批海洋生物随着海洋水体的流动而迁移，而这正是人类获取海洋生物资源的大好时机。虽然海洋水体的动性能够为人类获取海洋资源带来便利，但是其也在另一方面可能加速海洋污染的扩散[①]。与此同时，海洋水体的流动性特征，又决定了其所具有的公有性，任何一个国家或地区都不能轻易独占海洋生态资源，从而也在深层次决定了海洋是一个典型的公共物品。因此，为了维护彼此共同的海洋利益，避免形成"公用地悲剧"，必须采取一致

---

① 例如正是由于秘鲁寒流的作用，促成了世界四大渔场之一的"秘鲁渔场"在秘鲁沿岸的形成。全世界每年渔业捕捞量的18%—20%来自渔场。又如2002年利比亚籍游轮"威望"号沉没，导致至少6.3万吨石油泄漏，法国、西班牙、葡萄牙等国共计数千公里的海岸受到污染，数万只海鸟死亡，海洋内各种死亡生物更是不计其数。而中国2010年康菲公司石油泄漏事件的发生，1500吨原油泄漏，导致整个渤海湾皆受污染。2011年福岛核电站的大量放射性物质泄漏，即便是在太平洋彼岸——在加拿大的内陆水也受到影响。事后科学家的监控海域长度更是达到了2000公里。

第四章 海洋生态补偿运行领域的特殊性及实践难题 53

行动，借助相应的措施与技术，共同保护海洋生态资源再生的良性平衡，以保证人类对海洋生态资源及海洋利益的可持续享有。这从根本上符合大家共同的利益。

（三）海洋空间的立体性

海洋并不是一个平面，而是分布在一个立体的空间内。从上到下的不同海洋深度分布着不同类型的海洋生态资源，形成了其中的自然差异性。例如近海海域一般深度在 200 米以内，是阳光可以照射的透光水域。它是各种海洋生物的繁盛水域，是近海大陆向海洋延伸的区域。这一水域适合人类常规的海洋渔业活动，人类可以在该区域获得种类繁多且数量巨大的浅海鱼类。深海海域是指水深 1000 米以上，比浅海域更深的海域。这一海域阳光不能射入，因此，其海域虽然生物稀少，但它属于大型生物（如鲸）的生存活动海域。深海海域之下便是海沟和海底。石油、天然气、可燃冰①等各种矿物、各种重要资源能源就深藏与此。海洋还可以从其表面横向不断扩大。而海洋空间的这种立体性，则构成了海洋级差生产力的基础。

（四）海洋环境的风险性

海洋环境风险是指海洋灾害的可能性。海洋灾害主要是指风暴潮灾害、巨浪灾害、海冰灾害、海雾灾害、大风灾害、地震和海啸灾害等突发性自然灾害。

海洋灾害主要由强烈的大气扰动引起，如热带气旋和温带气旋。海水本身状态的扰动或突然变化；海底地震、火山喷发及伴随的海底滑坡、地裂缝等。

海洋自然灾害不仅威胁海洋安全，而且危及从海岸到陆地广大地区的经济安全和居民生命财产安全。海洋灾害还会在受灾地区造成许多次生和衍生灾害。如：风暴潮、海岸侵蚀引起的风暴潮、土地盐碱化；海洋污染造成生物毒素灾难，进而造成人畜中毒等。

二 渔民主体的特殊性：强海洋依赖性与弱势主体性

（一）渔民及其强海洋依赖性

对于渔民而言，《水产辞典》作了专门性的界定："渔民是指历史上

---

① 可燃冰是碳氢化合物与水分子在低温高压条件下组成的冰态固体物质。可燃冰相比于传统能源，不仅可探测到的储量丰富，更有释放能量比高、排放无污染的特点，是当下最理想的能源，可以作为石油天然气等现今主要能源物质告罄后的主要能源物质。

从事渔业生产，并依托渔业为生的渔民，隶属于渔业乡、渔业村的劳动者。"① 不过，确切完整的渔民界定，② 至少应包含下述两个层面的重要属性：其一，从居住或生活区域看，指目前居住或生活区域在沿海海洋渔业乡村地区（其中应该包括不具有当地户口的生活、居住在渔村的相当一部分外来人口）；其二，从作业方式与主要经济来源看，是以海洋渔业生产为主要的家庭经济来源。这里所表述的海洋渔业应是广义层面的，包括有渔业的第一、第二、第三产业，与传统上对渔民的外延范围界定有所不同。传统的海洋渔业界定比较受限，仅仅限于捕捞作业③。因此，可以在界定上加以拓展，将渔民界定为：居住或生活在海洋渔业乡村，从事海洋渔业生产，以海洋渔业生产为主要作业方式、主要家庭经济来源的人。

因此，相对于其他主体而言，渔民对海洋是具有强依赖性的。对于渔民而言，海水就有如空气，祖辈世代依海而生、以渔为业。一直以来，海洋及渔业就是渔民生存之根本；海洋对于渔民而言，就有如土地对于农民、草原对于牧民。如果渔民失去了海洋这一生活与作业的场所，那么"失海就等同于失业"；不仅会直接影响收入的高低及生产的延续，甚至可能导致生活难以维系。因此，相对于河流生态补偿、森林生态补偿、草原生态补偿而言，渔民及其对海洋的强依赖性，是海洋生态补偿有别于其他领域的生态补偿的一个重要特性。

（二）失海风险及其弱势群体性

海洋时代海洋战略的大力推进，带来新一轮的城市化进程与发展海洋经济潮，海涂围垦、项目征地、临港工业、房地产开发等的快速发展，也带来了大幅面积的近海海域滩涂被开发和利用、渔民的渔业生产作业空间日益受到压缩、海洋水域污染日渐突出等问题与境况④，进而也导致不少

---

① 潘迎捷：《水产辞典》，上海辞书出版社2007年版，第24页。
② 这里仅从海洋渔民角度加以界定。
③ 目前，我国渔业乡镇共1000余个，渔业人口2000多万，渔业人口正在逐年减少。据《2013中国渔业统计年鉴》显示，按当年价格计算，2012年，全社会渔业经济总产值17321.88亿元，其中渔业产值9048.75亿元，渔业产值占农业总产值的9.73%。2012年我国水产品出口量380.12万吨，出口额189.83亿美元，水产品出口额占我国农产品出口总额比重达到30%，连续13年位居国内大宗农产品出口首位。详见农业部渔业局《2013中国渔业统计年鉴》，中国农业出版社2013年版，第6页。
④ 如黄渤海区被占用的浅海和滩涂面积1700多平方千米，占黄渤海区浅海、滩涂总面积的14.5%；东海区因填海、建设等造成的海域消失和渔业作业受影响的面积在2400平方千米以上；南海区被占用海域、滩涂面积在2000平方千米以上。大量水域滩涂被占用对沿海渔民和渔业造成深远影响。详见张成、赵景辉、王济民《我国沿海渔民失海失涂问题研究》，《中国渔业经济》2012年第5期，第5页。

渔民"面临失海、沦为失海渔民"的风险。所谓失海渔民即指失去水域、海域、滩涂等重要海洋渔业生产资料，面临"下海无鱼、养殖无滩、种田无地、转产无岗"[①] 窘境的渔民。若以失海的缘由来分，失海渔民可以分为两大类：一类为显性失海，主要因为国家的相关法律规定及政策导向的变化、更改而导致"政策性"渔民失海；另一类为隐性失海，因为近海海域、滩涂等海洋资源的大幅开发利用，致使不少渔民的生活生产、渔业作业空间遭受严重挤压，被迫退出相应的渔业行业，导致"失业式"渔民失海，从而"走向失海、走向返贫、走向弱势"，沦为"弱势群体"。

从 2000 年以来的相关数据看，因为海涂围垦、项目征地、临港工业、房地产开发等系列原因，我国的养殖、采捕渔业活动被迫从逾 6000 平方千米（900 万亩）的浅海、滩涂中退出，近海捕捞受影响的面积更大，涉及渔民超过 100 万人。由于清理海域，导致大连市渔业产量减少了 30 万吨。由于围海造地等工程，导致天津市滨海新区 80 余艘小型渔船和 300 余名渔民无鱼可捕，渔业经济损失达到 1200 余万元。由于建设用地开发，导致烟台市的 8 万亩海域被占用，渔业养殖产量减少了近 20 万吨，产值减少了 12 亿元。另外，浙江省 2010 年以来，全省的海水养殖面积锐减到 93905 平方千米，10 年减少了 12453 平方千米，净降 12%。就台州市的相关数据看，近 10 年来，台州市的传统海洋捕捞渔民劳动力呈现的是逐年递减的趋势，从 34255 人减少到了 22592 人，10 年共减少 11663 人，减幅达 34%。根据台州"十五"时期的海洋工程项目的建设情况，若不采取合理合适的措施，则可以根据目前所具有的数据及相关估算方式，预计得出——将会使 8000 多名养殖渔民失业[②]。

无疑，在大力推进海洋战略，向海洋进军的进程中，对于卷入其中的具有"强海洋依赖性"与"弱势主体性"的渔民而言，其在日常的生存与生产中所面临的影响与冲击是明显的。例如，我国不少城市所推崇与推进的"围海造地、海涂围垦"等城市化进程与城市扩张方案，其所造成的无论是"显性失海还是隐性失海"，都将致使渔民的生活生产、渔业作业空间不断被压缩，养殖权和捕捞权受到侵害，渔业作业、捕捞能力退化，最终导致渔民面临"走向失海、走向返贫、走向弱势"的风险，从而很容易沦为推进海洋战略与发展海洋经济中的弱势群体。显然，上述系

---

① 宋希和、董永江、于丽：《对失海渔民增收问题的几点思考》，《水产科技情报》2010 年第 1 期，第 40—43 页。

② 张成、赵景辉、王济民：《我国沿海渔民失海失涂问题研究》，《中国渔业经济》2012 年第 5 期，第 5—6 页。

列特殊性的问题，都将影响海洋生态补偿及其运行，必须加以充分考虑，必须充分考虑渔民这一主体的特殊性，考虑到渔民在海洋战略推进及海洋生态补偿中的"强海洋依赖性"与"弱势主体性"，在评估海洋生态损失、确定海洋生态补偿标准与补偿数额等方面要充分考虑与兼顾海洋生态环境的整体性、海洋资源利用的外部效应。从而在保护渔民的相关利益、发展海洋经济、开发利用海洋资源、保护海洋生态、推进海洋生态补偿中，因地制宜，促进海洋最佳综合效益的取得①。

综合而言，对于海洋生态补偿这一海洋时代正逐步凸显须予以及时夯实研究的议题，在其进一步推进进程中，尚面临系列相关挑战与难题。因此，须在充分认识与把握上述海洋生态补偿的"特殊性问题"基础上，进而对于其中的"补偿对象的确定、补偿标准的核定、补偿方式的甄选、补偿资金的来源"等系列难题予以针对性研究，寻找突破与解决的钥匙。

第二节 补偿对象的确定难题

就海洋生态补偿的对象问题上，首先得厘清海洋生态补偿的客体。综合而言，海洋生态补偿的客体主要包括海洋生态系统里的资源和在海洋活动中利益受损者，以及在保护海洋生态平衡时付出贡献的对象。目前国内外海洋生态补偿理论与实践研究中提到的海洋生态补偿的补偿对象，主要指的是需要接受补偿的一方，一般都是海洋的开发以及资源利用过程中的受害者，同时在生态建设的过程中为了能够使得海洋生态更好地维护，在一定程度上作出了较为重要的牺牲以及放弃自己的利益的一方，忽略了海洋系统本身。除了要实现渔民等人主体的利益补偿，还要关注与填补以往对海洋这一环境因素补偿，走出以往对海洋要素自身补偿的忽视与遗忘。要推进"海洋资源要素"的修复与恢复，实现补偿对象的"人＋物"的补偿对象的复合化发展。

一 海洋生态功能补偿

海洋系统在地球生物圈中处于重要地位，其蕴藏的丰富海洋资源，是一个国家和社会经济繁荣发展的重要基础，在经济上、国防上都具有重要的意义。海洋资源主要包括海洋范围内的物质资源（如海水中的化学物

---

① 孙吉亭：《论我国海洋资源的特性与价值》，《海洋经济》2003年第3期，第15—16页。

质、海底矿产、海洋生物等)、空间资源(如海水水体及其上大气圈和其下海底、海岸带、海岛等)、海洋能源(如潮汐能、潮流能等)和海洋生态系统整体等资源,种类繁多,功能齐全,价值呈现多样性。

然而,随着现代科技及人类开发利用海洋能力的发展,人类向海洋进军的一系列行动对海洋资源环境及其生态系统的稳定都带来了极大的冲击(如陆源污染、围填海等海洋开发工程、过度捕捞、石油泄漏等),导致海水环境污染、海洋生态破坏等一系列问题,并进一步致使海洋资源环境及其生态境况的恶化。以往我们关于生态补偿的研究,主要关注的是陆地、关于相关的利益关系人,但是对于"海洋要素本身的补偿"并未得到充分认识并予以重视。显然,相比于陆地,海洋的生态系统更加脆弱,更加需要海洋生态补偿的存在。海洋生态补偿中无论是增益性补偿还是抑损性补偿都是为了使海洋生态系统能够最大限度地发挥海洋生态功能,对保护海洋生态系统的完整性与协调性具有积极影响,可以避免或减少海洋生态遭受破坏。近年来,我国的海洋生态补偿也在从单纯地向海洋生态受益收取补偿金、向为保护海洋生态而遭受损失的利益牺牲者发放补偿金转向了以海洋生态修复为主的方向演进。海洋生态补偿虽然囊括了多种多样的主体、客体与对象,但万变不离其宗的是其最终结果均为对海洋生态环境的补偿,以修复海洋生态系统保持最佳状态。因此,在热切向海洋进军,人类受惑于海洋开发"热"的情境中,保护海洋生态、"对受损的海洋要素及其功能本身予以补偿"非常重要,必须予以认识,并加以填补研究。

二 渔民发展权补偿

虽然20世纪90年代以来,不少沿海渔民的收入与发展境况得到了很大程度提升,但是也正是在当前人类的海洋资源开发"热"及"向海洋进军"的时势背景下,渔民所面临的境况却是相反——面临"海洋渔业资源衰退,海洋生态系统面临系列冲击,鱼捕捞量严重减少,甚至无鱼能捕,收入与发展速度下降,生存空间面临严重压缩"等一系列问题与困难。显然,要对在海洋开发的时势背景下利益受损或作出"特别牺牲"的渔民予以补偿,仅仅限于"输血型"补偿是不够的。因为,输血型生态补偿机制有其自身的诸多缺陷。比如在内涵上,"输血型"补偿若仅仅限于经济上的补偿,就无法解决其中更为重要的"发展权"补偿问题。渔民作为海洋开发过程中(如因围海造地而造成的渔场、渔业产业发展等赖以生产谋生的场所及发展机会的损失)"特别牺牲方"在国家海洋战略中所付出的经济及其发展机会代价必须得到相应补偿，尤其是其中的发展权补偿。否则，若仅限于经济上的补偿而不注重发展权补偿，就会造成受偿渔民的原动力和支撑力（即"造血"功能）的缺乏，客观上也可能导致渔民的"等、靠、要"的消极思想，出现"外部输血"一旦停止，相应的海洋生态保护和建设活动、渔民的自我积累与自我发展也将停止。显然，"输血型"生态补偿显然无法完整解决问题。因此，充分评估渔民在其中的发展机会损失，设计"造血型"补偿，营造渔民的自我发展能力文化建设，提升渔民的自我发展能力，非常必要，也是海洋生态补偿运行所必须予以重视与解决的问题。

第三节 补偿标准的核定难题

一 海洋生态补偿标准的两种核算方法

促使海洋生态补偿标准核算与设计的科学化、规范化，是当前海洋生态补偿面临的一大任务。就核算方法而言，目前国际上存在多种方法。其中包括支付意愿法、机会成本法、收入损失法、总成本修正模型等。这些方法都有自己独特的特点，不过在对其实际应用时，由于条件及方法存在局限，也导致结论差异较大。目前在规范补偿标准核算与设计中，在这些方法中"生态系统服务价值的核算、机会成本的核算"相对而言所受关注与讨论较多。而如何对其加以规范、科学的把控，则是海洋生态补偿实践中所面临的大难题。

（一）关于生态系统服务价值的核算

生态服务价值的实现主体是人类，其价值主要体现在人类对生态系统的利益获取，在这一过程中，人类的行为可能是自觉、主动、直接的，也可能是不自觉、被动、间接的。该利益通常是具有非排他性和非竞争性的，并作为一种公共性的社会资本存在于社会之中。人类生存必需的生态产品以及影响人类发展的生态因素往往都是由生态系统架构、演变和价值主动或被动提供的。比如我们无时无刻不在享用的清洁空气、水源等，人类从中所获得的价值是无法用数据来衡量的，而如果空气和水源等被污染破坏，其提供给人类的生态服务价值会受到相应程度的折扣，至于是何种程度的折扣则反馈到生命健康、生活质量等非实体化的方方面面当中。

依据福利经济学家庇古所提出的"庇古税"理论，征税可以协调社会成本与排污者私人成本之间的差距，实现两者平衡。因此，相对而言，为了控制环境污染这种负外部性行为，其中的补偿金额应为私人成本与社会成本的差额，即边际外部成本。一定程度上，生态服务价值应指人类直接或间接从生态系统得到的利益。因此，从环境的角度来看，要想实现环境效益最大化，使边界外部成本与边际外部收益一致，即要求经济活动所付出的生态代价与其收益等值。所以生态补偿标准应参考其经济活动的生态服务价值。然而，在具体的实践中，欲对生态系统服务价值进行估价和核算却非常困难，因为通常人们会通过对土地利用结构进行量化处理来核算生态服务所具有的价值，另外，生态服务价值聚焦的是生态系统整体的服务量，是对自然资源影响的把握和概括。这样操作量之庞大，操作过程之复杂决定了其价值在当下是无法进行估算的。而且，生态系统服务价值核算一般而言也是针对较大领域内的生态系统而言，而且不同国家在经济水平上存在的差异，也导致了物品以及人力等一些要素并没有实现真正的全球流通。因此，一定程度上，系统的非使用价值和评估的精准度尚不能得到公认。该问题尚需进一步研究加以解决。

（二）以成本为基础的核算

在海洋资源的开发过程中，会带来海洋水体的污染与破坏、海洋生物资源灭失、生物多样性的减少等相关伴随性结果，而这也使得社会福利受到影响而减少。显然，在生态补偿标准的设定中，应该考虑这些海洋环境治理以及生态恢复的成本。与此同时，海洋生态的保护者为保护海洋资源环境及生态而所投入的人力、物力和财力也应该在补偿标准的计算中有所体现。另外，还应把为保护海洋资源环境及生态而放弃利益的牺牲者的发展权也考虑其中。因此，从一定程度的理论上讲，海洋生态补偿的最低的标准应该是直接的投入加上机会成本。而机会成本法如何在海洋生态补偿标准的核定中加以运用，以及其所占相应比重等问题，是尚需进一步研究与验证的。

二 生态系统服务价值视角的考虑

（一）生态系统服务是否具有价值

资源环境是一个典型的公共物品，其对人类所表现的面向经常是无"竞争性与排他性"。然而，人类却常常暴敛资源环境的这一"普遍无私的惠及"，竟然在认识与行为习惯中，将环境资源的生态服务视为是无限供给的、无价值的。这显然是一个错误的认知与判断，而这也是导致资源环境这一公共物品不断恶化的罪魁祸首。若以马克思的价值论观点来解释——使用价值以及价值分别是一种自然属性和社会属性。无疑，对于生态系统服务而言，其为人类的生存、健康、生活质量及需求满足提供了诸多价值与贡献。

而若进一步从商品价值来看这个问题，无论是劳动价值论还是效用价值论，都可以初步得以论证。若从劳动价值理论层面分析，所包含的社会必要劳动时间决定了生态服务的存在价值。社会劳动量越多，价值就越大。显然，我们可以认定生态系统服务是具有其价值的，因为有社会必要劳动包含于生态系统的服务过程中，无论是抽象的还是具体的。更何况时至今日，在当前生态危机日趋逼近的背景下，生态系统服务也日益成为一种稀缺资源，显然已不能仅仅从其有无具体劳动投入来判断与评估其价值。与此同时，投入更多的人类抽象的劳动是必需的，这样也利于推动生态系统服务价值的更好开发及利用。若从效用价值理论角度看，如果生态系统服务具有稀缺性，且对于人类有效用，那么生态系统服务就是具有价值的。显然，随着生态环境问题的进一步加剧，一方面，当下生态系统服务已成为一种极其稀缺的资源；另一方面，为满足人类日益增强的对于舒适环境质量的需求，生态系统服务对于人类社会的功能作用无疑也是巨大的。其中的稀缺性与有用性就是其价值的来源。因此，其所包含的价值无须证明，尤其是在当下生态危机日趋逼近，舒适环境日益稀缺的背景下。当然如何加以评估，使其中所面临的难题，需要相应的理论创新加以指引。

（二）生态系统服务功能的内涵及分类

1997年，Daliy等提出所谓的生态系统服务，主要指自然生态系统能够为人类的生计所提供需求以及条件的一个过程，主要是通过对于生态系统的功能的运用，直接或者是间接地得到产品或者得到服务[①]。

在对生态系统进行价值评估时，首先是将其进行分解，将复杂的系统分解成相对简单的几种服务，这些服务必须要能够产生满足人们需求或者是需要的物品或者是服务。Costanza等通过相关的研究，将生态系统以及生态提供的系统的服务做了明确地定义，以及进行了相关的分类。根据服务的性质分成了两类，主要是市场以及非市场价值（见图4—1）。对于商品的价值的定义，除了原有的商品价值，还应该包括生态系统服务中没有进入市场的价值。这样，在对于生态服务价值的研究的过程中就产生了与传统的商品价值感念相违背的地方，这样就能够为生态环境以及自然资源

[①] 盛连喜、曾宝强、刘静玲：《现代环境科学导论》，化学工业出版社2002年版，第192—197页。

找到一个非常合理的资金来源，其现实意义是非常重大的。

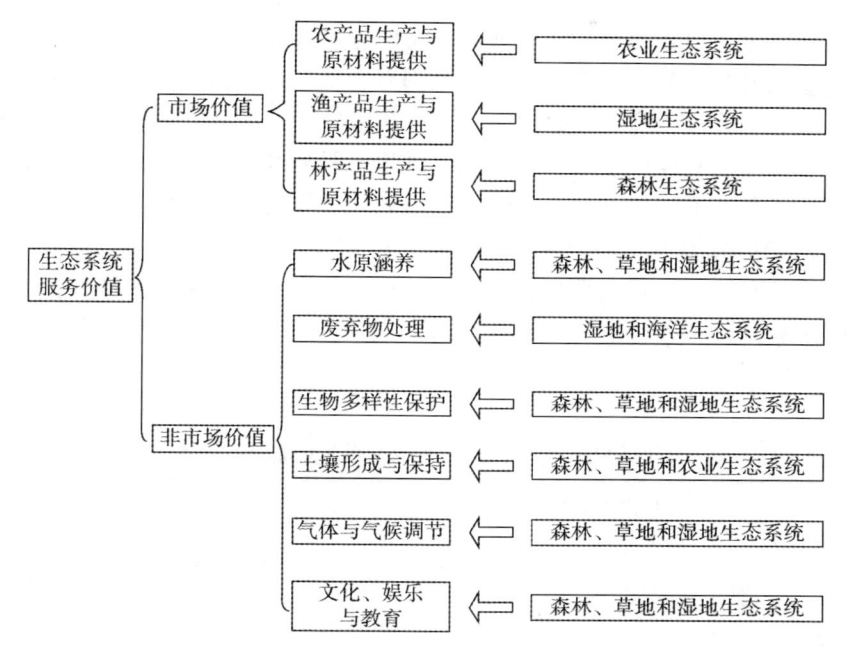

```
                           ┌── 农产品生产与原材料提供 ← 农业生态系统
                ┌── 市场价值 ├── 渔产品生产与原材料提供 ← 湿地生态系统
                │          └── 林产品生产与原材料提供 ← 森林生态系统
生态系统服务价值 ┤
                │          ┌── 水源涵养 ← 森林、草地和湿地生态系统
                │          ├── 废弃物处理 ← 湿地和海洋生态系统
                └── 非市场价值├── 生物多样性保护 ← 森林、草地和湿地生态系统
                           ├── 土壤形成与保持 ← 森林、草地和农业生态系统
                           ├── 气体与气候调节 ← 森林、草地和湿地生态系统
                           └── 文化、娱乐与教育 ← 森林、草地和湿地生态系统
```

图 4—1　生态系统服务价值分类

按照 MA 分类体系和 Costanza 的生态系统服务理论，对海洋生态系统服务价值进行分类，将之分成了四大类，分别是供给以及调节，文化和支持。根据相关文献，对每大类都进行了相应的识别。所谓供给服务主要是人们在海洋生态系统中获取的物质性的产品，比如说基因以及医药和空间资源等；而所谓的调节服务主要是指人类自海洋生态系统中所获得的功能性的服务，主要是包括对于气体以及气候的调节，对于生物控制和废物的处理等；而文化服务是人类在生态系统所获得的精神以及美学上的服务，主要包括审美细心以及精神的文化或者是科研教育等；而支持服务即产生并支持海洋生态系统所有其他功能的基础性服务，主要包括生物多样性的维持以及初级生产等各类的服务。

（三）用海活动对海洋生态服务功能的负面影响分析

海洋具有生态服务功能，在过去的历史发展过程中，由于人们没有充分认识和重视海洋生态系统以及它们提供的服务，导致了对生态系统的破坏性经营以及对服务的滥用（以不可持续方式利用）。人类在对海洋的开发与利用时有不同的用海方式，这些过程中对于海洋生态功能的破坏程度也是存在一定的差异，比如说一些养殖以及增殖和浴场并没有对海洋的自然属性进行改变，同时其对于海洋生态产生的影响也是非常小的；但是矿产资源的勘探以及跨海桥桥面或者是海底隧道等会对海洋生态环境造成较为严重的破坏；然而最为严重的就是围海造地，这使得海洋的属性完全发生了变化，也使海洋的生态服务功能遭到了完全的破坏。因此可以说，在确定海洋生态补偿标准时，应考虑海域生态服务系统的价值损失情况，根据不同的类型对于海洋属性的改变程度来计算生态服务价值功能的损失情况，根据情况的不同来确定海洋生态服务功能价值的补偿费用。以曹妃甸围填海工程为例，可见曹妃甸围填海工程造成海域生态服务功能价值损失（附表4—1）和围填海导致曹妃甸东部海域生态服务功能价值变化（附表4—2）。①

表4—1　　曹妃甸围填海工程的海域生态服务功能价值损失

功能组	服务价值变化（万元）	功能组百分比（%）	功能类型	服务价值变化（万元）	功能类型百分比（%）
物质供给功能	-425.48	8.98	食品生产	-425.48	8.98
环境调节功能	-1736.73	36.64	生物调节	-279.28	5.89
			气候调节	-991.68	20.92
			污染物净化	-9.72	0.21
			空气质量调节	-456.05	9.62
文化娱乐功能	-368.46	7.86	休闲娱乐	4.29	—
			知识扩展	-372.75	7.86
服务支持功能	-2205.00	46.52	生物多样性维持	-2205.00	46.52
总计	-4735.67	100.00	总计	-4735.67	100.00

表4—2　　围填海导致曹妃甸东部海域生态服务功能价值变化

围填海工程时期	食品生产功能（万元）	生物调节功能（万元）	气候调节功能（万元）	污染净化功能（万元）	空气质量调节功能（万元）	生物多样性功能（万元）	总计（万元）
围填海前	574.68	1032.24	4487.96	35.92	2063.93	8149.84	16344.57

---

① 索安宁、张明慧、于永海、韩富伟：《曹妃甸围填海工程的海洋生态服务功能损失估算》，《海洋科学》2015年第2期，第108—114页。

续表

围填海工程时期	食品生产功能（万元）	生物调节功能（万元）	气候调节功能（万元）	污染净化功能（万元）	空气质量调节功能（万元）	生物多样性功能（万元）	总计（万元）
围填海后	121.69	874.94	5486.09	9.99	2522.96	6907.81	6907.81
价值变化	-452.99	-157.29	998.12	-25.93	459.03	-1242.04	-421.10

（四）生态系统服务价值的应用

首先必须明确一点——生态系统服务功能的价值不能完全等同于海洋生态补偿的标准。首先，因为生态系统的复杂性特点，因此，在某一阶段或某一境况下所得出的生态系统服务功能价值结果并不是非常准确。由于各种潜在的市场价值及非市场价值，各个生态系统服务功能的总价值比人类的经济生产值要高很多。如 Costanza 对全球的生态系统服务功能价值进行了计算，与世界的国民生产总值相比还高出了 18 万亿美元[1]。也就是说，实际上人类所能提供的海洋生态补偿额度是达不到弥补生态系统服务功能价值的。其次，就"原始生态系统服务价值与海洋生态补偿中所致的生态系统服务价值是否相当"这一问题，目前也尚存在异议。因此，为了平衡这一差别，有的学者认为应该引入调整系数，海洋的生态补偿标准就能够将生态系统服务功能的估值与系数相乘而得到。但是这一系数如何确定，从哪里而来，是否能经受得住实践的考验，都不得而知。如不同的用海方式带来不同的环境损益，不用功能和不同地区的具体情况也会带来生态系统服务价值差异。根据以上的问题，生态补偿标准确定的一个很重要的因素就是生态系统服务功能的价值，也就是使之成为海洋生态补偿的一个上限。在实际操作中要将主要标准指数化，控制上限下限，控制变量因素，防止随意性。而上述所面临的难题，也对相应的实践提出了创新需求。

---

[1] Costanza R, et al. The Value of the World's Eocsystem Services and Natural Capital，Nature，1997，38（7）：253-260.

三 机会成本视角的考虑

（一）关于机会成本的内涵解读

早在 19 世纪新古典学派经济学家就已提出机会成本的概念。从经济学角度分析，机会成本产生的最为根本的原因就是资源供给的稀缺以及有限性。正是基于资源的有限性，因此在使用某一资源从事某一生产生活活动时，该资源在另一件事中就会缺少，意味着只能取得一种活动带来的收入。因此，美国著名的经济学家萨缪尔森认为，当今资源相对稀缺，你若选择其一，就意味着要放弃其他。而所谓的机会成本就是你在选择的过程中，所放弃的物品或者劳务的一种价值。曼昆也认为，所谓机会成本就是在选择的过程中，为了能得到此类东西而自己放弃的东西。一定程度上，人在进行选择的过程中是理性的，在对资源进行选择时是以个体利益的最大化为主要选择目标，因此所制定的选择方案也是以能够实现最大化为方案目的[①]。

如果将这个问题放在管理学视角来看，机会成本就是你在作出某一决策时，所放弃的另一个决策的收益，主要是对于决策的后果进行衡量。一定程度上，资源选择方案的机会成本就是放弃其他方案的最大经济上的利益。因此，对于决策者而言，若从成本收益上来考虑的话，那么一般要选择机会成本相对较小的方案。即使今后出现后悔，也是最小化的成本。也正基于此，为使海洋资源环境与生态能得到有效、有理、有节的保障，满足人们对海洋资源与生态的需求，在海洋资源利用与开发过程中，就须制定一系列严格的海洋保护标准，限制不当的、会对海洋环境资源造成不可逆转损害及破坏的行为。自然就会对"渔业产业的发展、对渔民的捕捞行为、沿海区域城市的围填海规划"提出一系列的规范与限制。从而从另一层面看，渔业、渔民、沿海区域一定程度为海洋资源环境及生态保护牺牲了发挥机会。而若从福利经济视角来看，这就需要对市场无法弥补的机会成本进行补偿。无疑，这也是海洋生态补偿的一个重要补偿内容，如此才能在海洋资源环境及生态保护与渔业、渔民、沿海区域发展诉求中达到相应的利益平衡。

[①] 李彩红、葛颜祥：《可持续发展背景的水源地生态补偿机会成本核算》，《改革》2013 年第 11 期，第 108—114 页。

(二) 机会成本测算中的几个问题

1. 机会收益的最高性。在最终决策将作出时，对于最高机会收益的评估中，就需要对机会成本加以充分考虑与估算，从而作出最为合适的决策选择。在海洋生态补偿的估算及其运行中，就需要考虑海洋资源环境及生态的保护过程中，可能涉及的相应经济性发展权利所付出的成本与牺牲。显然，这部分牺牲（如渔民退渔还海的损失）就需要折算成机会成本，而归入具体的海洋生态补偿中。

2. 测算结果的非精确性。机会成本与实际成本不是一个概念，后者是现实可观的成本或者利益，而前者是对未来的某种预测，往往是无形的，对于它分析主要集中在为一种选择而放弃其他决策所带来的利益。因此，一定程度上，其是一种观念上的成本或损失。也正是由于机会成本的超前性与主观性，因此，要对机会成本结果作出最为准确的计算，就非常难。更何况，人们也不太可能计算出所有现在放弃而又会在以后带来收益的机会成本。显然，对海洋资源环境及生态而言，海洋的特殊性决定了人们只能在有限范围内对机会成本进行掌握，选择在某种用途时，对有限数量的机会成本进行估计。而这也就决定对于所付出机会成本的计算结果的非精确性。

3. 不同主体的机会成本测算与衡量。主体不同，其需求与职能和所担的责任也不同，因此，机会成本的标准及测算也就不同，需要相应的衡量。比如在海洋经济发展、海洋资源环境及生态保护中，对于政府、企业、居民而言，有着各自的需求指向，也承担着各自的职能与责任。因此，在测算海洋经济发展、海洋资源环境及生态保护中所涉及的机会成本时，需要有一个类型化测算与衡量的过程。

(三) 机会成本在海洋生态补偿的应用

对于为了保护海洋而导致经济损失等机会成本的测量，在目前海洋生态补偿中运用得比较多，且常常借助"保护成本"来完成"机会成本"的测算。因此，相对于生态系统服务功能的价值估算而言，机会成本法一定程度可以避免生态系统服务功能价值估算的复杂性，减小难度系数。但是，机会成本法同样也有其自身的缺点。正是基于海洋的整体性、流动性、立体性等系列特性，也致使在海洋资源环境及生态保护所涉及的范围广，可用作他途的经济收益多，计量难度大。这些难题，都需要在其后相应的理论和实践中予以考虑与针对性选择和设计。

第四节　补偿方式的甄选难题
一　财政转移支付模式

海洋生态补偿方式多种多样，从资金层面予以补偿，是目前最常见的一种形式（含财政转移支付、补偿金支付方式等）。财政转移支付是政府保持地区平衡、实现社会公平的重要财政手段。对海洋生态补偿而言，依靠财政转移支付政策制定相关的生态补偿支出项目，可以有效改善我国海洋生态环境。目前在探索的转移支付模式主要有三种：其一，自上而下的纵向转移支付；其二，横向转移支付；其三，混合转移支付（纵向与横向结合）。

（一）纵向转移支付实施及其不足

纵向转移支付模式指中央政府根据各省区市县的财政和生态情况进行宏观调控，均衡地区间基本财力，规范分配，最大限度地发挥财政使用效益。纵向转移支付模式是我国和世界上多数国家采用的模式。纵向转移支付一般分为两个层次，存在双向的资金往来关系。第一层次是中央对地方的转移支付，即上级对下级的拨款。为了能够均衡各地由于地理环境以及经济发展水平不同而带来的政府在经济收入上的差距，便引入了转移支付，这能够有效地保证地区的政府能够根据国家的标准为社会提供相关的服务。对转移支付的数额确定，主要是根据社会的指标，比如人口或者面积来定，同时也要对政府的一些经济活动进行考虑，实现对于开支标准的计算。第二层次是地方对中央政府的财政转移支付，即下级政府对上级政府的缴款。中央税全部归中央，地方税全部归地方，共享税按比例分成。比如增值税的分成比例是中央75%、地方25%，即75%上缴中央政府。

而正是基于我国的国土构成、海洋线分布、人口民族组成的诸多复杂性与特殊性，也致使纵向转移支付模式在我国运用中，面临系列难题与不足。例如：其一，我国地域辽阔，海岸线绵长，沿海的省份地区面积较广，若缺乏有效的监督，中央财政转移支付的补偿资金不一定能得到落实。其二，由于中央财力过于集中，政府的基本事权出现一定程度下移，致使中央政府所应该承担责任转嫁，转嫁给了地方的政府。

(二) 横向转移支付及其实施

横向转移支付模式是同级地方政府间发生的资金平行转移，一般由中央政府通过立法规范地方政府间财政资金转移。从实践来看，因为不利于中央政府的宏观调控，没有任何国家只单一实行横向转移支付的方式。

在我国当前的实践中，基于我国现有的上下级财政体制背景下，横向转移支付正日益展现出它的优势与功能。其中，横向转移支付在生态补偿中的实施主要在于——由财力富裕的区域对于财力不足的区域所进行的转移，从而使得两者之间能够相互的援助以及相互的支持，从而能够缩小地区的差距以及均衡财力，也有助于实现海洋经济发展和海洋生态保护之间的平衡与可持续发展。例如为了保证入海口的水质，入海河流的下游政府需要向中上游的政府提供一定的资金补偿，帮其实现入海河流的科学合理流域治理，以平衡不同区域在河流入海与入海口海洋环境生态保护之间的利益衡平与补偿问题。

(三) 纵向与横向转移的交错混合

相比较而言，纵向转移支付主要侧重的是对于宏观调控目标的实现；而横向交错模式则主要为了经济落后区域公共开支不足问题的解决。根据国际经验，纵向转移支付模式在具体实施过程中相对方便，完全以上级政府为主导，容易操控，而横向转移支付需要各地方政府进行谈判磋商，主观意愿不一定能达成。横向转移支付比较容易考虑到各个地区之间生态资源和生态服务配置情况，对于生态补偿方式有其适用之处。

就混合转移支付（纵向与横向结合）而言，从目前国际实践的经验看，对于纵横交错模式而言，虽然是操作复杂，但是其有着高透明度的优势，能够使不同区域之间的联系明显增加，具有浓厚的民主色彩。

综合而言，在我国，由于地区经济发展的严重不均衡，也造成了不同区域间不均衡的财政能力。因此，基于不同区域间的生态与经济水平的差异，在海洋生态补偿的实践中，就需要在保证中央对地方的财政税收宏观调控的基础上，增加横向转移支付；在纵向与横向转移支付各自领域与职责分工基础上，需要根据不同涉海区域的不同情形，纵向、横向、纵横交错地综合运行，从而充分发挥政府在平衡不同涉海区域间财力的作用。在实现我国的海洋生态服务制度化、有偿化和效益化的同时，要着力提高支付效率，缓解中央财政的压力。

二 财政转移支付和生态转移支付的国际比较与运行现状分析

(一) 韩国、德国及我国的财政转移支付制度比较 (见表4—3)

表4—3 韩国、德国及我国的财政转移支付制度比较

	韩国	德国	中国
财政体制	单一制国家。以分税制确立中央和地方政府的事权。实行分税制,分成内税、关税、中央税、地方税	联邦制国家。几乎所有主要税收均由联邦与州共享。各级政府在财政管理上具有独立性,事权明确	单一制国家。实行分税制,分成中央税、地方税、中央地方共享税
转移支付制度	税收返还	财政均等化为主要目标的转移支付	税收返还
转移支付制度特点	支付规模大;形式多样,制度也较完善;已运用"零基预算"编制方法	纵向、横向转移支付同时存在;横向转移支付制度的均等特征更明显,透明度较高;考虑地区财政能力的均等化,并对地区支出的需求的差异进行考虑	支付转移规模较大,形式多样,制度完善;转移支付体系还没有有效形成,并存存量调整与调节两条转移支付系统
构成	一般性转移支付 特殊转移支付 只有纵向	增值税共享 联邦补助拨款 共同任务拨款 横向和纵向相互作用	客观因素支付 政策性支付 仅是纵向

(二) 德国生态转移支付的实践

德国主要采取混合转移支付 (纵向与横向结合)。前者,也就是纵向转移支付,其主要包括的是一般以及主要和专项的拨款,主要是联邦对于州或者是对于市镇的转移支付过程。相对而言,横向转移支付则主要是联邦政府之间的转移支付手段,也就是相对富裕的转移至相对贫困的州。对于德国的生态转移支付资金来说,主要的构成是两部分,其中增值税是一部分,另一部分相对较为富裕的州在财政上为相对贫困的州提供一定的补助金。一般来说,整个过程中,横向转移发挥主要的作用,主要指的是财

政收入在各个州之间所进行的转移，其能够使得各个地区的既得利益的格局发生一定变化，从而使地区之间的服务水平逐渐均衡化，这会对较贫困的州的财政起到有效的促进作用，从而使得各州之间的贫富差距缩小，这能够对地区财力的平衡起到很大的促进作用。其确定支付数额的标准准确有效，这样能够使得资金发挥其最大的作用。

三　我国海洋生态补偿中财政转移支付存在的问题和难点

（一）地区间的财力差距

政府是生态补偿的最大责任主体，因此，对于生态的补偿来说，政府的财政投入是其最为主要的物质上的保障。生态补偿的依据就是政府财政，这对于生态补偿的效果以及补偿者的承受能力能够产生直接的关系。显然，在海洋生态补偿的实施过程中，亦是如此。即使实施要求、措施和方案基本相同，但是区域间的文化、财力、技术水平等方面的差异，都将直接影响不同涉海区域间生态补偿的补偿时效与补偿力度。

正是经济基础、政策环境、地理区位及财政体制等多个因素的长期影响与相互制约，导致了不同涉海区域间在现有财力上的差异。因此，若想要有效缩小各涉海区域间的财力差距，就需要建立这样一种机制，通过收入以及税收的自分配手段，来实现发达地区对落后地区经济上、自身发展能力上的援助；必须对所需资金量进行相应的测算，制定合理可行的标准，合理安排与使用海洋生态补偿资金，从而有效缩减彼此间经济与自我发展能力上的差距，实现生态服务功能均衡化。

（二）中央与地方以及地方之间的利益博弈

资源环境问题是整体性利益的一个重要方面，因此，正是利益驱动及相应利益关系的存在，使得中央与地方以及地方之间的利益博弈不可避免。如在不同的地方与区域之间，地方政府为了维护本地方的当前利益、局部利益，难免会在经济发展、生态环境保护、资源开发利用等领域实施地方保护主义，甚至形成不同区域的污染转嫁、污染企业转移，从而导致如此现象的发生———一个地区的经济发展，往往伴随着另一个地区的生态破坏和污染。而上述系列情形，最终都将影响国家的整体利益。

具体到我国当前的海洋生态补偿实施现状而言，基于我国现有海洋生态补偿体制不够健全，各省之间的生态转移支付体制没有规范，从而致使地区之间谈判和博弈总得不到满意答复，失败率高。这种境况长此以往，必将影响海洋资源环境及生态的总体平衡与可持续发展。因此，需要充分发挥中央政府的重要作用，国家通过自上而下的强制性行政和经济手段结合、协调和监督各地的发展规划，完善海洋生态环境补偿。尤其要通过财政转移支付的程序和标准立法，使中央和地方以及地方与地方之间实现权责一致和生态补偿共识，从而在国家与区域海洋战略的推进中，为海洋经济发展、海洋生态保护的衡平提供重要的保障和支持。

第五节 补偿资金的来源难题

一 海洋生态补偿分类

基于主体与资金来源的考虑，可以将海洋生态补偿从政府、市场、社会力量层面加以划分。对于政府补偿而言，无论是其实施主体、补偿对象还是资金来源，都由行政宏观调控措施来加以实现；而市场补偿则是市场成为主要的资金来源，补偿实施主体借用市场交易来实现补偿目的的补偿；社会补偿则是借助社会力量，通过建立基金等途径与手段，筹集补偿资金，来实现补偿目的的补偿。就我国目前的海洋生态补偿的实施情况看，所采用的最为主要形式就是政府补偿。而这也是最容易启动的补偿方式。市场补偿、社会补偿是对政府补偿的补充，但是在"向海洋进军""海洋资源开发热"的背景下，海洋资源环境问题日趋凸显，海洋生态补偿问题也日益凸显，需要对海洋生态补偿的资金来源与方式进行不断完善。自然，如何唤醒市场、社会补偿在其中的作用，激发与筹集市场与社会的多元补偿基金，减轻政府补偿的负担，已经成为当前一个重要的不容回避的问题。

二 海洋生态补偿的资金来源分类

一定程度上，海洋生态补偿制度的建立，是为了促进海洋生态环境保护与区域海洋经济和谐持续发展的衡平。因此，基于海洋的整体性、流动性、立体性等诸多特性，以及海洋问题的复杂性，为了实现海洋生态补偿的这一目标，就必须充分探索多样化的生态补偿的方式，拓展多元化的生态补偿资金来源。因为众所周知的是——稳定的资金来源是海洋生态补偿能够畅通运行的关键。就目前的海洋生态补偿的资金来源以及实施境况看，主要可以分为以下三类。

（一）政府补偿及其资金来源

一定程度上，政府的财力支撑是当前海洋生态补偿的最主要资金来源。对于政府补偿机制而言，其主要实施以及资金提供主体是国家或上级政府，补偿的对象是下级涉海政府、涉海区域及相关渔民。其主要的补偿方式是政府的补贴、政府的政策倾斜、减免税费改革、人才及技术投入等；在资金来源上，主要通过政府财政补贴、征收环境税、排污税和发行国债等方式进行，可以统称为政府的转移支付。政府的转移支付能力在海洋生态的补偿表现为对海洋生态的保护、修复能力和为贡献者或特别牺牲者所作出的经济补偿或发展权补偿。前者是上一级政府为下一级政府或者不同地区之间的政府分配其财政收入，以此来补贴下一级政府或受损方政府因为保护海洋生态环境而放弃了地区的经济发展机会，弥补经济发展不足所带来的财政收入下降问题，同时为下一级政府提供海洋生态保护的特别资金，如海洋生态保护区的维缮费用。后者则是政府为因响应政府保护海洋生态环境而作出一定利益牺牲的个人或团体所进行的经济补偿、发展权补偿。

（二）市场补偿及其资金来源

综合而言，海洋生态补偿所需的资金巨大，因此仅靠政府，还远未充分，需要唤醒市场的来源渠道及其功能的发挥。在海洋生态补偿中，市场补偿主要是通过市场的支付及交易，使海洋生态服务的价值功能得以兑现，从而也解决补偿的基金来源问题。具体来说，市场补偿是提供生态服务的一方与收益于该服务的另一方之间，在市场规则或政府领导、规制下，遵守与坚持某种协议精神，通过市场化的途径进行补偿。主要形式包括水权交易、排污权交易、碳汇交易、生态标志认证、股权补偿以及通过协商达成的资金补偿、对口协作、产业转移、人才培训、共建家园等生态补偿市场模式[①]。美国在具体的实践中，就非常注重市场在海洋生态补偿中的重要作用。而从美国长期的实践经验看，其充分利用了信托基金等多种方式，来发挥市场补偿及其资金来源在生态补偿中的重要地位与作用。无疑，在我国海洋生态补偿的进一步推进中，发现市场补偿形式、拓展资金来源，这无疑非常重要，加之我国这一领域的市场补偿交易筹集资金渠道尚不成熟，学者与专家仍在不断摸索当中，零零散散的政策与建议无法有效地分配市场交易资本，进而使海洋生态补偿的顺利进行与发展得不到保障。

（三）社会补偿及其资金来源

海洋资源环境及生态是一个典型的公共物品，因此，相对而言，如果

---

① 徐丽媛：《生态补偿中政府与市场有效融合的理论与法治构架》，《江西财经大学学报》2018年第4期，第111—112页。

海洋资源环境及生态得以保护，处于该区域的所有公众都是其中的受益者。近年来随着国家对生态可持续发展、海洋强国战略的建设日益重视，越来越多的社会主体，如个人、企业和社会组织等也意识到了保护海洋生态环境的重要性，社会也更愿意为保护海洋作出一定的让步与补偿。从另一层面而言，其也是其中的利益关系人。因此，从公众及相关的社会组织层面，拓展海洋生态补偿的社会补偿渠道，从原理上而言，是可行的。公民、社会组织作为海洋生态利益的消费者与受益者，承担相应的海洋生态补偿责任与义务，也是其自身利益需求的内在组成部分。从另一方面而言，虽然社会补偿是非强制性的，在法人意志指导下进行公益活动的一种方式，但按照"破坏者恢复、受益者补偿"等原则，其对间接性的海洋生态利益享有、资源破坏和环境污染履行一定的补偿义务，也是成立的。海洋生态补偿的社会补偿主体大致包括各类社会组织团体、志愿者、志愿组织等，通过让社会对生态服务提供者、利益牺牲者和服务者等进行回报。主要的社会补偿资金来源于社会爱心人士的捐赠、社会组织团体的资助、生态服务经营者的产权转让、志愿者及志愿组织的志愿服务活动等。相对于国外来说，我国的社会功能在海洋生态保护中提供补偿资金的能力还可以进一步挖掘，直至成为海洋生态补偿中的一大常态分量。因此，公民、社会组织作为非经常性生态补偿主体，应该成为海洋生态补偿资金来源的重要组成部分。

三　我国海洋生态补偿资金筹集与运作中存在的问题

在当前我国逐步推进海洋战略的进程中，一定程度上，海洋生态补偿问题才刚刚开始显现，并引起关注，而海洋生态补偿的相关问题研究也还仅仅处于初层阶段。因此，就海洋生态补偿及其海洋生态补偿资金筹集与运作而言，也还是非常不完善，尚面临下述诸多问题。

（一）补偿资金的来源多限于政府层面，以政府财政转移支付为主要形式

从海洋生态补偿的来源渠道看，表现的形式限于单一化，多依赖于政府层面，以政府的财政转移支付为主要形式。目前我国的海洋补偿资金是以政府的转移支付为主，没有建立起多元化的资金整合渠道，以市场补偿和社会补偿的形式的总资金占比相对来说微乎其微。市场、社会、相关组织、公众个人的资金渠道来源未被挖掘，其功能尚处于"沉睡状态"。作为受益主体，社会、相关组织、公众尚未被视为海洋生态补偿的主体而被纳入。尚需相应的保障与动力，唤醒与激活除了政府之

外的其他资金来源，包括来源于市场、社会、相关组织、公众的资金，进而丰富当下我国的海洋生态补偿金的组成。

(二) 补偿资金管理面临"九龙治水"困境，缺乏有效的监督管理机制与手段

从我国相关沿海地方政府的实践总结看，海洋生态补偿及其资金运作流程尚缺乏有效的制衡手段。例如在资金来源方面，基于补偿资金形式的多样性，应对其归类统计管理，并有一定义务向社会公开资金来源及数额，接受政府体系外专业人员的财务督查，避免存在不法人员或团体通过补偿捐款的形式对国家公务人员进行贿赂，同时也在一定程度上有利于激发社会对海洋生态保护的意愿，形成社会民众参与的广泛参与监督机制。在海洋生态补偿金的使用审核方面，财政、审计、海洋行政管理部门等都具有监督的职能，都可以对海洋生态补偿金运作进行"插足"管理，导致海洋生态补偿资金运作的"九龙治水"境况。其中，补偿金的使用往往涉及跨部门合作。跨部门的难题也进一步致使监管主体与监管权仍需要进一步明细，补偿资金的使用尚且存在后续的实际效用审查反馈。该由哪个部门进行资金使用成果的评估，在各省各地区尚未形成一致的做法，甚至大多数情况下补偿资金使用效用缺乏审查评估这一后续环节。主张职权，多头主张权力，当发现问题、界定责任时，责任不明，相互推诿，进而也致使因"多头管理"，而最终导致海洋生态补偿资金的运作成本过高，因此需要配之以有效的监督管理方法和手段。

(三) 多元化的补偿资金来源推进需要充分拓展

政府的直接行政命令与调配可以提升补偿活动的效果效能，而其中的资金补偿方式，也是海洋生态补偿最直接有效的一种补偿方式。但是，市场与社会的功能及其资金来源还远未得到充分拓展。例如生态税等税收的完善。税收作为一种主要的调控手段，其在保护生态环境、控制环境污染、生态补偿等方面具有非常重要的作用。将对开发、利用、破坏、污染环境的主体所征收的生态税，补偿给为生态保护和修复而做出特别牺牲与贡献的人，其本身就是一个非常合理的利益调整与重新分配过程。这在海洋生态补偿中，亦是如此。然而我国的以环境保护为宗旨的税收政策及立法起步不久（有关环境生态税立法于2015年列入立法规划）。又如海洋生态补偿专项基金应发挥重要功能，承担重要责任。其在海洋生态补偿及资金来源的拓展中，应是一个极为重要的拓展渠道与形式。如借助捕捞渔民转产业基金的设立，在修复与改善海洋生态的同时，帮助失海渔民再就业，提升其发展能力。另外，还可以借助国内外已经运作比较成熟的基

金，如环境基金、自然天然基金、中华环境保护基金会、中国环境基金的资金，使之与海洋生态补偿基金相互配合，实现海洋生态补偿长效性。

显然，在海洋生态补偿及其资金筹集与运作中，政府、市场、社会各有其自身特点，也发挥了各自的作用；但是也存在各自的不足。如政府补偿是行政手段，强制性特征明显，但使政府补偿缺乏市场补偿的激励性、社会补偿的积极主动性。而就市场补偿而言，在具有补偿方式与资金来源的灵活性特点的同时，则存在市场补偿其自身所带来的一定盲目性、自发性和滞后性。另外，就社会补偿而言，则因为处于初层阶段，尚有诸多具体实施环节问题需要完善。显然，政府、市场、社会补偿在具体的运行、资金筹集与运作中所面临的诸多不足与难题，无疑都需要在后期予以相应的理论建构和实践创新，为海洋生态补偿的运行提供理论指导和创新动力。

综合而言，海洋生态补偿作为新凸显的急需夯实研究的海洋时代前沿问题，上述关于海洋生态补偿的"补偿对象确定、补偿标准核定、补偿方的甄选、补偿资金来源"等系列难题急需予以针对性梳理与论证研究。其中，包括对当前所面临的"现行补偿标准计量方式的接受性普遍较低，具有争议性；欧美一些国家的法律和国际条约不承认用计量模型量化的经济价值结果"等现实实践中急需予以破解的问题。毋庸置疑，对于海洋生态补偿的"特殊性问题"及系列特定难题的聚焦与针对性研究，有助于以开放思维，为后续系统深入研究提供方向指引。

第五章　国际海洋生态补偿立法及运行问题

美国、日本、韩国、加拿大、澳大利亚和英国等国家在海洋生态补偿领域建立起的各具特色的管理及其制度，一方面得益于海洋生态补偿理论研究的不断深入，另一方面也指导和促进了海洋生态环境的保护工作，为经济社会的可持续发展提供了制度保障。不同国家的制度安排和实践经验可以对我国海洋生态补偿领域制度构建提供有益启示。

第一节　美国、加拿大的海洋生态补偿立法及运行

一　美国的海洋生态补偿相关立法及制度机制运行

首先，美国所颁布的《国家环境保护战略法案》在法律体系中最为重要的价值在于确立了一项原则，即确立了"沿海和海洋区域的自然环境保护"原则，这是美国海洋生态补偿制度的"先驱者"。[①]

其后美国的《清洁水法》与《河口和清洁水法》都涉及海洋生态系统的恢复。综合而言，20世纪90年代以前，美国的生态补偿主要表现为单一项目形式的海洋生态恢复；20世纪90年代以后，特定物种或单个生态系统或小规模的生态修复工程则逐渐转变为大规模的生态修复工程。而美国所颁布的综合环境法案、补偿和责任法案（也称"超级基金法"），则是为建立一个政府层面"棕色地块"恢复治理基金。在责任主体不明、无法去除污染而面临恢复土地成本时，超级基金将开始恢复；同时建立了严格责任的"污染"，环境保护署（EPA）对任何相关主体负责回收维修费用。

---

① 李荣光：《域外海洋生态补偿法律制度对我国的启示》，《荆楚学刊》2018年第4期，第48—55页。

当因埃克森石油公司超级油轮搁浅事件而导致面临严重的水体溢油污染危机时，美国两院通过了《油污法》。这是一个集"油污责任、赔偿严格责任与综合管理制度"为一体的法案。该法案重点围绕船舶和海洋石油勘探的开发等活动所带来的海洋生态污染，从而初步建立了较为系统化的海洋船舶溢油污染的生态补偿机制，进而在针对溢油事件的责任划分与海洋生态修复费用赔偿上作出严格规定。

相对而言，"墨西哥湾复苏法案"则是在2012年严重的海洋污染事故后而设立的法律体系。通过建立特殊的信托基金，专门支持破坏海洋生态恢复管理委员会复苏，同时建立了一个完善的公众参与体系和相应的法律法规，规定严格的生态恢复工程建设标准，等等。

时至今日，美国作为法治强国，在海洋生态保护法律方面已形成相当成熟的法律法规体系。其关于海洋生态保护、补偿修复等内容在法律层面占据了相当大的比重，在全球的海洋生态补偿体系研究具有不可忽视的话语权。在整体的海洋生态补偿机制上，美国在"政府+市场+社会"的三方共同助力合作上相对其他国家更为完备。

值得注意的是，美国的生态补偿实践重视发挥市场的作用，将市场作为生态补偿资金来源的重要途径，且并不仅仅限于海洋生态补偿。如美国所实施的"湿地银行"方案，是破坏湿地的开发商可以通过另一湿地的创建、改进恢复来获得信贷，以抵消自己对湿地的破坏[1]。这一政策的实施大大扩大了生态补偿资金的来源，有利于生态环境的保护和可持续发展。另外，美国市场机制集成到海洋生态补偿机制，创建了一个多样化的海洋生态补偿机制，并成立了一个海洋生态保护模型结合政府调控和市场机制的实现海洋资源的用户限制和标准配额制度。[2] 从源头上来说，这还归根于美国海洋生态补偿重心在于对自然生态的补偿而不是对人的补偿，例如在湿地的保护上其遵循着三大先后原则：一是避免原则，避免湿地被破坏或受到其他影响，最大限度地保留生态系统的完整性；二是减少原则，减少湿地生态系统损受的环境，当不得不开发湿地时，利用设计上的手段减少湿地的受损程度；三是补偿原则，通过湿地补建工程来化解湿地面积减少的问题。以上原则不仅在湿地补偿制度上适用，对海洋生态领域也起到了珠联璧合的作用，使得美国的海洋生态补偿机制具有技术性、工

---

[1] 赵彦泰：《美国的生态补偿制度》，博士学位论文，中国海洋大学，2010年，第14页。
[2] 张兰婷、倪国江：《国外海洋开发利用的体制机制经验及对中国的启示》，《世界农业》2018年第8期，第66—71页。

程性和项目性的特点。

就美国的海洋补偿及运行实践而言,目前也尚存不少问题,例如总是在事后补偿而很少注意前期防控,现实中的赔偿机制落实不到位等。与此同时,也存在一些令人印象深刻的优点,例如已呈现发达面向的基金会补偿机制。其中由美国海洋局和大气局设立的"区域沿海恢复基金"和"沿海生态系统恢复基金",是旨在灵活帮助美国沿海地区,以应对极端天气、天气灾害和海洋环境突变等方面境况而带来的不利影响。

综合而言,不管是在《清洁水法》《墨西哥湾补偿法》,还是在《超级基金法》中,都会设有一个相应的基金会,负责为整个法案的推动提供资金支持,这对于整个海洋补偿工作的落实,无疑起到至关重要的作用。例如在《超级基金法》中,超级基金会的存在,弥补了因破坏人不明确而导致"谁破坏谁补偿"这一原则所不能落实的问题。通常情况下,这一漏洞往往会由政府埋单,让整个机制顺利地运行下去。可是在现实生活中,往往会出现各种各样的问题,如追回破坏者款项的行动会十分艰难等。这时就需要一个专门的基金会来为整个机制的运行提供帮助。再者,背靠着全世界最庞大的资本市场,这样大笔的资金以捐款的形式投入,未免太过浪费。而此时有一个专门负责打理补偿资金的基金会,则可能圆满解决这类问题,既可降低财政压力,充裕补偿基金,又可使政府权力得到精简,抬高运行效率,完善整个运行机制,同时还可遏制腐败,可谓是一举多得。

二 加拿大的海洋生态补偿相关立法及制度机制运行

加拿大西抵太平洋、东迄大西洋、北至北冰洋,是一个三面环海的国家,海岸线达 243792 千米,位居世界第一。加拿大拥有丰富的海洋资源,十分注重海洋生态环境的保护和海洋资源的可持续开发利用。

加拿大的海洋生态环境保护立法可追溯到《渔业法》。为了限制美国渔船在加拿大水域滥捕等危害海洋生态多样性的行为,加拿大制定颁布了第一部《渔业法》。该法历经修订至今仍然是加拿大渔业管理的法律基础①。

其后加拿大制定并颁布了《海洋法》,这标志着加拿大成为世界上第

---

① 朱建庚:《〈加拿大海洋法〉及其对中国的借鉴意义》,《海洋信息》2010 年第 4 期,第 28—31 页。

一个进行综合性海洋立法的国家。加拿大《海洋法》以保护海洋环境和资源、实现可持续发展为目的，共109条，分为加拿大的海域、海洋管理战略、责任和作用三部分，对加拿大的海洋保护起到了至关重要的作用。《海洋法》以法律的形式确立了加拿大的领海、毗连区、专属经济区和大陆架，并且与《联合国海洋法公约》的规定相衔接，确保加拿大的海洋利益不受侵犯。海洋管理战略部分建立了海洋保护区制度，对部分海域实行特殊保护。责任与作用部分厘清海洋管理各部门及相关国家工作人员的责任，避免相互推诿和扯皮现象的出现。之后，加拿大相继颁布了《海洋战略》《海洋倾废法》《加拿大航海法》《防止油类污染法》等涉及海洋生态保护和补偿的法律。总体而言，加拿大海洋生态安全法制建设形成了多层次、多门类、多样式的特色，包括宪法、议会通过的法律法令、地方性法规和条例规章，此外还囊括了部分国际海洋公约法令，具备一套相对完整的、有机联系的海洋生态法律体系。

除了在法律层面上的海洋生态保护建设，加拿大联邦政府在海洋生态补偿上也投入大量精力，积极推动海洋保护区的建设与发展，同时作为联邦政府与地方政府海洋生态保护的焦点内容，其目的在于保护海洋生物及其栖息地、海洋自然文化及其遗产。截至2017年圣劳伦斯海洋公园的建成，加拿大已建成包含三大沿海、五大湖在内共29个海洋区，构建了具有特色的国家海洋保护区体系[①]。在海洋保护区的建设过程中还出台了一系列的法律法规，如《国家海洋公园政策》《国家海洋保全区政策》《国家海洋区保全区法》。我国的海洋保护区发展起步较晚，在这一方面应借鉴加方的经验，坚定海洋活动应保护海洋自然生产力的方针，在海洋开发中加以替代补偿，充分发挥海洋保护区在经济、生态的多功能性积极性作用。

其中，加拿大的船舶油污赔偿基金制度对海洋生态损害补偿制度建立，具有重要的借鉴意义。加拿大在颁布《航海法》，以及通过修订建立海洋污染赔偿基金（MPCF）后，成为世界上第一个通过立法建立赔偿机制的国家。其后，加拿大通过修改立法，建立新的船舶油污赔偿基金（SOPF），扩大了海洋污染损害赔偿范围，提高了赔偿限额，形成了国际上的海洋生态补偿机制蓝本[②]。船舶溢油事故发生后，由SOPF先垫付清

---

① 《加拿大"海洋生态安全治理模式"概述》，https://www.sohu.com/a/169558362_726570，2020年9月19日最后一次访问。
② 王欣泉：《我国海洋生态补偿制度研究》，博士学位论文，中国地质大学（北京），2013年，第5页。

污费用和部分赔偿，为受害人提供便捷的索赔，然后再由基金向船舶所有人、保险公司等追偿，总体流程就是由基金第一时间向受损方进行补偿，致损者或获益者承担基金所支付的补偿费用。不过往往这里会产生一个问题，那就是会存在致损者和获益者在后续向 SOPF 缴纳补偿费用时没有足够的资金，导致基金支付的补偿费用大于后者缴纳的补偿费用，SOFP 基金趋向亏损状态。在这一方面，SOPF 稳定的资金来源起到了兜底的保障性支撑，其作为补充赔偿中间方，可支付超过责任公约和基金公约所承担的赔偿。SOPF 的基金资金主要来源于政府财政收入和向石油运输公司征收的摊费，众所周知石油行业的税收收入极为可观，基金会的流转资金增多，从而大大提高了船舶污染赔偿的数额。

在加拿大的海洋补偿机制中，最具特色及最核心的角色也是基金会，但是相对于美国的基金会，加拿大的基金会则是有着不同的一套。相比起美国基金会背靠全世界最成熟、最完整、体量最大的资本市场，加拿大基金会显得有些捉襟见肘。加拿大无法做到如美国基金会般完全地融入市场，并且运用基金会的钱投在市场，稳定赚取收益。相反，更多的是像是一个政府的下属机构，负责整块的海洋保护与补偿。

但相应地，如此基金会也就脱离了资本市场运作，也能显示自己的优势，能够获得来自政府更加稳定的资金投入。毕竟相对于其他市场资本参与度高的基金会，海洋环境的投入相随的因素是无形的收益、等待期长、社会回报值不可估、不确定性等，而社会的资本永远是以利益取向为主的，这就意味着即使参与市场运作的海洋生态保护基金也不会有太多的社会资金流入。其一，尽管融于资本市场会带给基金会更多的收益，但是也正是如此，很多时候，基金会也会屈从于市场的意志，失去自己的独立性。而加拿大的基金会则是没有相应的掣肘。其二，基金会的资金相比起普通政府部门来源更广，正是因此，基金会相比起一般的行政机构，拥有更大的独立性，尽管在后面的立法中，对此进行了一系列的限制，但是不可否认的是，基金会仍然具有很大的权力，在一定程度上可以预防陷入官僚体制成为政府的代名词或附庸品，同时也能制衡多方的利益考量，使得索偿主体获得的收益更多，给予公民更加信服、满意的行事结果。虽然这样的独立，往往使得基金会坐大或者滥用权力，但在一系列的考核、监管、限制等措施施行后，其机制渐渐回归正轨，并在实际运行中，发挥着重要的作用。

第二节　英国、澳大利亚的海洋生态补偿立法及运行

一　英国的相关海洋生态补偿立法及制度机制运行

英国是世界上的老牌海洋强国，拥有着广袤的海域和悠久的海洋开发管理保护经验。作为欧洲最大的岛国，海岸线曲折，总长约11450千米，其间良港密布，近海的油气、渔业资源也十分丰富。并且，英国的海洋资源开发保护历史非常悠久，正因如此，其在海洋保护补偿方面有着别于其他海洋国家的独特一面。

从历史发展层面看，英国对其渔业政策作了多次修改，其中《海洋渔业法》的出台，标志着英国海洋赔偿概念的开始。该法规定了海洋捕鱼活动的原则、渔船和渔网的损失或放弃、白鱼和鲱鱼的赔偿和扣减等原则。

20世纪70年代，英国就制定了《北海石油与天然气：海岸规划指导方针》。在该法案中，首次对"优先开发地带"和"优先保护地带"作出了法律定义，从法律层面上，规范了原本海洋开发中出现的过度开发以及粗犷开发的乱象。而其中的《海上倾卸法》，则借助禁止从车辆、船舶、飞机、气垫船、海洋或陆地建筑物中倾倒任何材料入海或潮水域，从而终结了自1887年就开始出现的废物倾倒，进而一定程度避免了伴随着工业和科技不断发展而日益严重的废渣对海洋的污染。

而在21世纪早期，为保护苏格兰唯一的深海珊瑚礁，英国政府通过采取"大渔业政策"，禁止在苏格兰西北海岸12海里范围内使用破坏海床渔具等行为。自这部法案出台后，"环境保护特别地区"的雏形慢慢形成，这样的保护方式也慢慢开始被政府所重视，并且开始逐渐普及开来。[①] 其后，伴随着英国议会通过《英国海洋与海岸带准入法案》（也称《英国海洋法》），英国正式确认将在国内建立一系列的"环境保护特别地区"，即海洋保护区。无疑，这一法案的颁布，使得英国海洋与海岸管理在法律层面上，呈现由地方松散的立法状态向综合法律的趋势发展。此外包括《栖息地法令》《生物多样性公约》等法规政策都提到开发海洋保护区，以此形成多样的海洋保护区网，全面禁止滥捕、滥捞、滥挖等危害海

---

① 赵蓓、唐伟、周艳荣：《英国海洋资源开发利用综述》，《海洋开发与管理》2008年第11期，第8—10页。

洋多样性的行为，从而促使海洋保护区让英国的海洋资源保护进入全新的时代。

英国的海洋补偿机制在一定程度上与澳大利亚有些相似，相应地采取了类似于生态保护区的制度，2019年5月英国环境部表示已在英格兰沿海地区规划了41个海洋生物保护区。但是从深层次看，基于二者国情有着不小差异，继而在具体的海洋生态补偿机制及相应制度的现实运行中，也就会产生不小差别。综合而言，也就呈现出如下述相关方面。

一方面，英国的中央权威远胜澳大利亚。毕竟英国作为一个历史悠久的老牌海洋帝国，漫长的历史带给了英国不少类似于文化方面的遗产，强大的中央权威便是其中之一。这样的中央权威富有诸多内涵，以封建王权象征皇室就是一个例子。1961年颁布的《皇室地产法》直接规定潮间带和12海里领海属英国皇室地产。在海洋补偿机制配置及运行过程中，作为中央权威来源之一的皇权威严贯穿其中，而且同时还包含其他诸如议会的强权等。与此同时，英国议会还会在针对非英格兰海域时，往往只会出具授权性的法案，一切具体的法案细则，往往需要征求本地政府的意见。如根据《1985年海洋渔业（区域规例）条例》，区域规例须经威尔士食品、环境及乡村事务部和国民议会确认。这些区域性法规当中，当然包括海洋补偿的立法，从而保障与推进海洋补偿机制的正常运转。显然，混乱的多头管理对于整个海洋补偿机制的运转而言，无疑是致命的，部门间的腾挪辗转足以绞杀其中的积极性与高效率。而相对地，正是基于英国强大的中央权威所带来的支配力，中央能够顺利地规划与支配地方，促使海洋生态补偿机制能够自上而下得以运转。而这无疑非常适合于"海洋保护区"这样具有较强地方色彩的保护海洋生态的补偿制度运行。

另一方面，英国建立了一系列配套的严格制度。诸如严格的行政许可制度等。在市场参与海洋生态补偿的机制设计上，英国深受其国家行政方式的影响，将行政许可、审批制度融入海洋生态保护当中。《皇室地产法》中就对潮间带的开发使用权设置了门槛，其中包括要求必须符合所有规定条件，拿到双重许可证——开发许可证和有偿租赁许可证。由此，为了迎接海洋资源勘探时代的到来，2014年3月英国通过了《深海采矿法（暂行条例）》的修正案，将采矿的采用许可管理方式、勘探和开发许可证的条款和条件、许可证的格式和内容，以及许可对象、主体等都进行了细致的规定，从而将海洋采矿活动限制在海洋生态环境保护的国家战略之中。同时，借助严格的行政许可制度，优化各个部门的职能划分，促进彼此的数据与信息交流，加强区域间的部门合作，为海洋生态补偿机制的推进与运行优化条件基础。

二 澳大利亚的相关海洋生态补偿立法及制度机制运行

澳大利亚领海面积高达850万平方千米，世界排名第三。作为两洋交界处且独占一块大陆的国家，超80%的人口居住在沿海地区，其地理位置得天独厚。其中包括2万多千米的海岸线，秀丽的风景、丰富的能源与渔业资源。因此综合而言，能否维护好海洋资源，对于澳大利亚经济至关重要。为此，1975年澳大利亚制定了《大堡礁海洋公园法案》，随后便建立了举世闻名的大堡礁海洋公园。与此同时，海洋保护与可持续发展的思想开始逐渐在澳大利亚萌芽。

其中，《环境保护（海洋倾倒）法》与《环境保护（海洋倾倒）修正案》等法律法规，对海上故意装卸和焚烧废物等行为进行了相应规定。根据法律规定，所有海洋倾倒都需要许可证。这也使得海洋补偿的思想开始在澳大利亚萌芽，尽管当时的法规尚不完善，但基本的补偿制度框架已然显现雏形，"谁破坏，谁恢复"的理念也得以体现。

而在其后《澳大利亚海洋政策》这一标志性法案的通过，则旨在保护海洋生态遗产，避免频繁的人类活动对海洋环境造成破坏，其核心基于2004年实施海洋生态《区域海洋环境》政策。在该法案中，提出了建立海洋生物区的重要计划，将澳大利亚的管辖海域分成不同的生物区，包括五大联邦海洋生物区和两大国家海洋公园区，并因地制宜地施行相配套的法规政策。[①] 除此之外，每一个大生物区或海洋公园区下面进行细致的划分，将不同环境的区域发展成科研基地、观光胜地、环境监测、休闲娱乐等，进行分区管理。海洋生态保护区的火热改革促成了可持续发展和海洋保护的理念确立起来，很多违法违规捕捞以及海洋污染的问题都得到了大力抵制，这在一定程度上缓解了澳大利亚海洋开发带来的消极影响。

另外，澳大利亚在《环境保护和生物多样性法案》的制定，以及《澳大利亚海洋政策》及相关海洋保护法案的立法基础上，细化了海洋保护区的申报事项与流程，对各级各类管理部门及其相关组织团体的职责和运作方式、流程进行了界定。除此之外，该法案还非常细致地列出了关于各类珍稀物种和自然资源的保护方案，限定该法案仅适用于联邦政府管辖区域内的范围，并不适用于州以及各散落的领地。这样，从制度层面上保

---

① 方春红：《澳大利亚如何进行海洋生物区划管理和海洋保护地体系建设》，《海洋开发咨询》2018年第3期，第23页。

证了从澳大利亚政府,到各地方各司其职,共同为保护环境、自然遗产和珍稀濒危海洋生物贡献力量。①

除了与海洋生态环境直接相关的法律法规立法,澳大利亚还重视经济法向海洋环境保护靠拢的条款设置。通过对海洋沿岸及陆源污染物排放的控制,借助"内外齐整",将环境税、排污许可交易转让、阶梯式排污收费制度、税收减免优惠政策等手段纳入海洋保护措施当中。

值得一提的是,澳大利亚政府在海洋生态补偿机制上引用了银行信贷市场和生物多样性的两大概念。澳大利亚环境部出台《生物多样性银行协议》,来定性分析和定量核算人类对生物多样性所造成的影响,其采用环境部、开发公司、生态系统保护区三方共同认同的信贷模式。② 当企业开发海洋生态资源时,企业需要向联邦银行提交生物多样性信用,联邦银行以此来决定是否予以贷款以及贷款金额上限。若开发公司导致某一地区的生物多样性减少,其银行信贷将会减少,还需要向联邦银行缴纳相应的补偿金,以此来弥补修复生态多样性所需费用,或者由开发商重建一个相似的生态系统,实现生物多样性平衡。

在澳大利亚的海洋保护补偿机制中,最具有代表性的,就是保护区和各大海洋公园。

1975年,澳大利亚就开始建立保护区,时至今日,保护区在整个保护补偿机制中,占据非常重要的位置,其优点大致有五点。

其一,保护区的划分大多是以比较珍贵的珍奇物种或者自然遗产为依据。这样就做到了对于生态的针对性保护,既减轻保护区因物种繁多带来的不便,又在环境恢复方面起着重大的作用。其二,部分海洋公园对外开放,实行可操作性极强的环境管理费征收制度,这样就使得补偿资金不会过多地依靠财政,缓解了政府的压力。其三,保护区的建立杜绝了以往的各类法案中规定不清晰导致各种违法行为有可乘之机的问题,再加上澳洲政府严厉的惩罚措施,违法成本之高足以让绝大多数人却步。其四,针对不同区域保护区的实际情况能做到应急迅速,当海洋环境变化或遭受破坏时,由于保护区的区划明确,管理负责方可以快速作出防治计划,制定配套的应变措施。其五,围绕保护区所打造的,以中央为中心,设立海洋管理委员会,加上各州政府共同配合的机制,理论上是可以全面整合国家资

---

① 罗成书、戎良、柯敏:《澳大利亚、新西兰海洋资源开发与保护之启示》,《浙江经济》2016年第22期,第39—41页。
② 刘诗怡:《我国海洋生态补偿法律制度构建研究》,《城市学刊》2020年第2期,第69—74页。

源,大大提高海洋管理效率的。

但正是因为其严格的"保护"制度,也导致这套机制在运行中出现了其他问题。其一,过度重视"保护",导致其在对渔民们的"补偿"方面显得有点力有未逮了①。随着保护区规模扩大,可开发的海洋资源受到挤压,代表商业、休闲和渔民的利益受到冲击,在优先保护海洋生态中均衡各方需求成为难题。虽推出渔场调整援助计划,给予渔民和渔场商业补偿,但一味地发钱并不能解决本质问题,一个稳定而合理的补偿机制才是澳大利亚需要的"内核"。其二,海洋公园的商业化程度很难把控。作为海洋保护资金的重要来源,海洋公园的商业化无法避免,可是过度的商业化又会让整个海洋公园的生态受到威胁,大堡礁的生态危机就是例子。有研究人员在2017年指出:澳大利亚沿岸的大堡礁生长速度在过去30年里下降了40%。②怎么样把控商业化的"度",成为整个机制运行中的难题。其三,在现实的运行中,这套理想化的制度很难真正集合从中央到地方的全部力量,毕竟保护区和海洋公园都有着固定的位置,加之部分保护区管理权由州政府独掌,地方保护的利益阻碍着整套机制的顺利运行。

第三节　日本、韩国海洋生态补偿立法及运行

一　日本的相关海洋生态补偿立法及制度机制运行

日本是太平洋西岸四面环海的岛国,其经济社会的发展对海洋资源有很高的依赖性。合理开发利用海洋资源,维持良好的海洋环境是日本发展"海洋经济"的基本原则。

2007年4月,日本通过《海洋基本法》,该法律在海洋环境保护法律体系具有举足轻重的地位,是日本海洋生态保护的基本法。《海洋基本法》包括总则、海洋基本计划、基本政策、综合海洋政策本部四章和附则部分。"总则"部分明确了实现海洋的和平、积极开发利用与保护海洋生态环境之间的协调,实现国家经济社会健康发展和国民生活稳定提高、为海洋和人类的共存作出贡献的目标,并规定了国家、地方公共团体、企业和国民在制定、实施海洋政策与措施方面的职责。"海洋基本计划"部

---

① 蒋小翼:《澳大利亚联邦成立后海洋资源开发与保护的历史考察》,《武汉大学学报》(人文科学版)2013年第6期,第53—57页。
② 赵熙熙:《澳大利亚海洋生态保护开倒车》,《中国科学报》2017年第7期,第2—6页。

分规定了政府制订海洋基本计划的职责、程序、经费保障等。"基本政策"部分明确了在开发、利用海洋资源及保护海洋生态环境中涉及的具体内容的政策性规定，以及如确保海洋安全、推进海洋调查等。"综合海洋政策本部"部分规定为集中而综合地推进海洋政策的实施，在内阁设置综合海洋政策本部，并对其职责、组织、事务作出了具体规定。《海洋基本法》为日本开发、利用海洋资源和保护海洋生态环境提供了法律依据和基本遵循，并为相关政策的实施提供了组织保障。

《海洋污染防治法》针对不同水域的污染物状况和污染程度采取相应的防治对策，并规定在日本周边海域建立起海洋污染监视管理制度。同时，政府积极开展海洋污染防治的调查研究、技术开发等，实施"海洋再生计划"，开展海洋生态补偿活动。该法律还建立了海洋环境的安全保障制度，规定了水底沙土的排放标准，以及船舶有害液体物质的排放细则等。

日本《海洋水产资源开发促进法》注重发挥市场在海洋水产资源促进中的作用，使海洋生态补偿的资金得到充分的保障。在该法制定后，日本政府与民间企业共同出资设立的海洋水产资源开发中心，在海洋水产资源调查方面发挥了重要作用。

通过对日本海洋生态法律法规的研究，我们可以发现其建立起了以《海洋基本法》为中心的法律体系，其作为基本法为海洋生态管理提供了较为完善的法律保障和制度设计。并且在整个法律完善过程中，不仅立法机构、专家参与，还汲取了相关利益者、社会组织团体以及个人等多元主体的意见，力求充分保障涉及海洋生态相关利益方的利益。

在海洋补偿运行机制方面，首先，日本的海洋保护补偿机制里面，存在国民这一特殊的环节。日本向来十分重视海洋教育，并将国民应接受海洋教育这一原则写入《海洋基本法》中。根据日本学者、专家意见，在小学、初中到高中的教学安排上增加了海洋教育课程，这带来的福利便是日本国民的海洋保护意识普遍较强，使得国民同样也能作为海洋保护的主体之一。国民对海洋生态的保护积极性与意识提高，从而在源头上切断了部分海洋生态补偿可能性发生的路径，借以防患于未然的思想教育为武器，加之提高国民的法律素质，起到了相应的监督以及制约的作用。

其次，日本存在一个职权独立且权力统一的执法部门。2001年日本进行行政机构改革后，其海洋环境管理开始迈入综合管理为主的发展阶段，日本20世纪末21世纪初也经历了管理机构鱼龙混杂的状况，互相扯皮的事时有发生。为应对该问题，日本政府于2003年成立海洋权益工作组,负责对海洋各类事项的综合管理,其后在 2006 年改为海洋政策委员会。相对于我国相对较分散的海洋补偿权利体系,日本的海洋管理部门按照《海洋基本法》,将相关职权收拢,其执法权力集中,走出了多头管理的低效模式。日本在行政管理与监管层面上,各级各类政府部门各司其职,权责分明;在机构设置上安排环境厅负责总体协调,海上保安厅负责海洋污染事务,其余事项则由各级辖区所属的地方政府负责,这样的机制非常有利于政府对海洋补偿的管控。

最后,日本的海洋补偿机制也有着自己市场化的一面。在《海洋水产资源开发促进法》"开发水产资源"这一点上,便是以市场化的手段运行,如此,企业也成了日本海洋补偿机制中的一环,在监督并节制政府行为的同时,也让整个机制的流动和运转变得更加顺畅,同时大大缓解了政府的财政压力,一举多得。但与世界大多数国家机制设计的主流规律一样,日本在海洋生态补偿的机制上融合了"政府+市场"的双方参与或多方参与模式。该种通常模式表现为政府与企业共同斥资成立某一海洋资源开发中心,该开发中心行使补偿职能,当企业在开发过程中造成海洋生态系统破坏时,由中心聚集资金予以补偿。

二 韩国的相关海洋生态补偿立法及制度机制运行

韩国三面环海,西濒临黄海,东南是朝鲜海峡,东边是日本海,海洋资源对韩国经济社会发展无疑发挥着重要作用。韩国的海洋生态补偿主要体现为海洋生态损害补偿,即坚持"谁损害,谁补偿"的原则,建有海洋资源有偿使用制度。

韩国《海洋生态系统保护和管理法》第 49—53 条规定,海洋和渔业部负责向开发利用海洋资源并对海洋生态系统产生显著影响或降低海洋生物多样性的活动征收负担金①。征收的范围主要适用于海上大面积开发活动,如围填海、采矿、挖沙等。开发活动取得许可执照前一次性缴纳负担金。同时,该部法律还对征收负担金的计算方法进行了明确的规定,并明确了负担金主要用于海洋生态系统的保护和修复等。

其中,韩国制定的《海洋污染防治法》,则是作为韩国《国际防止船舶污染公约》的国内立法形式而存在。而相对应制定的《环境政策基本法》,是在海洋污染补偿上所进行的法律责任落定。其在第七条规定:

---

① 陈克亮、张继伟、姜玉环等:《中国海洋生态补偿立法:理论与实践》,海洋出版社 2018 年版,第 27 页。

"原则上，自身的行为或经营活动导致环境污染或环境破坏原因者具有防止其污染和破坏、恢复和复原所污染、破坏的环境的责任，并应承担补救污染环境或破坏环境所致损失的费用。"① 而针对国内油船泄漏污染补偿和管理的空缺，韩国则出台了《赔偿油类污染损失保障法》，以明确导致船舶油类污染的相关所有者的责任，重点规定事故所有者的责任限度和免责事由，以及确定赔偿款项的方案，从而进一步强化了海洋管理部门在海洋污染事件进行责任划分的能力。从上述法规看，韩国的着重点仍在于责任承担者对生态环境进行补偿，从而深刻贯彻的是"谁损害，谁赔偿"的原则。其后韩国将《海洋污染防治法》更名为《海洋环境管理法》，并进行大范围的修改而开始实施②。《海洋环境管理法》规定了海洋环境治理费。即凡是向海洋排放废物或污染物，并使海洋环境和生态系统受到重大影响活动征缴海洋环境治理费。征费的目的在于对受损的海洋生态系统进行修复，以促进经济和社会的可持续发展。此外，《海洋环境管理法》将用海项目分为"海域利用协议项目"和"海域利用影响评价项目"两类。一般的用海项目实行海域利用协议制度，而仅仅针对海砂的采取、疏浚物的海洋倾倒、海洋资源的利用开发以及采砂区域的指定等对海洋环境造成深刻影响的一定规模的项目，实行海域利用影响评价制度，需要编制"海域利用影响评价书"。这一制度设计实现了二元化的管理，提高了行政效率。

如今，韩国正处于海洋环境法律的改革期，其在海洋生态补偿相关的法律设计上遵循着在原有的法律体系基础上进行修改，对已有法律与现实情况不相符合、违背的内容进行修订，甚至废除。例如《海洋污染防治法》经过 10 次修订，最终由新的《海洋环境管理法》所代替，使其反映国内需求、国际变化，更趋向于系统化。

相对于前面所讲的日本和美国，韩国的海洋保护机制更加注重对于海洋污染的事前保护。《海洋环境管理法》中，将海洋开发项目分为"海域利用协议项目""海域利用影响评价项目"两类。这样的分类方法一方面可以对项目进行分类管理，将有限的资源更好地倾斜到需要的项目去，提高效率；另一方面，事前预防很大程度上减缓了目前海洋损害补偿中经常

---

① 梁耶心：《韩国的海上油类污染和补偿法研究》，硕士学位论文，大连海事大学，2010年，第 4 页。
② 林宗浩：《韩国的海洋环境影响评价制度及启示》，《生态文明法制建设——2014 年全国环境资源法学研讨会（年会）论文集》（第三册），中国环境资源法学研究会、中山大学，2014 年，第 6 页。

遇到的难以准确确定破坏方的难题，既保障了海洋保护补偿的资金来源，又做到了弥补原本制度中的漏洞。需要注意的是，韩国在海洋生态污染的事前保护还强调了陆源污染的控制，在海洋陆源污染物的法律设计上分为两类，分别是抑制海洋废弃物产生与排放的法律和要求改善海洋陆地水源质量的义务。具体操作细节：一是设定陆源排放标准，阻止污染物通过河流等流向海洋；二是赋予河流管理者打捞海洋污染物的义务、制定并实施相应的河流清洁计划过程；三是进行海上岛屿的垃圾管理规划，减少潜在未知排放源的数量。①

同时，韩国也建立了海洋生态保护市场补偿制度，通过举办产学研一体的论坛，吸引学术界专家、企业和其他利益相关者参加，促成政府与市场协同治理的运作机制。在海洋生态的保护研究上，首先韩国政府积极与科研机构展开合作，各科研机构为当地部门提供污染源监控服务、水源清洁技术和水体检测等以交换政府的财政补贴。其次还通过海洋垃圾打捞量折算"标准"，社会团体、个人等可通过向当地水产管理部门换取一定的经济奖励。

从补偿机制上来看，韩国的补偿机制没有过多的不同。不过值得一提的是，其中对渔民的补偿值得借鉴。在韩国的补偿机制中，较为重视当地渔业自治团体，在几部关于补偿渔民的法律中，都提到了这一特殊机制。韩国《公共水面填埋管理法》《湿地保护法》《海岸带管理法》等法律旨在保护和合理利用滩涂，规范对滩涂的征占，也建立了对失去滩涂的渔民的补偿机制。对渔民的补偿包括公有水面填埋补偿和当地渔业自治团体补偿。因公共利益、地方自治团体的需要而被限制、取消或者停止渔业权的主体可以分别向国家和地方自治团体申请补偿，而征收滩涂的特别受益者，国家及地方自治团体可以让其在所获利益的限度内全部或者部分承担补偿费用。补偿标准方面，由总统令规定补偿标准、支付方式等，按渔业年收入的 8 倍进行补偿。比起美国和加拿大的基金会，韩国的渔业自治团体作为官方与渔民的中间机构，一方面显得更加亲民，更容易受到广大群众的支持，另一方面，这样的深入基层也使得之前难以确定破坏方的问题一定程度上得到了缓解。尽管有着管理不专业，有时会保护特殊群体利益等缺点，这一特殊的连接调节机制还是在现实中起到了一定的积极作用。

---

① 刘洪滨、杨伟：《韩国的海洋环境保护》，《太平洋学报》2008 年第 6 期，第 81 页。

第四节　国外海洋生态补偿立法及制度机制评价

综合而言，美国、日本、韩国、加拿大、澳大利亚和英国等国家在海洋生态补偿领域建立了各具特色的制度，一方面，有效推进海洋生态补偿理论研究、指导与促进海洋生态保护；另一方面，不同国家的制度安排和实践经验，同时可为我国海洋生态补偿领域制度构建与运行提供有益借鉴。

一　从分散到综合的立法境况转变

从国外关于海洋生态补偿的相关立法及具体实践看：首先，一般是建立起单一领域的海洋生态保护法，其中多常见于关涉海上运输、渔业、垃圾污染、海上资源开发等领域的早期人类海洋开发活动；其次，是推进区域性海洋生态保护区的法律及制度架构，相对而言，加拿大、英国和澳大利亚等国家就有相当长一段时期的立法工作重点聚焦于海洋保护区的法律及制度建设；最后，是通过针对各种跨领域、跨国界的非常态性海上活动的生态保护和赔偿法案来加以推进。如针对基于世界航运迅速发展而频繁突发海上事故与国际海洋事务利益调整诉求所需的相关海洋生态补偿法规、国际公约，以及海陆统筹视角下关涉陆源领域的相关海洋生态补偿立法等，从而实现从分散到综合的立法境况转变。

二　生态基金制度的配置

一定程度上，生态基金基于海洋生态保护目的，按照法定程序而进行基金资金筹集。其中不论是美国的超级基金，还是加拿大的船舶油污赔偿基金，均是海洋生态补偿资金的补充性制度安排。尤其是在面临海洋生态面临污染与破坏，然而用海主体却无力承担巨额的修复费用，或者用海主体无法对因海洋生态遭受污染与破坏而丧失发展机会、承担不利后果的受害者即时做出补偿，甚至无责任人应承担赔偿等境况之时，生态基金及其制度设计便可发挥其功能与作用。从而助力海洋生态能得以及时修复，使受害者得以先行赔付，之后再向用海主体、保险公司等责任方予以追偿。无疑，生态基金制度不仅能使海洋生态修复得以及时推进与有效开展，而且也能借助生态基金制度协调好各方利益关系，是一项兼具理论意义和实践价值的制度安排。

综合而言，对于一整套海洋生态基金制度的高效实现（包括法律依据、资金管理、行政体制、监管评估等各个环节），美国和加拿大已经在其中建立了颇有可行成效的生态基金制度，结合中国的实际，借鉴国外海洋生态基金实践与经验，将有助于我国推进海洋生态补偿制度机制的完善，为推进国家海洋强国战略积极助力。

三 海洋生态补偿机制的细化落实

海洋生态补偿是一项复杂的工程，其中关涉补偿对象确定、补偿标准核定、补偿方式筛选和补偿资金来源等诸多问题。纵观国外的补偿机制配置及运行，基本呈现如下相关特征：一是补偿机构及相应人员呈现出强专业性。无论是政府部门还是半官方性的组织、机构，以及相应人员，都充分呈现出胜任市场竞争机制的强领域专业性。二是补偿标准呈合理性。在国外，海洋生态补偿的具体数额通常基于多方共同协商而达成结果，必要时还须经过专业的自然资源价值评估机构进行金额估算。三是补偿对象范围局限性小。不仅仅包括易于识别和利益关系明确的参与者，还包括直接与间接的利益相关方等都参与其中。四是补偿方式多样性。其中包括直接经济性补偿、发展权补偿、排污许可交易权、生境补偿等相应补偿方式。

纵观国外的相关海洋生态补偿及其制度运行实践，一定程度上呈现对海洋生态补偿制度及机制的细化与落实，包括充分明确其中的海洋生态补偿对象、标准、方式、资金来源等方面的内容。当然，这也并不意味着国外的海洋生态制度包罗万象，而是进一步在特定领域，呈现出诸如海洋溢油污染、渔民补偿等领域的关于海洋生态补偿的制度与机制探索，从而明确进一步界定与明晰海洋生态补偿制度的相应内涵和外延，建立起相对细化的海洋生态补偿机制。只有如此，海洋生态补偿才具有可操作性。就当前阶段，我国的海洋生态补偿尚处于起步与探索阶段，目前尚不可能将涉及海洋生态补偿的所有领域都囊括在一部法律中，必须结合其中的特定补偿领域，细化具体推进制度。从而一方面，依托海洋生态补偿的理论而指导特定领域的实践；另一方面，及时总结海洋生态补偿特定领域的实践经验，并将之上升到制度层面，从而相辅相成、相互促进，共同建立和完善海洋生态补偿的制度大厦。

四 权责统一的管理模式

海洋生态补偿制度设计，必须明确生态补偿的管理机构，授权其管理相关事务，并明确其管理权限，对其进行监督考核。在具体实践中，日本立足《海洋基本法》，对设置在内阁中的综合海洋政策本部的职责、组织、事务作出具体规定。韩国则在对渔民进行生态补偿时，由总统规定其补偿标准、支付方式。加拿大的《海洋法》则明确了联邦政府和沿海各级政府的权限和职责，其中包括确立海洋渔业部对海洋管理负首要责任。我国在进行海洋生态补偿制度设计时，应充分考虑中央政府和地方政府在海洋生态补偿中的权限划分，中央统揽全局，制定统一适用的海洋生态补偿法律规范。与此同时，要尊重地方差异，给予地方细化落实的权限。此外，必须明确海洋生态补偿的管理机构、工作权限、监督考核等，从而避免"九龙治水"，提高管理效率。

五　补偿资金的市场参与

目前海洋生态补偿资金的来源方式主要有三种：一是全部由政府承担，一般适用于海洋生态保护补偿，由政府出资对海洋生态环境进行保护和修复；二是政府主导，政府作为海洋生态补偿的最主要的主体，由企业、社会共同承担生态补偿的工程；三是完全通过市场化的运作模式提供生态补偿的资金，通常适用于市场化比较健全的国家。目前我国的生态补偿模式是政府主导型。由于政府的财政力量有限，很难有效地、充分地进行海洋生态补偿。因此，引入社会资本，发挥市场作用，探索政府—市场—社会三维拓展的补偿方式，将成为未来我国海洋生态补偿的趋势之一。

第六章　我国海洋生态补偿法律规范问题

综合而言，从起步与实践推进进程看，我国海洋生态补偿理念起步较晚，推进实践的时间历时也不长。但总体上，在立法、制度和机制建设等方面还比较重视，在《宪法》《物权法》《环境保护法》《海洋环境保护法》《渔业法》《海岛保护法》《水污染防治法》，以及其他相关的国家法律法规中，都有关涉海洋生态补偿及相关内容。

第一节　关涉海洋生态补偿的相关国家法律法规

一　《宪法》中的相关规定

《中华人民共和国宪法》是中华人民共和国的根本大法，拥有最高的法律效力。《宪法》第九条规定："矿藏、水流、森林、山岭、草原、荒地、滩涂等自然资源，都属于国家所有，即全民所有；由法律规定属于集体所有的森林和山岭、草地、荒地、滩涂除外。"宪法的此条规定明确了自然资源的所有权人，即除法律规定的属于集体所有的自然资源以外，都归国家所有。海洋作为重要的自然资源，其所有权属于国家，国家具有对海洋资源享有占有、使用、收益、处分等权力。具体到海洋生态补偿及其制度运行中，国家作为全体社会成员的代表，通过支付相应的费用，不论是对海洋生态环境及其损害进行补偿，还是对因海洋生态保护而丧失发展机会的主体进行补偿；国家作为全体社会成员的代表，对于因海洋资源开发利用主体在使用海洋资源，或享受海洋生态系统服务过程中对海洋资源或生态环境造成损失，而对其征收相应费用，用于海洋生态恢复或补救，推动海洋资源可持续利用、海洋生态维续与永续发展，体现的都是国家作为海洋资源所有权人对权利的依法行使。

从发展进程看，《宪法》对自然环境和资源保护作出原则性规定，经历了一个发展、完善的过程。1978 年《宪法》第十一条规定:"国家保护环境和自然资源,防止污染和其他公害。"据此,我国的环境、资源保护立法有了宪法依据,但当时的环境、资源保护仅仅限于"防止污染和其他公害"。2004 年修正后的《宪法》第二十六条规定:"国家保护和改善生活环境和生态环境,防治污染和其他公害,国家组织和鼓励植树造林,保护林木。"2018 年 3 月 11 日第十三届全国人民代表大会第一次会议通过的《中华人民共和国宪法修正案》将宪法序言第七自然段中"推动物质文明、政治文明和精神文明协调发展,把我国建设成为富强、民主、文明的社会主义国家"修改为"推动物质文明、政治文明、精神文明、社会文明、生态文明协调发展,把我国建设成为富强民主文明和谐美丽的社会主义现代化强国,实现中华民族伟大复兴"。第九条进一步明确:矿藏、水流、森林、山岭、草原、荒地、滩涂等自然资源,都属于国家所有,即全民所有;由法律规定属于集体所有的森林和山岭、草原、荒地、滩涂除外。国家保障自然资源的合理利用,保护珍贵的动物和植物。禁止任何组织或者个人用任何手段侵占或者破坏自然资源。第二十六条强调国家保护和改善生活环境和生态环境,防治污染和其他公害。这体现出我国对"大力推进生态文明建设、建设富强民主文明和谐美丽的社会主义现代化强国"的目标的进一步明确,对于自然环境、资源保护意识的进一步增强,从而进一步推进"保护和改善生活环境和生态环境"成为宪法的具体条文,进而也为《环境保护法》《海洋环境保护法》等法律、关涉海洋生态补偿等制度机制设计与配置奠定宪法依据。

二 《民法典》及原有民事单行法中的相关规定

(一)原有民事单行法中的相关规定

《中华人民共和国物权法》第一条规定:"为了维护国家基本经济制度,维护社会主义市场经济秩序,明确物的归属,发挥物的效用,保护权利人的物权,根据宪法,制定本法。"在《宪法》的基础上,《物权法》进一步明确了自然资源的物权属性和所有权归属。《物权法》第四十六条规定:"矿藏、水流、海域属于国家所有。"第四十八条规定:"森林、山岭、草原、荒地、滩涂等自然资源,属于国家所有,但法律规定属于集体所有的除外。"由此可见,尽管矿藏、水流、海域、森林、山岭、草原、荒地、滩涂等都属于自然资源,但《物权法》分两条对以上自然资源进行分别规定,意味着矿藏、水流、海域三类自然资源的所有权仅限于国家,国家对这三类自然资源的所有权采取绝对的保留,而森林、山岭、草原、荒地、滩涂等自然资源，原则上归国家所有，但法律规定属于集体所有的，集体可以取得其所有权。《物权法》第四十五条规定："法律规定属于国家所有的财产，属于国家所有即全民所有。国有财产由国务院代表国家行使所有权；法律另有规定的，依照其规定。"

（二）《民法典》中的相关规定

首先在《民法典》第九条中，将绿色原则加以进一步明确规定："民事主体从事民事活动，应当有利于节约资源、保护生态环境。"而关于自然资源的国家所有权问题，则在第二百五十条进行了规定："森林、山岭、草原、荒地、滩涂等自然资源，属于国家所有，但是法律规定属于集体所有的除外。"关于自然资源的集体所有权及行使以及相关补偿问题，则在第二百六十条第一款规定"法律规定属于集体所有的土地和森林、山岭、草原、荒地、滩涂"，在第二百六十二条规定"对于集体所有的土地和森林、山岭、草原、荒地、滩涂等，依照规定行使所有权"，在第二百六十一条第三款规定"土地补偿费等费用的使用、分配办法"；另在物权编对物权行使规定了生态环境保护方面的限制性要求。如：第二百九十四条规定"不动产权利人不得违反国家规定弃置固体废物，排放大气污染物、水污染物、土壤污染物、噪声、光辐射、电磁辐射等有害物质"。第三百二十六条规定"用益物权人行使权利应当遵守法律有关保护和合理开发利用资源、保护生态环境的规定"。第三百四十六条规定"设立建设用地使用权，应当符合节约资源、保护生态环境的要求"。在合同编对合同缔结和履行规定生态环境保护方面的义务。如：第五百零九条第三款规定，当事人在履行合同过程中，应当避免浪费资源、污染环境和破坏生态。第五百五十八条规定，债权债务终止后，当事人应当遵循诚信等原则，根据交易习惯履行……旧物回收等义务。第六百一十九条规定，对包装方式没有约定或者约定不明确，应当按照通用的方式包装；没有通用方式的，应当采取足以保护标的物且有利于节约资源、保护生态环境的包装方式等。

同时，就环境污染和生态破责任设专章（第七章），分别在第一千二百二十九条规定污染环境、破坏生态致损的侵权责任，强调"因污染环境、破坏生态造成他人损害的，侵权人应当承担侵权责任"。在第一千二百三十条中规定"环境污染、生态破坏侵权举证责任"；"因污染环境、破坏生态发生纠纷行为人应当就法律规定的不承担责任或者减轻责任的情形及其行为与损害之间不存在因果关系承担举证责任"。在第一千二百三十一条规定"两个以上侵权人的责任大小确定"，强调"两个以上侵权人污染环境、破坏生态的，承担责任的大小，根据污染物的种类、浓度、排放量，破坏生态的方式、范围、程度，以及行为对损害后果所起的作用等因素确定"。在第一千二百三十二条中规定"环境污染、生态破坏侵权的惩罚性赔偿"，强调"侵权人违反法律规定故意污染环境、破坏生态造成严重后果的，被侵权人有权请求相应的惩罚性赔偿"。在第一千二百三十三条规定"因第三人的过错污染环境破坏生态的侵权责任"，强调"因第三人的过错污染环境、破坏生态的被侵权人可以向侵权人请求赔偿，也可以向第三人请求赔偿。侵权人赔偿后，有权向第三人追偿"。在第一千二百三十四条中规定"生态环境修复责任"，规定"违反国家规定造成生态环境损害，生态环境能够修复的，国家规定的机关或者法律规定的组织有权请求侵权人在合理期限内承担修复责任。侵权人在期限内未修复的，国家规定的机关或者法律规定的组织可以自行或者委托他人进行修复，所需费用由侵权人负担"。在第一千二百三十五条中规定"公益诉讼的赔偿范围"，强调"违反国家规定造成生态环境损害的，国家规定的机关或者法律规定的组织有权请求侵权人赔偿下列损失和费用：生态环境受到损害至修复完成期间服务功能丧失导致的损失；生态环境功能永久性损害造成的损失；生态环境损害调查、鉴定评估等费用；清除污染、修复生态环境费用；防止损害的发生和扩大所支出的合理费用"。

另外，2018年3月之前，国家海洋局是国家海洋规划、立法、管理的政府行政管理机构。2018年3月，第十三届全国人民代表大会第一次会议通过《关于国务院机构改革方案的决定》，批准设立中华人民共和国自然资源部。自然资源部履行全民所有土地、矿产、森林、草原、湿地、水、海洋等自然资源资产所有者职责和所有国土空间用途管制职责，负责自然资源调查监测评价、自然资源统一确权登记工作、自然资源资产有偿使用工作、自然资源的合理开发利用、海洋开发利用和保护的监督管理等工作。

三 《环境保护法》的相关规定

《中华人民共和国环境保护法》第一条规定："为保护和改善环境，防治污染和其他公害，保障公众健康，推进生态文明建设，促进经济社会可持续发展，制定本法。"此条规定明确了《环境保护法》的立法目的。第三条规定："本法适用于中华人民共和国领域和中华人民共和国管辖的其他海域。"此条规定明确了《环境保护法》的空间效力，不仅包括中华人民共和国领域，即领陆、领水（包括内水和领海）、领空，还包括我国管辖的其他海域，即我国法律规定的领海毗连区和领海以外200海里的专属海洋经济区。第五条规定："环境保护坚持保护优先、预防为主、综合治理、公众参与、损害担责的原则。"《环境保护法》第六条明确了地方政府、企事业单位和公民保护环境的义务。通过解读，各个主体对应的义务主要有：当地政府的环境保护义务是"负责本行政区域的环境质量"，企业、机构和其他生产经营者的环境保护义务是"应该预防、减少环境污染和生态破坏"，违反的后果是"依法自觉承担违反所造成的损害责任"，公民的环境保护义务"应增强环境保护意识，采取低碳、节约生活、自觉承担环境保护义务"。第三十条规定："开发利用自然资源，应当合理开发，保护生物多样性，保障生态安全，依法制定有关生态保护和恢复治理方案并予以实施。"上述两条规定明确了用海者在开发利用海洋资源时应承担的义务，第六条突出了"谁损害，谁赔偿"的原则，为建立海洋生态损害赔偿制度提供法律依据，第三十条突出用海者"依法制定有关生态保护和恢复治理方案并予以实施"的义务，为建立海洋生态保护补偿和海洋生态损害补偿制度提供法律依据。

《环境保护法》第三十一条规定："国家建立、健全生态保护补偿制度。国家加大对生态保护地区的财政转移支付力度。有关地方人民政府应当落实生态保护补偿资金，确保其用于生态保护补偿。国家指导受益地区和生态保护地区人民政府通过协商或者按照市场规则进行生态保护补偿。"此条规定为生态保护补偿制度的建立和健全提供了重要法律依据，明确了国家和有关地方人民政府落实生态保护补偿的主要手段，体现出"受益者补偿"的原则，明确了生态保护补偿资金的两种计算方式，即"协商"或"按照市场规则"进行计算。然而，《环境保护法》并未明确提出环境损害补偿的概念，亦未对环境损害补偿的手段和方式作出原则性的规定。

四　《海洋环境保护法》的相关规定

《中华人民共和国海洋环境保护法》是一部专门针对海洋环境保护的法律，第一条规定："为了保护和改善海洋环境，保护海洋资源，防治污染损害，维护生态平衡，保障人体健康，促进经济和社会的可持续发展，制定本法。"此条规定体现了其立法目的。

2016年新修订的《环境保护法》第二十四条规定："国家建立健全海洋生态保护补偿制度。开发利用海洋资源，应当根据海洋功能区划合理布局，严格遵守生态保护红线，不得造成海洋生态环境破坏。"此条规定与

《环境保护法》第三十一条的内容相衔接，确立了海洋生态保护补偿制度是海洋保护的基本制度之一。

《环境保护法》虽然未明确提出海洋生态损害补偿的概念，但实际上规定了海洋生态损害的情形及其应当承担的法律后果。其第十二条规定："直接向海洋排放污染物的单位和个人，必须按照国家规定缴纳排污费。依照法律规定缴纳环境保护税的，不再缴纳排污费。向海洋倾倒废弃物，必须按照国家规定缴纳倾倒费。根据本法规定征收的排污费、倾倒费，必须用于海洋环境污染的整治，不得挪作他用。具体办法由国务院规定。"此条规定是用海主体缴纳排污费的法律依据。实际上，排污费的性质是海洋生态损害补偿金，用海主体向海洋倾倒废弃物，必然对海洋的环境造成一定程度的破坏，而这种行为是合法的，但需通过向海洋资源的所有权人，即国家缴纳"补偿金"的方式，由国家对海洋环境进行管理、修复等，从而实现海洋资源的永续利用和经济社会的可持续发展。其第六十六条规定："国家完善并实施船舶油污损害民事赔偿责任制度；按照船舶油污损害赔偿责任由船东和货主共同承担风险的原则，建立船舶油污保险、油污损害赔偿基金制度。实施船舶油污保险、油污损害赔偿基金制度的具体办法由国务院规定。"此规定是船舶油污损害赔偿责任的分担原则。前文在"海洋生态补偿的界定"部分已对"海洋生态损害补偿"和"海洋生态损害"进行了概念辨析，海洋自然资源的开发利用主体经过批准进行用海活动，在用海过程中由于非法行为产生危害后果，依法应当承担相应责任的，此种责任应视为海洋生态损害补偿责任而非赔偿责任。船舶依法办理相关管理手续，取得在海上航行的资格，由于管理缺失等原因而造成漏油事故，损害海洋生态环境的，应当承担生态损害补偿的责任。

五 《渔业法》的相关规定

《中华人民共和国渔业法》于1986年制定，已经经历了4次修订。其第一条规定："为了加强渔业资源的保护、增殖、开发和合理利用，发展人工养殖，保障渔业生产者的合法权益，促进渔业生产的发展，适应社会主义建设和人民生活的需要，特制定本法。"此条规定明确了其"保障渔业生产者的合法权益，促进渔业生产的发展"的立法目的。

《渔业法》体现了生态保护补偿和生态损害补偿的内容。其第五条规定："在增殖和保护渔业资源、发展渔业生产、进行渔业科学技术研究等方面成绩显著的单位和个人，由各级人民政府给予精神的或者物质的奖励。"第十条规定:"国家鼓励全民所有制单位、集体所有制单位和个人充分利用适于养殖的水域、滩涂,发展养殖业。"此规定属于增益性补偿的范畴,有关单位和个人因在增殖和保护渔业资源、发展渔业生产、进行渔业科学技术研究等方面成绩显著而获得国家的鼓励和相应补偿,以弥补其发展成本,对其成果予以肯定,实现正外部性的内部化。其第二十八条规定:"县级以上人民政府渔业行政主管部门应当对其管理的渔业水域统一规划,采取措施,增殖渔业资源。县级以上人民政府渔业行政主管部门可以向受益的单位和个人征收渔业资源增殖保护费,专门用于增殖和保护渔业资源。"此规定属于抑损性补偿的范畴,主要针对的是从事渔业活动的企业和个人,其利用自然资源获取经济利益,必然导致相应自然资源的减少,因此需要利益获得者对此进行补偿。政府将补偿的款项用于增殖和保护自然资源,也贯彻了经济社会的可持续发展理念。

六 《海岛保护法》的相关规定

《中华人民共和国海岛保护法》第一条规定:"为了保护海岛及其周边海域生态系统、合理开发利用海岛自然资源、维护国家海洋权益、促进经济社会可持续发展,制定本法。"此规定明确了其"保护海岛及其自然资源"立法目的。

《海岛保护法》同样体现了生态保护补偿和生态损害补偿的内容。其第二十一条规定:"国家安排海岛保护专项资金,用于海岛的保护、生态修复和科学研究活动。"此规定属于生态保护补偿的内容,表明国家作为全体国民的代表,承担起保护海岛生态环境的责任,以实现经济社会可持续发展的目标。其第二十五条第二款规定:"进行工程建设造成生态破坏的,应当负责修复;无力修复的,由县级以上人民政府责令停止建设,并可以指定有关部门组织修复,修复费用由造成生态破坏的单位、个人承担。"第三十一条第一款规定:"经批准开发利用无居民海岛的,应当依法缴纳使用金。但是,因国防、公务、教学、防灾减灾、非经营性公用基础设施建设和基础测绘、气象观测等公益事业使用无居民海岛的除外。"此规定属于生态损害补偿的内容。有关单位和个人利用海岛自然资源,从事经济开发活动,从而获取经济利益,一方面可能造成海岛生态环境的破坏,其必然要承担修复生态环境的责任,另一方面会相应地导致自然资源数量的减少,使原本属于全民所有的自然资源的价值为开发单位和个人所占有,因此需要依法缴纳使用金,进行生态补偿。

七 《水污染防治法》的相关规定

第一条规定："为了保护和改善环境，防治水污染，保护水生态，保障饮用水安全，维护公众健康，推进生态文明建设，促进经济社会可持续发展，制定本法"，明确其立法目的。

海洋水占水资源总量的96.53%，所以《水污染防治法》中也一样有关于海洋生态保护的具体规定。其中第七十六条规定："各级人民政府及其有关部门，可能发生水污染事故的企业事业单位，应当依照《中华人民共和国突发事件应对法》的规定，做好突发水污染事故的应急准备、应急处置和事后恢复等工作。"这一条规定也一样适用于我们的海洋水污染生态补偿，在经济发展过程中，可能对海洋造成的突发性污染事件，相关部门要做好相应的预防措施，减少海洋生态破坏，造成的生态破坏也要有具体的海洋生态补偿措施，经济发展的同时，也关注生态状况。其中第九十条规定："违反本法规定，有下列行为之一的，由海事管理机构、渔业主管部门按照职责分工责令停止违法行为，处一万元以上十万元以下的罚款；造成水污染的，责令限期采取治理措施，消除污染，处二万元以上二十万元以下的罚款；逾期不采取治理措施的，海事管理机构、渔业主管部门按照职责分工可以指定有治理能力的单位代为治理，所需费用由船舶承担：（一）向水体倾倒船舶垃圾或者排放船舶的残油、废油的；（二）未经作业地海事管理机构批准，船舶进行散装液体污染危害性货物的过驳作业的；（三）船舶及有关作业单位从事有污染风险的作业活动，未按照规定采取污染防治措施的；（四）以冲滩方式进行船舶拆解的；（五）进入中华人民共和国内河的国际航线船舶，排放不符合规定的船舶压载水的。"这一点规定，明确了需要对海洋进行生态补偿的具体行为，已经补偿的具体标准，有益于规范海洋作业行为，对于海洋生态主体本身来说，有助于减少污染，对于海洋生态相关利益者来说，为他们提供了补偿保障。

八 国家其他相关法规政策

（一）关于《自然保护区条例》

《自然保护区条例》第二条规定："本条例所称自然保护区，是指对有代表性的自然生态系统、珍稀濒危野生动植物物种的天然集中分布区、有特殊意义的自然遗迹等保护对象所在的陆地、陆地水体或者海域，依法划出一定面积予以特殊保护和管理的区域。"我们的海域中也有很多珍贵资源，所以针对海域中的自然保护区生态保护和补偿也有相关的具体规定。其中，第三十三条规定："因发生事故或者其他突然性事件，造成或者可能造成自然保护区污染或者破坏的单位和个人，必须立即采取措施处理，及时通报可能受到危害的单位和居民，并向自然保护区管理机构、当地环境保护行政主管部门和自然保护区行政主管部门报告，接受调查处理。"据此对海洋的生态补偿造成危害的主体，也必须停止侵害，并采取措施进行恢复补偿。其中《自然保护区条例》中的第三十五条规定更加详细："违反本条例规定，在自然保护区进行砍伐、放牧、狩猎、捕捞、采药、开垦、烧荒、开矿、采石、挖沙等活动的单位和个人，除可以依照有关法律、行政法规规定给予处罚的以外，由县级以上人民政府有关自然保护区行政主管部门或者其授权的自然保护区管理机构没收违法所得，责令停止违法行为，限期恢复原状或者采取其他补救措施；对自然保护区造成破坏的，可以处以300元以上1万元以下的罚款。"严格要求了限期恢复，并进行经济补偿。这都符合我们海洋生态补偿的范畴。

（二）关于《中央关于全面深化改革若干重大问题的决定》

第十四部分关于加快生态文明建设中，第51条提出："健全自然资源资产产权制度和用途管理制度。对水流、森林、山岭、草原、荒地、滩涂等自然生态空间进行统一确权登记，形成归属清晰、权责明确、监管有效的自然资源资产产权制度。建立空间规划体系，划定生产、生活、生态空间开发管制界限，落实用途限制。健全能源、水、土地节约集约使用制度。健全国家自然资源资产管理体制，统一行使全民所有自然资源资产所有者职责。完善自然资源监管体制，统一行使所有国土空间用途管制职责。"在上诉款项中，由于海洋自然资源产权界定存在困难，并没有明确涉及海洋生态资源的产权改革。通常拥有产权或使用权的受损方才可以得到侵害补偿，但海洋生态补偿显然并非如此，我国在这一方面进行了原则上的设置。第53条提出："实行资源有偿使用制度和生态补偿制度。加快自然资源及其产品价格改革，全面反映市场供求、资源稀缺程度、生态环境损害成本和修复效益。坚持使用资源付费和谁污染环境、谁破坏环境谁付费原则，逐步将资源税扩展到占用各种生态资源空间。稳定和扩大退耕还林、退牧还草范围，调整严重污染和地下水严重超采区耕地用途，有序实现耕地、河湖休养生息。"在该条款中明确表示我国的生态建设进行深化生态补偿制度改革，包含海洋生态补偿制度。资源有偿制度、资源付费原则要求开发商或其他使用者在生态资源开发时，必须支付一定的费用，利于促进自然资源的合理开发和保护修复。同时，进一步深化了我国在生态补偿上坚持"谁开发谁保护、谁使用谁付费、谁破坏谁恢复"的生态补偿原则。

九 《生态保护补偿条例》的起草与公开征求意见

为贯彻落实党中央、国务院关于构建生态文明体系的决策部署，推动保护和改善生态环境，加快形成符合我国国情、具有中国特色的生态保护补偿制度体系，国家发展改革委在前期广泛调研和专家论证的基础上，研究起草了《生态保护补偿条例（公开征求意见稿）》。为增强立法的公开性和透明度，提高立法质量，2020年11月27日国家发展改革委将《生态保护补偿条例（公开征求意见稿）》及起草说明向社会公开征求意见。

综合而言，国家上述有关法律法规及相关条款，无疑对于相应的生态补偿及海洋生态补偿问题调整、理论与实践提供了相关法律规范依据。

第二节 海洋生态补偿的地方法治化探索

一 山东省关于海洋生态补偿的法治化探索与实践

2010年6月，山东省财政厅、海洋和渔业厅联合制定《山东省海洋生态损害赔偿费和损失补偿费管理暂行办法》（以下简称《办法》），标志着山东省率先开启了海洋生态补偿的法治化进程。

《办法》共七章二十六条，其第一条规定："为加强海洋环境保护、整治、恢复海洋生态，促进海洋经济可持续发展，根据《中华人民共和国民法通则》《中华人民共和国海洋环境保护法》《中华人民共和国渔业法》等法律法规，结合山东省实际，制定本办法。"此规定明确了《办法》的立法目的及立法依据。《办法》第二条规定："在山东省管辖海域内，发生海洋污染事故、违法开发利用海洋资源等行为导致海洋生态损害的，以及实施海洋工程、海岸工程建设和海洋倾倒等导致海洋生态环境改变的，应当缴纳海洋生态损害赔偿费和海洋生态损失补偿费。"此规定明确了征收费用的性质为海洋生态损害赔偿费和海洋生态损失补偿费。

《办法》第二章和第三章分别规定了生态损害赔偿费和生态损失补偿费的具体征收办法。第四章对生态损害赔偿费和生态损失补偿费的征收管理事项作出了明确规定，其中规定生态损害赔偿费通过"山东省非税收入征收管理系统"缴入相应次级国库，而生态损失补偿费则全额纳入省级国库，按照50%、15%、35%的比例实行省市县三级分成。其第五章明确了海洋生态损害赔偿费和损失补偿费的用途，即专项用于海洋与渔业生态环境修复、保护、治理和管理，并对具体范围进行了列举，体现了加强海洋环境保护、整治，恢复海洋生态，促进海洋经济可持续发展的立法目的。

2016年1月，山东省财政厅、山东省海洋与渔业厅在对上述立法内容进行修订后，联合印发了《山东省海洋生态补偿管理办法》（以下简称《管理办法》）。全文共五章二十六条，最大的特色是明确了海洋生态补偿的概念、范围与原则。第三条明确了海洋生态补偿概念："海洋生态补偿是以保护海洋生态环境、促进人海和谐为目的，根据海洋生态系统服务价值、海洋生物资源价值、生态保护需求，综合运用行政和市场手段，调节海洋生态环境保护和海洋开发利用活动之间利益关系，建立海洋生态保护与补偿管理机制。"第四条明确了其范围："海洋生态补偿包括海洋生态保护补偿和海洋生态损失补偿。"第五条明确了其原则："海洋生态补偿遵循环境公平、社会公平，坚持使用资源付费和谁污染环境、谁破坏生态谁付费原则，实行资源有偿使用制度和生态补偿制度。"《管理办法》第二、第三章分别规定了海洋生态保护补偿和海洋生态损失补偿的概念、补偿范围、补偿标准、资金来源等内容。第四章规定了相关法律责任。

2019年6月18日，山东省财政厅、山东省生态环境厅印发关于废止《山东省财政厅、山东省海洋与渔业厅关于印发山东省海洋生态补偿管理办法的通知》的通知，标志着《管理办法》的失效。

二　福建省关于海洋生态补偿的法治化探索与实践

2002年9月，福建省制定《福建省海洋环境保护条例》，2016年4月，福建省人大常委会对该地方性法规进行了第一次修正。尽管该法规不是针对海洋生态补偿的专门立法，但其中却蕴含着生态补偿的理念和制度设计。其第五条第一款规定："任何单位和个人都有保护海洋环境的义务，并有权对污染损害海洋环境的单位和个人，以及海洋环境监督管理人员的违法失职行为进行监督和检举，因海洋环境污染损害其权益时，有权依法要求赔偿。"此规定确立了"谁损害，谁赔偿"原则，体现出海洋生态损害补偿和海洋生态损害赔偿的理念。第五条第二款规定："在保护、改善海洋环境等方面作出显著成绩的单位和个人，县级以上地方人民政府应当给予表彰和奖励。"此规定体现了海洋生态保护补偿的理念，旨在激发社会主体保护海洋生态环境的热情。2016年12月，福建省发布《福建省人民政府关于健全生态保护补偿机制的实施意见》，旨在"完善生态保护补偿制度体系，进一步加大生态保护补偿力度，加快国家生态文明试验区建设"。针对海洋生态补偿，《意见》明确了"健全海洋生态保护补偿机制"的目标，确立了"谁使用，谁补偿"的原则。《意见》要求，那些使用海域的开发建设和其他活动，导致损失的海洋生态，探索工程补偿或支付生态补偿的方法，修复和保护海洋生态环境，加快《海洋生态补偿管理办法》的颁布。完善渔民转业补助政策，提高渔民转业补助标准。研究建立国家海洋自然保护区和海洋专项保护区生态保护补偿制度。2017年，福建省发布《福建省重点流域生态保护补偿办法（2017年修订）》，进一步加大流域生态保护补偿力度，推进流域生态保护补偿机制全覆盖。目前福建省加快立法步伐，正研究制定出台《福建省海洋生态补偿管理办法》。

此外，2018年4月，厦门市出台《厦门市海洋生态补偿管理办法》（以下简称《办法》），明确海洋生态损害补偿和海洋生态保护补偿两种补偿类型，并规定了实施方式和实施程序。针对海洋生态损害补偿，《办法》规定："采取生态修复工程方式进行海洋生态损害补偿的，用海单位和个人应按照市海洋行政主管部门批准的海洋环境影响报告书（表）中确定的生态补偿方案，实施相应的生态修复工程。"针对海洋生态保护补偿，《办法》规定："单位和个人开展其环境责任之外的海洋生态保护活动，应编制符合相关规定的海洋生态保护方案，向市海洋行政主管部门提出申请。市海洋行政主管部门负责组织相关行业专家对方案进行评审认定。经批复认可的海洋生态保护活动，实施者可向市海洋行政主管部门提出生态补偿申请。市海洋行政主管部门会同财政部门在综合考虑相关因素的基础上，安排适当的资金予以支持。"2018年7月，厦门市海洋与渔业局印发《厦门市海洋开发利用活动生态损害补偿标准（试行）》，为海洋生态补偿提供"技术"支撑。厦门市的立法实践为海洋生态补偿提供了可操作的具体路径，具有重要的理论和实践意义。

三 江苏省关于海洋生态补偿的法治化探索与实践

2013年12月，江苏省人民政府转发省财政厅、环保厅制定的《江苏省生态补偿转移支付暂行办法》，标志着江苏省级财政建立起生态补偿转移支付制度。《暂行办法》规定了省级财政每年根据年度财力情况安排一定额度的生态补偿转移支付资金，并明确"生态补偿转移支付为一般性转移支付，分为补助和奖励两部分"。补助部分是生态转移支付的主体部分，奖励部分是生态补偿转移支付的激励性部分，生态补偿转移支付资金全部用于生态红线区域内的环境保护、生态修复和生态补偿。在海洋生态补偿方面，江苏省制定《江苏省海洋生物资源损失补偿管理暂行办法》，规定海洋生物资源损失补偿以海洋生态修复项目形式进行，按照"地区统筹，项目统筹"的原则实行项目管理，并明确了补偿资金的筹集和使用、补偿项目的组织实施、补偿项目的监督管理等事项。此外，江苏省还出台了暂行办法的配套文件《江苏省海洋生物资源损害赔偿和损失补偿评估方法（试行）》，为海洋生物资源损失补偿金额的计算确定了标准。

2014年5月，苏州市人大常委会通过了《苏州市生态补偿条例》（以下简称《条例》），其第三条规定："本条例所称生态补偿是指主要通过财政转移支付方式，对因承担生态环境保护责任使经济发展受到一定限制的区域内的有关组织和个人给予补偿的活动。"由此可见，《条例》中的生态补偿概念限于生态保护补偿，范围较之于一般意义上的生态补偿有所缩小。该《条例》涉及的方面很广，其中涉及的海洋生态补偿的适用范围和原则、资金利用方式与监管等方面具有较强的针对性和可操作性。2010年，连云港被国家海洋局列为全国首批3个海洋生态补偿试点城市之一。以此为契机，连云港开展了海洋生态补偿试点研究工作，着力建立海洋生态补偿的法律、技术与标准支撑体系，探索多样化的生态补偿方式和解决海洋生态补偿关键问题的方法和途径，编制了《连云港港30万吨级航道一期工程生态修复项目实施方案》等技术报告，为生态补偿项目的规范实施奠定了基础。2017年2月，连云港市正式实施《连云港市海洋牧场管理条例》，该《条例》共分为7章42条，对连云港市海洋牧场的规划建设、开发经营、生态保护、监督管理、法律责任等作出了明确规定。其第二十三条规定："市、县（区）人民政府应当逐步建立海洋牧场生态保护补偿制度。对于破坏海洋牧场生态环境的违法行为，除承担相应法律责任外，海洋与渔业行政主管部门可以责令违法行为人采取有效措施修复生态环境。"此规定为海洋生态保护补偿和生态损害补偿提供了法律依据，促进了连云港市生态补偿制度的完善。

四　浙江省关于海洋生态补偿的法治化探索与实践

浙江省是较早进行海洋生态补偿实践的省份之一，其中杭州市、台州市较早地进行了海洋生态补偿的立法。

2006年9月实施的《浙江省海域使用管理办法》虽然并未明确提出海洋生态补偿的概念，但其有关"海域使用金"的规定实质上可以看作海洋生态损害补偿金。其第三十四条规定："海域使用权人必须依法缴纳海域使用金。海域使用金可以一次性缴纳或者按年度缴纳。海域使用金缴纳的具体标准和办法，由省财政、价格部门和省海洋行政主管部门共同制订，报省人民政府批准后执行。国务院另有规定的，从其规定。"浙江省海洋生态环境保护"十三五"规划（2016—2020）也对海洋生态补偿制度进行了明确规划。其中在"完善制度机制建设，夯实海洋环境治理基础"部分对海洋生态损害补偿制度进行了明确："探索海洋生态补偿制度。建立海洋开发活动和海洋污染引起的海洋生态损害补偿制度，制定并推进出台《浙江省海洋生态损害补偿办法》，形成海洋生态损害评估和海洋生态损害跟踪监测机制，探索对重点生态保护区、红线区等重点生态功能区的转移支付制度，沿海各市分别建立1个县（市、区）级海洋生态损害补偿试点。"在"海洋生态环境保护制度建设工程"部分对海洋生态保护补偿制度进行了明确："积极探索建立和完善多元化的补偿机制，按照'谁受益，谁补偿'的原则，加快形成受益人支付、受保护者得到合理补偿的运行机制。推动建立省级以下转移支付制度和省级生态保护资金补偿机制，加大对省级重点生态功能区的支持力度。加强研究评估，加快《浙江省海洋生态补偿管理办法》立法进程，争取制定出台市、省级相关法规和规范性文件。"2005年5月31日，中共杭州市委办公厅、杭州市人民政府办公厅出台《关于建立健全生态补偿机制的若干意见》，标志着杭州市生态补偿实现"有法可依"。《意见》对生态补偿进行了概念界定，即生态补偿是指对损害资源与环境的行为进行成本收费，加大该行为的成本以激励损害行为主体减少其行为带来的外部不经济性，或对保护资源与环境的行为进行补偿或奖励，以达到保护资源、促进区域协调发展的目的。由此可见，此处所指的"生态补偿"包括了生态损害补偿和生态保护补偿两部分。《意见》明确了生态补偿的四大原则，即保护者受益、损害者付费、受益者补偿的原则；统筹协调、共同发展的原则；政府主导、市场参与的原则；公平公开、权责一致的原则。《意见》还对生态补偿的公共财政制度、产业扶持政策、市场化机制、行政责任制度和保障体系等方面内容作出了规定。

2008年5月20日，浙江省台州市人民政府颁布《关于建立健全生态补偿机制的若干意见》，其最突出的特点是明确了坚持"突出重点、先易后难"的原则。由于宽范围和生态补偿的范围，《意见》要求所有当地部门专注于解决实际问题，并在改进现有政策和措施的基础上，积极创造条件，选择正确的方向，突破重点领域，促进生态补偿机制建立一个稳定的方式。《意见》还就建立健全生态补偿机制的主要途径和措施及其保障体系进行了细化。

自 2016 年 8 月 1 日起，为规范宁波海洋生态环境修复，促进海洋生态文明建设，根据《中华人民共和国环境保护法》《中华人民共和国海洋环境保护法》等相关法律法规，并结合宁波实际，制定了《宁波市海洋生态环境治理修复规定》。

探索建立政府与社会资本合作、个人捐助、国际援助等多元化投入治理修复机制，以及海洋（海岸）工程建设项目生态补偿机制，推进治理修复工作。

五 其他省份关于海洋生态补偿的法治化探索与实践

2012 年 4 月，广东省政府发布广东省生态补偿措施，积极探索建立生态补偿机制，旨在对转移支付的重点生态功能区县（市）给予适当补偿，提高其提供基本公共服务的能力，有效地调动积极性保护生态环境，促进经济发展与生态环境协调发展，提高可持续发展水平。《办法》明确了生态保护补偿的三大基本原则，即：统筹兼顾，逐步推进；因地制宜，分类指导；奖补结合，重在保护。《办法》对补偿范围和分配办法作出了较为明确的规定，将生态保护补偿转移支付资金分为基础性补偿和激励性补偿两部分，并附有《基础性补偿和激励性补偿计算方法》及《生态保护指标及数据来源》文件。

2017 年年底，海南省政府发布《关于完善生态保护补偿机制的意见》，明确提出要采取一系列措施解决生态补偿中普遍存在的补偿对象、补偿多少、补偿方式等问题。《意见》明确的目标是改善生态环境质量的生态保护补偿，电力系统和机制创新，红线请求完成的关键生态功能区、生态保护区、国家公园、森林、山谷、湿地、海洋、耕地生态补偿领域，发挥转移支付政策的影响机制，促进生态补偿效益，探索多元化的生态补偿机制，形成符合公开、公平、合理、完备、规范的生态补偿制度运行体系。《意见》同时指出建立差异化保护目标体系，针对不同的领域所要达到的目标有所不同，就海洋生态保护补偿而言，其目标是"促进区域可持续发展"。《意见》还明确了生态补偿的资金来源，即在原有的基础上不断加大省财政资源在海洋生态领域的投入力度，不断优化调整资金来源渠道、利用方式和监管体制，并整合资金推进多元化、高效化的生态补偿机制建设。

2014 年 10 月，河北省财政厅、河北省环境保护厅印发《河北省生态补偿金管理办法》，其立法目的是"进一步改善河北省水环境质量，规范生态补偿金扣缴与管理，提高资金使用效益"，尽管《办法》并非直接针对海洋生态补偿，但其规定的生态补偿资金管理制度值得借鉴。其第二条规定："本办法所称生态补偿金是指省级财政向未达到跨界断面水质目标考核标准的河流上游地区财政扣缴的用于补偿下游受污染地区水生态环境损失和全省水环境质量改善的资金。"此规定体现了受益者向受损者补偿的原则，明确了补偿主体和补偿对象。其第六条规定："生态补偿金由省财政厅会同省环保厅统筹使用。参考河流流经区域、区域内流经长度和沿岸受污染程度等因素，制定跨界断面水质超标河流下游地区生态补偿金分配计划。扣缴金额的50%可由省财政厅会同省环保厅统筹用于全省的水污染综合整治、水环境监管执法能力建设等与水环境质量改善有关的项目。"此规定明确了补偿金的使用主体和分配依据。第八条明确了生态补偿金必须全额用于规定的项目，防止补偿金的挪用，确保保护水环境的立法目标的实现。

第三节　海洋生态补偿相关立法实践及所面临的挑战

近年来，我国在海洋生态补偿领域的相关立法及实践正不断推进与日趋完善。在国家立法层面上，涉及海洋生态补偿的相关法律法规包括《宪法》《物权法》《环境保护法》《海洋环境保护法》《渔业法》《海岛保护法》等；在地方立法层面，涉及海洋生态补偿的相关法律法规包括《山东省海洋生态损害赔偿费和损失补偿费管理暂行办法》《山东省海洋生态补偿管理办法》《福建省海洋环境保护条例》《厦门市海洋生态补偿管理办法》《江苏省海洋生物资源损失补偿管理暂行办法》《苏州市生态补偿条例》《浙江省海域使用管理办法》《广东省生态保护补偿办法》等。综合而言，尚还面临下述相关问题与挑战。

一　缺乏统一的海洋生态补偿立法引领

尽管涉及海洋生态补偿的国家立法和地方立法数量很多，但国家层面的立法针对海洋生态补偿多是原则性的、导向性的，包括专门针对"海洋生态补偿"及其概念内涵的阐释，一定程度上可以说是与此领域有所涉及。就地方的相关法律法规、实施办法配置层面而言，有不少直接涉及海洋生态补偿的具体实施方式等相关规定，尽管呈现出较强专门性与针对性的面向；但总体而言，相应的法律法规、实施办法等在法律位阶上比较低,不具有在全国范围内普遍适用的效力,有些地方出台的关于海洋生态补偿相关规定,在法律性质上低于地方性法规,不少受限于"提供指导参照"的功能发挥。更需要注意的是,囿于我国目前"法出多门"的境况,不同层级与类型法律法规之间,存在彼此不一致甚至冲突的现象。如就以最基本的海洋生态补偿概念为例,各地相关法律法规对此问题的认识就存在分歧,《山东省海洋生态补偿管理办法》对海洋生态补偿的概念和范围的表述是:"海洋生态补偿的目的是保护海洋生态环境,促进人海和谐。根据海洋生态系统的服务价值,海洋生物资源的价值和对生态保护的需求,综合运用行政和市场手段调节利益关系之间的海洋生态环境保护和海洋开发利用活动,并建立一个海洋生态保护和补偿管理机制。"海洋生态补偿包括海洋生态保护补偿和海洋生态损失补偿。而《苏州生态补偿条例》则规定:"本条例所称生态补偿,是指因生态环境保护责任而对经济发展受限地区的相关组织和个人进行补偿的活动。"显然《苏州生态补偿条例》中的生态补偿概念就限于生态保护补偿,在调整范围上,较之于一般意义上的生态补偿而言,无疑有所缩小。

此外,我国的海洋生态补偿法不仅在国内还尚未形成单一的单行立法,在国际层面的法律适用上,也尚未做好充分完好的对接。2011年6月发生的渤海蓬莱湾油田溢油事件,是在中国内地发生的大规模海底油井溢油国际事件。最终天津海事法院判决康菲公司赔偿金额仅仅168万元,远远不及国家为渤海后续的海洋油膜打捞和海水质量修复、大量生物死亡、渔业受损等相应生态环境成本与相应损害后果的填补。但这一生态不正义与利益调整不平衡,一定层面上是归因于我国在海洋生态补偿法立法上的缺失与不到位所导致,急需填补。

二 补偿资金渠道尚需进一步拓展

就当下我国海洋生态补偿的资金来源而言,呈现的境况是——多受限于政府主导型,不论是增益性补偿,还是抑损性补偿,多集中于政府的功能发挥与角色参与;而缺乏来源于社会捐赠、事业单位投入、银行贷款等补偿资金筹集渠道的拓展。在增益性补偿中,政府利用财政资金实施海洋生态保护和修复工程,对为促进海洋生态改善的特别牺牲者给予相应与适当的补偿;在抑损性补偿中,尽管实施海洋生态修复的主体是用海主体,但从现状来看,囿于海洋生态补偿技术及资金额度需求高,当对用海主体征收的生态补偿费用不足以使海洋生态得以修复时,海洋生态保护、维护环境公共利益的责任自然就仍是落在政府的身上。这从另一层面也意味着用海主体所致的海洋生态不利后果，除一部分由自身来加以承担外，另一部分则转嫁到政府身上。这实质上是由全体公民为其"背了锅"，从而呈现出海洋生态补偿利益调整的不公平。同时，单一的海洋生态补偿资金渠道，还会带来下述相关问题与困境——综合而言，我国政府单位的财政拨款都是根据政府财政管理的预算支付，因此若政府面临财政转移支付能力不足或超出财政预算，一时间无法筹集流动的补偿资金，无疑就会因海洋生态补偿资金短缺而没有足够运作成本来最终达致总体的海洋生态补偿诉求。在这一方面，相对于美国和加拿大的海洋生态基金补偿制度，我国的政府主导型海洋生态补偿制度略逊一筹。

因此就一定意义而言，仅限于政府主导型的海洋生态补偿资金来源模式，不仅会给国家政府财政带来沉重负担，而且可能会进一步带来深层意义上的实质"生态不正义"。因此，需要进一步探索与拓展市场化的海洋生态补偿模式，吸引社会资本投入相应的海洋生态补偿环节中，以求实现政府、企业、社会三方共赢。

三 补偿内容尚需进一步明确

地方勇于先行先试，摸索适用于地方的海洋生态补偿道路，进而将成功的地方实践及案例，自下而上提取上升为国家法律法规，也是我国立法实践推进的一种模式。这一模式在海洋生态补偿这一领域体现得较为明显。但是综合而言，在目前我国及地方推进海洋生态补偿及其立法进程中，在所涉及的补偿对象、补偿标准，以及补偿方式和补偿资金来源等关键性问题上，还面临不少挑战与问题。其中就包括在海洋生态补偿内容上所存在的补偿内容不明确等问题，在其中既有补偿对象的不明确，也有补偿标准、方式等方面的不统一等问题与挑战。例如在海洋生态补偿的相关地方立法中，《山东省海洋生态补偿管理办法》规定了海洋生态补偿和海洋生态损害补偿，其立法原则遵循环境公平、社会公正、资源谁有偿使用和环境污染谁付费、生态谁破坏谁付费的原则，实行资源有偿使用制度和生态补偿制度。由此可见该法突出的重点是海洋生态损害补偿。而《苏州市生态补偿条例》的补偿仅限于生态保护补偿方面。无疑在补偿对象上大相径庭，存在大不同问题。显然，在地方立法所涉及的海洋生态补偿对象等问题时，若是仅仅对海洋生态保护补偿和生态损害补偿加以规定，则其法律调整与保护范围就会显得过于宽泛和抽象，进而在具体的实践层面中就往往难以形成统一，从而导致在具体的海洋生态利益调整中，出现不同地方之间海洋生态补偿的利益保护不一致与不确定性。另外，囿于当前海洋生态补偿缺乏统一的补偿标准，因此就会带来即使在某些地方颁布了地方性法规，也常常难以对各种类型的海洋生态补偿情形一一作出规定，从而需要"一事一议"。无疑这些境况都对具体的海洋生态补偿法律规范完善、制度配置与运行实践提出了相应挑战。

四　法律责任有待完善

我国现行海洋保护法律体系对破坏海洋环境的违法行为的法律责任规定过于宽松，威慑力不足。造成环境污染的用海主体主要承担民事侵权责任和行政责任，且行政处罚的内容往往无法与其造成的环境污染危害后果相匹配，罚责不相当导致用海主体的违法成本过低。如《福建省海洋环境保护条例》第三十六条规定："违反本条例第十六条规定，因非法采挖海砂、没有采取先围后填方式进行填海或者使用有毒有害的固体废弃物填海、围海，造成海洋生态环境破坏的，由县级以上地方人民政府海洋行政主管部门或者其他有关部门依法责令限期改正，没收违法所得；情节严重的，并处以一万元以上十万元以下的罚款。"显然，且不必说没收违法所得，即使是处以顶格罚款，对涉事企业而言也许只是"轻如鸿毛"。造成环境污染的用海企业、有关主管人员和直接责任人员更是难以构成刑事犯罪，很难依照刑法追究其刑事责任。我国《刑法》第三百三十八条规定："违反国家规定，排放、倾倒或者处置有放射性的废物、含传染病病原体的废物、有毒物质或者其他有害物质，严重污染环境的，处三年以下有期徒刑或者拘役，并处或者单处罚金；后果特别严重的，处三年以上七年以下有期徒刑，并处罚金。"实践中，要满足污染环境罪的犯罪构成要件需要达到严重污染环境的标准，且即使严重污染环境，法定刑也最高为三年有期徒刑，造成后果特别严重的，刑期仅为三年以上七年以下。由此可见，合理配置违法主体的法律责任，使违法者的违法成本较大程度地高于其违法收益，才能有效防范环境污染的行为，实现海洋生态环境的保护和经济社会的可持续发展。

另外，不仅是破坏海洋环境的行为做出者要承担法律责任，海洋生态环境保护的管理部门、组织如果违背法律的意志，未能对海洋生态保护发挥应有职责，也该承担相应的法律责任。我国政府正处于职能转型期，政府作为海洋生态保护的执法主体，同时也是海洋生态的服务者，其所作所为对海洋生态带来的影响，致使其存在成为海洋破坏者或失职者的可能。我国在《环境保护法》第一章第32条规定：当居民的生命财产安全受到污染严重的环境威胁时，政府应当采取有效措施的积极作为义务；同章的

第 45 条还规定行政执法人员渎职行为需承担行政处分甚至刑事处罚。第三章第 16 条规定："地方各级人民政府，应对本辖区的环境质量负责，采取措施改善环境质量。"我国在环境立法并没有针对政府行为进行约束性规定，多以针对公民、法人等对象为主，以致我国目前没有针对政府环境失责问责机制的法律规定，对于政府及其工作人员不履行其义务的，也很难对其进行责任认定。其次，我国的法律主要强调的是海洋生态管理部门的作为职权，对于不作为所造成的后果追究存在法律缺失。且我国的法律体系中并不存在针对管理部门侵害海洋生态进行补救的司法救济制度。政府的环境责任，对海洋生态的保护职责需要在立法的高度为海洋生态保护保驾护航，才能充分发挥政府在海洋保护应尽的职责。

在国家和地方法律法规体中，就国家层面关于海洋生态补偿立法而言，主要呈现的是原则性的、导向性的，并未有太多直接涉及具体的生态补偿及实施层面的相关规定；也没有进一步具体明确到海洋生态补偿方面的相关规定。相对而言，若从整体生态角度与层面分析，可以在《环境保护法》及其他规范和单行条例中，感受与找到关于海洋补偿问题的分散的、间接的相关规定。综合而言，还有待《海洋环境保护法》修订，以及专门海洋生态补偿法的形成来加以更进一步地深入推进。就地方层面关于海洋生态补偿立法而言，不少地方实施办法已经进一步涉及关于"海洋生态补偿的概念界定、补偿对象、补偿标准、资金来源"等相关具体可操作性的内容。但总体上，还面临不少相关的理论与实践问题亟待解决，需要填补相应的海洋生态补偿法律法规配置，以及相关海洋生态补偿制度设计，并在理论与实践中加以不断发展完善。

毋庸置疑，在当前正迈入海洋时代的时势背景之下，从国家层面出台一部专门针对海洋生态补偿的法律规范，以统一界定海洋生态补偿概念性质、补偿主体客体、补偿方式、法律责任等相关理论现实问题，具有重要的紧迫意义。

第七章 海洋生态补偿国内外案例比较及经验借鉴

就海洋生态补偿而言，相对于专门的针对性海洋生态补偿相关法律法规配置尚不能充分满足现实需要，在海洋生态补偿的相关具体实践中，国内外不乏相关的典型案例。可以说，在海洋生态补偿问题上，海洋生态补偿的相关实践探索在一定程度上走在了专门针对性法律法规配置及相关理论研究的前面。因此，就海洋生态补偿问题研究及进一步推进而言，有必要在立足前述关于国内外海洋生态补偿相关立法、制度及机制等方面问题的研究和阐述的基础上，进而对当前国内外关于海洋生态补偿的相关典型案例进行针对性的系统分析与实证研究。其中包括美国墨西哥湾漏油事件处理、日本"神户人工岛"的再生行动和日本的濑户内海工业污染的生态补偿等国外海洋生态补偿典型案例，以及国内的"塔斯曼、康菲海洋溢油污染案"、山东海洋生态补偿、长三角珠与三角海洋生态补偿的区域联动、惠州大亚湾经济技术开发区及港珠澳大桥工程的海洋生态补偿等典型案例。在此系列实践探索与具体案例中，有着可提供的值得提炼与借鉴的成功经验与做法，当然也有着需要进一步反思与避免的教训。这样深入研究，有助于后续关于海洋生态补偿制度建构和机制设计。

第一节 国际海洋生态补偿的典型实证及经验

综合而言，目前国外关于海洋生态补偿的具体实践探索案例，主要围绕海洋溢油损害事故、填海造陆、沿海工业污染等方面问题展开。

一 海洋溢油的生态补偿：美国的相关立法及实践

就美国的生态补偿研究与实践而言，最早可以追溯到20世纪30年代,虽然重点集中于"特大洪灾、严重的沙尘暴和保护性退耕"等方面的生态补偿①,但能给海洋生态补偿相应的启发与借鉴。美国又是个海洋大国,海岸线纵横东西南北,海洋生态系统极具多样性,历来就是一个以海洋文化为根基的国家,有着一系列相关的法律法规。因此,虽然海洋生态补偿是一个新型的研究与实践领域,显然下述系列相关法律法规及相关领域研究与实践,无疑会对海洋生态补偿提供相应的研究指引、法律指导与实践借鉴。

(一)美国的相关立法及规定

1969年《国家环境政策法》的颁布,使美国从环境保护基本法层面表明——美国的环境法治路径开始从"以治为主→预防为主"。而这也为美国海洋资源利用与环境保护法治提供了基本法层面的指引。与此同时,《国家环境保护策略法案》(1969)也明确将"海岸与海域自然环境保护"作为重要内容,进而纳入整个国家环境保护体系之中。《海洋资源和工程发展法》不仅就"全面协调的国家海洋规划的制定"提出要求;同时还设置了国家海洋资源和工程委员会(斯特拉顿委员会),对重大海洋活动负责,以求为海洋资源利用与环境保护提供国家规划与国家机构层面的规定。美国的200海里渔业保护区以及《渔业保护和管理法》、《濒临灭绝生物保护法案》(*Endangered Species Act*, ESA),以及《海洋哺乳类动物保护法案》等,则从海洋生物资源保护层面赋以法律规定,以求维续海洋生物多样性,保障海洋生态安全。

在海洋资源利用与环境执法方面,美国国家海洋大气局被赋予"预测、监察、海洋环境分析"的职责职能,被确定为管理协调国家海洋事务、进行海洋生态安全保障执法的负责机构。美国国家海洋大气局主管美国渔业行政事务;而《渔业保护和管理法》则赋予执法机构以充分权力,可扣留违规渔具、逮捕违法人员,抗拒阻挠者构成犯罪②。与此同时,美国还制定了一整套本国的防止海洋污染法规,诸如《海洋倾倒法》《海洋倾倒废弃物禁止法案》《环境保护署关于海洋倾废的规则》《船舶污水禁排条例》《联邦水域污染控制法》《公海干预法》《外部大陆架地带法》(1978年修正案),以及《深水港口法》《防止船舶污染法》《溢油责任信托基金》《1990年油污法》(OPA90)等法律法规,防治海洋倾废,保护

---

① 宫小伟:《海洋生态补偿理论与管理政策研究》,博士学位论文,中国海洋大学,2013年,第50页。
② 左玉辉、林桂兰:《海岸带资源环境调控》,科学出版社2008年版,第104页。

海洋资源环境。其中《1990年油污法》（OPA90）比较典型。

（二）《1990年油污法》（OPA90）及其损害赔偿

造成海洋生态损害的原因多种多样，海上溢油被公认为污染最严重、影响最广泛的原因之一。所以，海洋溢油生态补偿是海洋生态补偿问题研究中颇受关注的一个议题。也正基于此，就海洋溢油事件中的船舶溢油问题而言，为了缓解因船舶溢油带来的巨大损害、修复与保护相应的海洋生态，许多国家（无论是发展中国家还是世界上的石油进出口大国）通常都有配置船舶油污损害赔偿的相关制度，其中美国就是一个典型。美国历来非常重视海洋战略及海洋利益保护，也最先开展了海洋溢油生态补偿研究和实践，是目前世界上海洋生态补偿责任及其补偿金额要求最高的国家。虽然因认为在污染损害的赔偿额度上，国际公约的相应规定太低等方面原因，美国并没有选择加入《国际油污损害民生公约》（CLC）、《国际建立油污损害赔偿基金公约》（IOPC Fund）等国际补偿公约，但是却自行通过了《1990年油污法》（OPA90），建立起更为严格的OPA90溢油污染损害国际补偿制度。与此同时，还借助墨西哥湾溢油事件，建立起墨西哥湾溢油响应基金，运行实施"海湾海岸索赔工具（GCCF）"方案。美国的系列相关研究与实践探索，可以为中国处理跨国海洋溢油损害案件，推进海洋生态补偿运行提供有益的经验借鉴。

1."瓦尔迪兹"号石油泄漏案与《1990年油污法》（OPA90）的出台。1989年3月24日，美国埃克森石油公司的超级油轮"埃克森·瓦尔迪兹（Exxon Valdez）"的搁浅事故，导致严重的溢油污染事件[①]。而这一事件，也促成了美国《1990年油污法》（Oil Pollution Act 1990，简称90油污法，OPA90）的制定与实施。事故发生后英国埃克森公司要承担起巨大的赔偿金额，仅石油清理费用就高达80亿美元，另外还需再加上其他对个人的污染损失费。

《1990年油污法》（OPA90）的出台，就是集中关注于溢油事件的应急预防、法律规制、过程控制与事后应对补救。《1990年油污法》（OPA90）共9章78节，重点围绕"防止船舶和海洋石油勘探开发"等所带来的海洋生态污染，建立较系统的船舶海洋溢油污染的生态补偿机制，尤其是在"海洋溢油的预防与治理、海洋溢油事件的责任与赔偿"

---

① "埃克森·瓦尔迪兹"号油轮触礁搁浅后，发生石油溢漏排放入海大约达到1100万加仑（3.8万多吨），从而致使数千公里的海岸线，以及沿线的生态系统大范围遭受所泄漏石油的污染，导致其后的各种清污费、污染损失费等高达80亿美元。而这也成为美国历史上最为严重的溢油污染事故之一。

等方面，作了相应严格规定。其中的主要条款包括：油污损害责任和赔偿；修改联邦法律；如何遵循和执行国际法的问题；溢油事故应急管理；溢油责任处罚的问题；威廉王子湾相关法律；溢油损害研究进展；1990年阿拉斯加输油管道系统改革法；油污损害赔偿基金；其他。从上述主要条款可以看出，OPA90 机制分为两大块内容，首先 OPA90 法律重点规定了溢油事故责任主体的赔偿责任，其次建立了油污基金中心作为补偿资金主要监管机构，对基金的来源、管理和使用进行严格规定，从而确保 OPA90 机制合理有效运行。

2. 溢油事故责任主体的赔偿责任被强化。太子湾溢油事故实际上是美国处理跨国石油污染损害纠纷，争取国家主动权，赢得先机的最佳契机。OPA90 关于损害赔偿责任主体、归责原则、责任范围及责任限制的规定比国际严格得多。根据 OPA90 的规定，溢油污染发生以后，油污所造成的损害应首先由船舶所有人承担（含船舶经营人、光船承租人和第三人）。关于归责原则，尽管 OPA90 规定了若干可供责任主体援引的免责事项，但考察免责事项条款内容，可以发现这些免责条件对于责任主体来说几乎不可能满足。因此，OPA9O 所确定的可以说是一种绝对的严格责任。

关于责任范围，OPA9O 特别重视环境损害赔偿。为保证环境损失能够得到充分的赔偿，美国商业部的国家海洋与空间署（简称 NOAA）还专门针对海洋溢油所造成的损害制定了量化生态损失导则[①]——其中包括海洋生态损失评估、量化技术、修复环境方法，以及所建立起的不同评估模式。另外，NOAA 导则还通过对评估技术体系的规定（包括影子工程法、影子价格法、旅行费用法、条件评估法等在内），来评估环境损失[②]。

对于某些特殊、特定的情形，油污责任者是需要承担无限责任的，OPA90 作出这样的规定正是基于明晰油污责任者损害责任之需要。具体情形包括：严重失职；能为而不为；严重违反联邦安全操作规则；事故发生后报告不及时；应急处理事故时不配合、不协作；事故发生后拒绝听从主管当局的指挥等。另外，为保证责任者具有承担其赔偿责任的能力，OPA90 还强制要求油轮进入美国海域之前必须投保一定金额的保险，如进入美国水域的油轮都必须持有 7 亿美元的油污保险等。由此为海洋环境

---

① 曹阳：《海上油污损害的救济途径研究》，博士学位论文，大连海事大学，2014 年，第 5 页。
② 贾欣：《海洋生态补偿机制研究》，博士学位论文，中国海洋大学，2010 年，第 35 页。

生态的保护、溢油受害者的利益保护，配之以严格的石油污染损害赔偿责任。

3. 促成国家油污基金中心的建立。1993年2月美国国家溢油污染基金中心成立后，还要求确保基金中心始终保持10亿美元的油污基金，以确保在发生油污事故时有足够的资金为油污清除作业提供援助。基金中心负责组织自然资源和海洋生态损害的评估，向油污责任方追偿油污清理费和赔偿费，统一赔偿油污损害的索赔人，向溢油责任方追偿溢油污染赔偿费和清理费，并有权向船舶所有人或经营人出具溢油污染财务责任书。采取这种管理体制，实现了确定责任主体、及时处理溢油事故、暂付清污费用、公正性地评估油污损害、索赔和赔偿一体化，减少行政资源的浪费，最快最及时地处理事故，以减少溢油的损害。

根据OPA90的规定，设定10亿美元油污基金以便给大规模的溢油事故应急行动和科学研究提供及时财务支持，基金并非新设立，而是将已有的数种法定基金合并组成，由国家油污基金中心负责管理。该基金来源主要有七个方面：（1）政府税收，即政府向石油企业征收的石油税。该税种是基金的主要来源，并且该税具有情形征收特点，该基金是基于对使用离岸运输进出口石油的石油公司征收每桶5美分的10亿美元税收而设立的。当基金达到10亿美元时，税收就会停止。（2）基金的利息收入等基本收益。（3）政府紧急转移支付。（4）政府紧急拨付的借款。（5）追偿所得，即基金中心从向油污责任者处追缴的清理费用。（6）油污责任方缴纳的罚款。（7）其他方面的预备基金。

同时，并规定了油污基金的基金主要在以下方面使用：（1）用于海洋自然资源的评估、重建、恢复、更新等，以维持海洋生态平衡的经费支出。（2）无明确相关负责方的海洋生态油污补偿，或溢油污染责任方无能力进行油污清污费用等补偿资金支出。（3）维持基金运作所需费用支出。（4）基金进行人员培训、油污清洁研究和科研开发投入支出。[①]

《1990年油污法》（OPA90）出台后，国际海商法及海运界的反应十分强烈。美国《1990年油污法》（OPA90）中的海洋生态补偿及其运行，与国际社会《1969年责任公约》和《1971年基金公约》所形成的赔偿相比，形成了诸多自有的特点。例如：对油污赔偿的来源、筹资渠道、使用

---

① 宋佳慧：《美国〈1990年油污法〉及船舶油污损害赔偿机制概述》，People's Republic of China，第21—23页。

和管理都有严格的规定,油污赔偿也有一定的法律依据。海洋溢油污染的生态补偿范围更广、途径方式更多、补偿更为充分。对海洋溢油污染监管更为严格。对船东、船员及其他相关责任人的责任要求更为严格。其中就船东的责任而言,与以往相比较,船东在海洋溢油污染赔偿责任上,增设了船东的无限责任条款等更为严格的规定。从而借助对海洋溢油污染事件责任人的高额赔偿责任设置,以及责任的无限追究,最大限度地提高相关责任人的责任心,减少海洋溢油事件的发生,保护海洋生态安全。

(三)墨西哥湾溢油响应基金及"海湾海岸索赔工具(GCCF)"

如果说,OPA90 机制的形成,是建立起了一套严格的海洋溢油损害赔偿法律制度,促进油污基金中心的建成,为美国溢油污染生态补偿奠定了良好的法律和资金保障的话;那么,2010 年墨西哥湾溢油响应基金及"海湾海岸索赔工具(GCCF)"的形成与运用,则是海洋溢油污染生态补偿的运作方案创新与探索。

"深水地平线"号深海钻井平台位于美国墨西哥海湾,由英国石油公司(BP)负责租赁管理。2010 年 4 月 20 日突然发生故障爆炸后沉没,造成国家级钻井漏油危机。墨西哥湾溢油事件,致使 319 万桶石油(超过 1.25 亿加仑)持续泄漏 87 天,导致海滩近 1500 千米受到污染,海水超过 2500 平方千米被石油所覆盖[①]。该事件是人类社会至今为止最大的一次海上溢油事故,也是最为严重的海洋环境污染事件之一,被称为称美国"生态 9·11"事件。同年英国石油公司(BP)被美国联邦政府起诉上法庭,并启动民事、刑事调查。根据美国法律,英国公司不单要根据OPA90 第 1004 条关于对海上设施造成溢油事故责任的承担及清污等规定,承担上限为 7500 万美元的赔偿费用及清污产生的其他费用。而且英国石油公司还要根据 OPA90 第 1006 条,支付巨额的自然资源损害赔偿费用。而且如果不及时予以承担与解决,还可能遭受更大的舆论压力[②]。

1. 墨西哥湾溢油响应基金的设立。墨西哥湾溢油事故发生后,美国司法部、5 个州(路易斯安那州、佛罗里达州、亚拉巴马州、密西西比州和德克萨斯州)以及 400 个地方政府实体对英国石油公司(BP)提出索赔要求。经过与美国政府的一番谈判后,为避免其陷入索赔诉讼的旋涡。英国石油公司(BP)于 2010 年 6 月 16 日设立一个 200 亿美元的溢油响

---

① 时事快报:《美史上最严重漏油事故 5 周年 墨西哥湾仍深受其殃》,http://news.sohu.com/20150421/n411593120.shtml,2015 年 8 月 3 日最后一次访问。
② 梅宏:《中国应对海上溢油生态损害的立法进路》,《中国海商法年刊》2011 年第 4 期,第 41—47 页。

应基金。为此，Loretta Lynch 司法部长也认为：若该赔偿方案最终能赢得联邦法庭同意，那么这就是美国历史以来单个公司所支付的最高责任金额纪录。

2. 海湾海岸索赔工具（GCCF）——替代性赔偿方案的配置。英国石油公司（BP）所设立的 200 亿美元"墨西哥湾溢油响应基金"，其目的是对溢油所造成的海洋生态损害，以及对相关受害人带来的损失予以生态补偿。与此同时，英国石油公司（BP）还主动提出并建立"海湾海岸索赔工具（Gulf Coast Claims Facility，GCCF）"的赔偿方案，以协助该项基金的运作。根据该方案英国石油公司（BP）创建了一个初始数额为 200 亿美元的溢油损害赔偿基金，专门用于向溢油事件受害者支付赔偿金。该方案可为溢油损害赔偿提供财务担保，其性质既非法院判决，亦非行政处罚，而是石油公司与美国政府谈判协商的结果——替代性赔偿方案。

根据 GCCF 的设定，索赔人可以提出赔偿金额要求；但作为交换，英国石油公司及其承包商未来不承担任何责任，也就是未来不得提起诉讼，以避免上法庭的麻烦。此外，索赔人也可以只接受临时赔偿金，而不放弃未来的诉讼权利。如果墨西哥湾溢油事故的受害人备齐了相应的各方面的资料，可以直接向"海湾海岸索赔工具（GCCF）"提出申请，无须通过法律诉讼，直接获得相应的补偿与赔偿。英国石油公司希望通过"海湾海岸索赔工具"减少受害者的赔偿诉讼，而事实上部分受害者也为了尽快得到赔偿而放弃了自己的诉讼权利①。"墨西哥湾海岸索赔工具"（GCCF）方案通过后，分别在 4 个州设立 35 个地方索赔办公室处理赔偿事故，奥巴马政府指定肯尼斯费恩伯格律师负责制定赔偿规则，以及对索赔请求的处理。虽然赔偿组织和费恩伯格代表 BP 公司履行处理索赔义务，但其性质是独立的第三方主体，所作出的任何赔偿决定均不受英国 BP 公司及其他任何主体的影响。而也就是在 2015 年 7 月 2 日，根据英国的媒体报道，英国石油公司（BP）进一步与美国司法部达成和解协议。根据协议，英国石油公司（BP）就 2010 年墨西哥湾石油泄漏事件赔偿 187 亿美元②。

自第三方托管基金"墨西哥湾海岸索赔工具"（GCCF）成立后，英国石油公司（BP）共拨付 200 亿美元资金。事故发生一年后，该基金共

---

① 王雨楠：《"行政强制"在国家经济监管中的适用》，博士学位论文，西南财经大学，2012 年，第 15 页。
② 新浪财经：《英国石油 187 亿美元了结墨西哥湾漏油事件索赔》，http：//finance.sina.com.cn/world/20150702/221122576215.shtml，2015 年 8 月 2 日最后一次访问。

支出 50 亿美元作为赔偿基金，并支付了大约 17 亿美元用于承担清洁成本和重建石油项目。在该赔偿方案中，如果受害方能够提出完整的证据资料，符合接受赔偿的要求，就可以跳过诉讼环节直接获得赔偿，而且该基金要比法院的判决慷慨得多。就这个赔偿整体而言，该基金在向合格索赔人支付赔偿金的问题上已经取得了很大的成功。

事实证明，诸如墨西哥湾漏油事故这类大规模侵权案件，倘若严格按照法律程序进行民事诉讼或行政救济，"远水解不了近渴"，既无法体现治理污染的效率，又缺乏公正性运作机制，始终无法收到良好的效果。而 GCCF 的成立则是英国石油公司在面对大型侵权官司时冷静思考的正确抉择。

首先，根据其运作方式和功能设定，GCCF 的性质是诉讼替代性赔偿基金。该工具是在受害方起诉之前即设立和运作的，其设立目的是"用近水解近渴"，不仅避免了缠讼带来的种种弊端，争取到了相应的油污治理时间和"造血式"资金流通时间，还能保证受害方获得相较法院判决更多的补偿。

其次，GCCF 不仅是解决赔偿问题的基金，更是一种新型的纠纷解决工具。西方国家盛行在发生损害赔偿诉讼后建立专门的赔偿基金用于专门解决赔偿问题，如上文所述的 OPA90 后成立的国家油污基金中心。而 GCCF 则有全部或部分替代诉讼救济的功能，甚至有可能取代传统的行政主导救济模式。

最后，从法律效果上说，GCCF 可兼顾效率与公平。虽然 GCCF 由英国石油公司提出建立，也由其出资，但托管于第三方组织——肯尼斯费恩伯格律师的基金，其作出的任何赔付均不受英国石油公司左右。并且类似于溢油污染这种危害范围广泛的侵权事件，不仅直接造成人身、财产侵权，还导致公共利益受损，造成不特定人群的利益损害，因此可以设立一个长期的替代性赔偿基金，为维护公共利益提供一条中间渠道，处理长期损害赔偿行为①。

二 填海造陆的生态补偿：日本"神户人工岛"的再生行动

（一）第一阶段："兼顾生态保护"的填海造岛

日本是典型的地少人多的国家，早在 400 多年前，日本就开始填海造

---

① 曹阳海：《上油污损害的救济途径研究》，博士学位论文，大连海事大学，2014 年，第 32—33 页。

陆。与荷兰填海造陆求生存和安全不同，日本的填海造陆是为寻求更大的生存发展空间。日本在向海洋拓展国家与社会发展空间的过程中，积累了丰富的填海造陆规划和建设经验。神户"人工岛"的填海造岛（1966.4—1981.2），从时间上算，前前后后共经过了15年时间。在这15年"人工岛"建岛的第一阶段，日本就非常关注填海造陆工程给海洋环境所带来的冲击与损害等问题，通过下述系列措施与对策，力求实现填海造岛发展海洋经济与生态修复与保护的兼顾。

1. 制定严格法律法规，为填海造岛工程中的海洋生态修复与保护提供法律支持。日本很早就专门制定了《公有水面埋立法》及其修正案等法律，以尽量缓解或避免填海造陆工程给海洋环境所带来的冲击与损害。积极在政策法规层面，监管填海造岛工程的实施，力求充分利用最新海域开发技术，尽可能考虑海洋生态的境况，保护原有海洋环境及生态系统，为填海造岛工程中的海洋生态修复与保护提供法律支持。

2. 实行严格的填海造陆审批制度。对于填海造陆工程项目，日本政府虽然不给予明确的行政政策干预，但是在项目实施前，则严格实施与履行填海造陆工程许可制度。规定任何海洋填海造陆工程项目活动，都必须经过都道府县知事的审批许可。都道府知事必须确认填海造陆工程项目计划是否严格符合国土利用的布局与设计；是否符合国家的工业地带填海规划；是否满足环保和防灾要求，符合国家的土地利用规划、环境保护规划；是否具有明显的综合效益等方面要求。对于神户而言，"二战"后日本对外贸易经济迅速发展，原有的神户港口码头不再使用，1964年神户市政府提出"人工岛"方案，决定在大阪湾填造人工岛屿以实现扩大港区的目的。

3. 严格实施土地利用和环境保护规划。人工岛的总面积为4.4平方公里，其中港口用地2.1平方公里，居住区和公共绿地面积2.3平方公里。早在20世纪60年代日本就曾两次统一规划沿海工业布局，明确都市带和工业带的规划位置和范围。大阪湾中形成的阪神工业带是典型的临港大工业带，以大阪和神户为中心。神户人工岛距离神户市仅319米，以神户大桥和中间轨道运输系统将岛屿与陆地相连，连接神户市与居住区，方便岛市交通。神户人工岛的造型呈"E"字形，既能防止海潮，造型又美观，并且大大延长了海岸线，有利于增加装卸泊位，扩大货物吞吐量。从而使神户人工岛符合国家工业地带填海规划，保持日本第一大港的地位①。

（二）第二阶段："生态修复补偿优先"的填海造岛

1. 积极修复与保护填海造岛所致的生态损害。虽然日本在早期就严格规划和管理填海造陆海洋工程项目，但是不可否认的是，经过了长期、快速、大规模的神户"人工岛"围填海工程活动之后，沿海的滩涂在不可避免地消失，海洋生态环境所面临的破坏极大。另外，正是因为填海造陆等海洋工程活动，使海岸线的走向及范围都随之出现了变化，海洋生态系统的内循环也受到相应影响。再加上沿海岸城市的工业废水和生活污水的排放，更进一步降低了大阪湾的海洋纳污容量，导致神户"人工岛"的围填海海湾的生境与生态系统面临着严重危机。正是因为神户"人工岛"的填海建设，致使大阪湾的海涂几乎减少了100%②。因此，为促进海洋生态的可持续发展，日本决定放缓海洋经济增长速度与节奏，神户"人工岛"的填海造陆动机，从"优先发展产业"向"优先考虑生态修复补偿"转变，从而实现海洋生态修复与保护的回归。为此，不仅将"人工岛"的年填海量控制在5平方千米左右，而且还在填海方式上进行了改进。一方面，利用压缩处理后的垃圾和泥沙作为填海材料。另一方面，放弃了原先早期的神户岛建设所直接采取的"削山填海"方式，取而代之的是从其他国家进口大量原煤倾倒入海，从而在实现填海的同时，储备国家煤炭能源，"变废为宝"，或叫"一举多得"。

2. 推进大阪湾再生行动计划。为更好地解决大阪湾海洋生态修复与保护问题，日本于平成十六年（2004）开始实施"大阪湾再生行动计划"，该行动计划是神户人工岛恢复海洋生态的良好契机。行动的系列目标包括：恢复大阪湾海水环境、丰富渔业资源、为生物提供安全的栖息场所、确保海水浴场水质安全、自然的海岸线延长和扩大人类活动绿地面积。大阪湾的再生行动推进由大阪湾的再生推进会议、干事会组成，对各相关海域进行集体管理。再生推进会议由内阁官方都市再生本部事务局、国土交通省、海上保安厅、环境省、农林水产省、水产厅、林野厅、经济产业省等共同组成。管辖范围包括滋贺县、京都府、大阪府、兵库县、奈良县、和歌山县、京都市、大阪市和神户市海域。另外，该行动计划还吸

---

① 神户人工岛开发后最显著的成效是极大地提升了人工岛的外贸进出口能力，全岛的年吞吐量占神户全港的51.71%，使神户港成为第一大港。
② 刘姝：《中日韩三国沿海城市填海造陆战略研究与分析》，博士学位论文，大连理工大学，2013年，第27—28页。

收了市民、住民、学者、企业、地方公共团体的参与,共同推进再生计划的实施。计划的主要内容包括:水质总量规制、下水道改善、河流净化、森林养护和市民联合清扫活动。经过众人的共同努力,大阪湾的整体海水水质明显改善,生物多样性增加,植物亲水性增加,浮游物、漂着物、海底垃圾减少,大阪湾的再生行动项目实施效果良好。

3. 注重经济、社会、生态效益的"三赢"。神户"人工岛"是在东西长20千米,南北宽2—3千米,背山面海、无地可拓的条件下,削山填海而成的。在其后一阶段的造岛过程,更多体现的是"尽可能在尊重与维持原状"的建岛理念——尽可能在尊重与维持原有的生态环境及生态系统状况的基础上,去改进造岛方法,调整造岛方案,推进造岛工程。例如根据神户港水深12米,总面积436公顷,需填埋砂石8000多万立方米的境况,特借助半圆舵式驳船与轮式卸土机,来承担负2米以上的填铺工程[①]。虽然这些土石方来自陆地,而不是从附近海中捞取,有点舍近求远,但是实现了尽可能减少海洋生态损害,修复海洋生态,在建岛过程中实现生态补偿的目的,从而实现了神户"人工岛"的"削山坡海、两头造地、一箭双雕"的人工岛建造。

与此同时,人工岛的建设恰逢日本1972年石油危机后的产业结构大调整,为此,神户"人工岛"在新造出来的4.36平方公里的土地上,实现了从第二产业(以重化学工业为中心)向第三产业(知识密集型)发展[②]。全岛除了垃圾处理厂外,重点发展的就是"清洁型"进出口贸易和第三产业。全岛生态环境优美、宁静悠闲、井然有序,绿化带将住宅区和广场区完美结合。而这也带动了岛上旅游业的发展,实现了生态效益。与此同时,全岛还配之以功能完备的码头、住宅、公共建筑、公园绿地和道路交通系统;而且全市国民收入的40%来自神户港,1/5的神户市就业者从事海港工作及其附属产业,显然,人工岛还带动了经济总产值及就业人数的增长,实现了丰厚的社会效益。神户人工岛的建设也正是在这两个阶段的提升发展中(从"兼顾生态"到"生态修复补偿优先"),实现了经济、社会、生态效益的"三赢",被誉为走向21世纪的"海上理想之城"。

---

① 填埋工作从1966年起至1980年止,共用开山的土石方6200万立方米,其他来源的土石方2000万立方米,共计8200万立方米。通过削山取土,新造土地356公顷以上。
② 林志群:《日本神户"人工岛"开发的启示》,《城市规划》1987年第2期,第63—64页。

三 滨海工业污染的生态补偿：日本的濑户内海经验

如果说，"神户人工岛的再生行动"是针对"填海造陆工程所致海洋环境损害"的一次海洋生态补偿对策的话，那么，"濑户内海的生态修复与保护行动"则是针对"环海区域产业污染所致海洋环境损害"的一次海洋生态补偿行动。

对于日本而言，海洋资源开发与环境保护在国家建设与发展战略中地位一直重要。2007年4月3日，日本通过《推进新的海洋立国决议》，从而将"海洋立国"定为一项国策；而日本《海洋基本法》在2007年7月20日实施，更是标志着日本从法律体系建构层面宣示"从岛国走向海洋国家"的战略定位转型。与此同时，《海洋基本法》（处于基本法的地位），以及《环境六法》《公害对策基本法》《海洋污染防治法》《海岸法》《港湾法》《海洋水产资源开发促进法》《沿岸渔场整顿开发法》《沿海渔场暂定措施法》《濑户内海环境保护临时措施法令》等一系列法律法规的出台，也标志着日本的海洋资源开发与环境保护法律体系的逐渐形成。

然而，正是因为整个国家一直深受"陆地面积狭小、本土资源短缺"的瓶颈制约，因此，日本也一度因急于实现"向海洋进军、攫取海洋资源、推进临港产业、发展海洋经济"的目标要求，在面向海洋发展的战略推进中，走了"先污染、后治理，先破坏、后保护"的弯路，出现了"水俣病、痛痛病"等一系列震惊于世的水体污染典型实证与"环境公害事件"，使日本的海洋生态环境曾一度遭到极大破坏，一度陷入"短视、急功近利"的"向海洋扩张要资源的陷阱"，也为"非理性地向海洋攫取资源、导致海洋生态危机"的行为付出了代价。20世纪70年代的日本濑户内海（从"先天生态条件优越"到"濒于死亡"）就是一个典型的例证。

（一）20世纪70年代的日本濑户内海：从"先天生态条件优越"到"濒于死亡"

1. 濑户内海优越的先天资源环境条件。濑户内海位于日本的九州岛、四国与本州岛之间，是半封闭式的内海。濑户内海是一条周围被3个大岛所包围的狭长水域，长约500千米，宽约50千米，大部分水深在60米以内，海峡部分水深约60—100米，整个海域面积约为21400平方千米。濑户内海不仅水产资源非常丰富，是一个天然的渔业养殖场；而且港湾的条件尤其优越，沿岸出口物资量超过日本总出口物资总量的30%，是通往大阪、神户和九洲的海上大动脉。因此，总体而言，日本濑户内海的先天资源环境条件非常优越，在日本列岛的海湾中最为富足，也是日本海洋资源最为丰富、航运业最为发达的海湾之一。

2. 20 世纪 70 年代的日本濑户内海几将沦为死海。虽然，濑户内海具有非常优越的先天资源环境条件，曾被称为"天然鱼仓"，然而却一度出现海洋生态极度恶化，导致到了 70 年代初期，几乎整个濑户内海生态系统濒临死亡：战败之后，尤其从 20 世纪 40 年代末开始，日本经济需要复苏，为了寻求获取原材料和运输的便利，日本逐步向沿海地区部署工业产业。其中，濑户内海沿岸地区因为其丰富的资源和便捷的航运，而被布局为战后日本最为重要的工业区与工业基地。

因此，许多工业产业开始被集中于环濑户内海区域，而濑户内海也就自然而然地成为这些工厂产业的"污染公共排放地"。许多工业废水废渣未经处理，即被排入内海，导致铜、铅、汞等重金属含量奇高。濑户内海沿岸的污染负荷与日俱增，日甚一日，内海的污染负荷远远超出其自身的水体自净能力，海洋生态遭受极度破坏。尤其突出的是赤潮问题严重——不仅发生频率越来越高（从原来的十几年一次到一年几百次），而且所影响的面积在不断扩大[①]，进而也给人体与渔业产业等带来系列严重危害。更为严重的是还导致了一系列不断恶化的后果：区域发生赤潮➡海水泛红发臭含毒素➡形成含有毒素的恶臭之气➡毒素传递至蔬菜、水果、海产品等➡人体饮食而中毒发病。震惊全世界"水俣病事件"就发生在此期间的环濑户内海区域（居住熊本县水俣湾的居民因食用捕捞于濑户内海中的含高毒性汞污染的海产品，导致痴呆麻痹、精神失常，而且代际遗传。患此病的患者在 4 万水俣湾镇居民中占 1/4 多）。

与此同时，基于工业发展需要拓展陆地空间，政府还在政策上鼓励填海造陆的行为。于是，填海造陆项目不断实施，虽然表面上扩展了日本的陆地伸展空间，但从深层次看，填海造陆项目却造成了整个海洋自然环境及其生态系统的变化。其不仅改变了海岸线长度和海域面积，还对生物多样性与海洋渔业生产产生了明显冲击。显然，伴随着环濑户内海区域高强度的工厂企业排污、填海造陆失控，以及航运所致的溢油事故增加，使得濑户内海的水质污染严重、生境及其生态平衡遭到极大破坏。大跃进式的填海造陆导致濑户内海即将濒临死亡，成为一片死海。

---

① 如 1971 年为 100 次，1972 年增加到 200 次，1973 年竟然突破了 300 次。

3. 导致濑户内海生态系统濒于死亡的三大原因。那么，为何濑户内海的先天资源环境条件优越，却会在 20 世纪 70 年代，整个濑户内海生态系统几乎濒临死亡？其中主要有四大原因。

其一，从人口密度上看，沿濑户内海一带的人口高度密集，林立着 11 个县府，总面积虽然只占全国的 15.8%（约 6 万平方千米），但是人口却达到 3000 余万人，所占比重超过全国总人口的 1/4 多。高密度的人口及活动给濑户内海的海洋生态保护及生态系统维护所带来的压力无疑是沉重的。

其二，从产业分布上看，濑户内海沿岸被定为战败之后日本经济复苏的最重要工业基地，因此，沿濑户内海一带的工厂企业密布，建有石油化工厂、火力发电厂、炼油厂、炼铁厂等诸多工厂企业，濑户内海很快成为这些工厂企业的共用"下水道"。显然，高强度的海洋资源开发利用活动与工业产业污染，给濑户内海的海洋生态保护及生态系统维护所带来的冲击无疑也是巨大的。

其三，从地理结构特点看，濑户内海基本是一个半封闭性海域，是个半封闭的内海，只有 3 个出口与外海相连，生态系统的调节能力受限。也正基于上述的"高密度产业与人口、低自我调节能力"等方面原因，致使濑户内海的自净能力低下，从而形成恶性循环。恶性循环与弱的自净能力的多重影响，也成为濑户内海的资源环境质量不断恶化的重要原因。

（二）推进海洋生态补偿：濑户内海从"濒临死亡"到"重生"

无疑，就 20 世纪 70 年代濑户内海的海洋生态系统境况看，若不尽快采取修复措施，推进海洋生态补偿，那么，濑户内海将难免面临"沦为死海的命运"。为此，日本于 1971 年成立环境厅，开始重点综合治理濑户内海的海洋污染，修复海洋生态，推进系列海洋生态补偿方案。在整个濑户内海环境治理与生态补偿过程中，日本政府体现出了"退"的智慧。

1. 强调政策法律指引，以法治海。日本政府一改以往"末端治理"模式，转变为"源头防控"式立法。颁布实施《自然环境保全法》《濑户内海环境保护临时措施令》等，着力治理濑户内海的环境污染、修复与保护海洋生态。鉴于《濑户内海环境保护临时措施法》施行后效果显著，日本国会决议将其变更为永久性法律（即后来的《濑户内海环境保护特别措施法》），充分发挥其法律治理的功能。2000 年 12 月，为了专门应对填海造陆、过量海砂开采等问题，日本环境省全面修订濑户内海治理基本计划、"填埋的基本方针",以及"濑户内府县计划"①,为推进濑户内海环境可持续保护工作起到了重要作用。与此同时,日本新基本环境法呼吁人们尽量减少社会活动对环境造成的影响②。

2. 加强监管监测,严格治理污染,修复生态。其一,在监管体制方面,对各级政府监管部门的职责分工明确,各事其职。如环境厅统一协调总体的海洋生态修复与保护工作,海上保安厅处理海上污染事宜,其他各个省厅、各级地方政府负责监管各自管辖的海域区域。同时,还建立了濑户内海生态保护联席工作会议制度、实施了各自动化监测设备一年到头连续不间断的监测。其二,在区域发展规划方面,地方政府积极采取措施,及时将化工等污染严重企业、产业搬离濑户内海,以切断污染源头。其三,在填海造陆工程的监控方面,濑户内海大部分区域被划为国家公园,建立了800多个野生动物自然保护区③。1973年《濑户内海环境保护临时措施法》规定严格控制填海造陆面积,1978年开始填海速度放缓,自然海岸线总体呈上升趋势。另外,1998年广岛县全面禁止开采海砂,濑户内海沿岸三县执行海砂开采审批制度,未经审批不得开采④。

3. 政府—企业—社会—公民通力合作共治。从行政管理机构层面看,各级政府部门在分工明确,环境厅负责总体协调,海上保安厅负责海洋污染事件处理,各级地方政府负责各自辖区的海洋污监测⑤。另外,为了防止职责部门的权力分化与责任推诿,在进一步明确政府、企业、社会组织和个人等各方责任的基础上,强调中央、地方政府、企业组织、社会团体和公民等各方主体在濑户内海生态修复与保护中的合作共治。如在《濑户内海环境保护特别措施法》中明确规定,企业若要设置排污设施,必须提前提出申请;与此同时,府、县知事还要将此事通知与该环境有关的府、县知事和市、镇、村长,征求各府、县知事和市、镇、村长的意见。

---

① 刘振:《濑户内海海岸带保护法律制度研究及对渤海海岸带保护的启示》,博士学位论文,中国海洋大学,2013年,第18页。
② Ministry of the Health and Welfare Government of Japan, 1999. Comprehensive Survey of Living Condition of the People on Health and Welfare 1998.
③ 石破:《日本濑户内海治污记》,转引自南风窗 http://news.sina.com.cn/c/2006-08-21/174110786911.shtml,2015年8月4日最后一次访问。
④ 同济大学建筑科技与市场:《广岛县全面禁止开采海砂》[EB/OL], http://www.lib.tongji.edu.cn/jzb/1999%C4%EA/1999-03/99%C4%EA%B5%DA%C8%FD%C6%DA.htm, 2012-12-30。
⑤ 刘相兵:《渤海环境污染及其治理研究》,博士学位论文,烟台大学,2013年,第37页。

在此过程中，府、县知事可以随时根据有关法律规定，驳回其申请。另外，环濑户内海区域的民间环保组织的规模与数量也增长明显。除了半官方的濑户内海环境保护协会发展迅速外，各地方政府、大学也都成立了一系列研究机构与民间团体，各自都在濑户内海的生态修复与保护中扮演了非常重要的角色。总体而言，经过政府与社会各界的共同努力，濑户内海的生态环境得以还原修复，最终使得濑户内海得以重新复活。

第二节　我国海洋生态补偿的典型实证及经验

就目前的国内海洋生态补偿运行现状而言，比较典型的实例主要体现在："塔斯曼、康菲石油"海洋溢油污染案、山东在制定《海洋生态损害赔偿费和损失补偿费管理暂行办法》等方面的海洋生态补偿探索、长三角/珠三角的海洋生态补偿的区域联动等不同层面。

一　海洋溢油污染："塔斯曼、康菲石油案"

如前所述，石油污染是海洋生态环境损害的主要方式之一，近年来我国海域溢油事故也呈多发态势，导致我国海洋生态受到严重威胁。然而我国尚未建立完备的油污损害紧急应对、损害赔偿，在跨国石油污染损害事故中无法摆脱被动，掌握先机，造成我国在国际利益博弈中处于劣势。为保证我国海洋经济的持续健康发展，我们不仅应逐步确立生态补偿理论体系，还应在应对一系列海洋溢油实证中（如"塔斯曼海"溢油事故、"康菲"案），充分提升海洋生态补偿能力。

（一）"塔斯曼案"的先行先试：第一起海上溢油海洋生态致损索赔案

2002年11月，我国的渤海湾曹妃甸海域发生"塔斯曼海"溢油事故，导致200多吨原油入海，天津和唐山海域受溢油污染。事故发生后，经海事局调查认定——"塔斯曼海"油轮应承担主要责任。"塔斯曼海"油轮违反我国《海洋环境保护法》的第62条、第65条规定，依据该法律规定，该油轮所有人将受到20万元的行政处罚。事故发生后，国家海洋局授权最方便处理事故的天津市海洋局，就近代表国家作为索赔主体，向天津海事法院提起海洋生态环境污染损害索赔之诉。除了天津海事局外，此次索赔案共有10个诉讼主体，其中包括渔民、养殖业主1500余人，总索赔额达到1.7亿元。在我国的法律实践史上，本案既是第一次就海上溢油事故所导致生态损害的索赔案件，也是国家作为主体索赔的第一案，同时还是一起涉外海洋溢油事故赔偿案件。该案诉讼时间长达 7 年，经过天津海事法院一审、天津市高院二审和最高法院再审。遗憾的是，天津海洋局最终仅获得 300 多万元人民币的和解补偿。该案的成功之处在于开创了国家作为索赔主体的先河，首次维护海洋生态环境利益，有效保护了渔民的利益。尽管该案获得了全国公众舆论的上下一致称赞，但是基于种种原因，尤其是在本阶段，我国在海洋生态补偿问题上，基本尚无认识，更谈不上相应的制度配置。因此，本案只能称之为"一个半成功的实证"，但是其中的首次探索意义不容忽视。

1. 以国家作为海洋生态补偿的权利要求主体的探索。根据《中华人民共和国海洋环境保护法》（1982 年通过，1999 年修订）的第 72 条、第 90 条，2013 年修订的《中华人民共和国海洋环境保护法》的第 90 条第二款的规定，涉及重大海洋污染等事故的，可由国家海洋局作为索赔主体代表国家索赔①。因为事故发生地主要在天津地区，国家授权天津海洋局代表国家进行索赔，授权天津市海洋局、天津市渔政渔港监管处参与诉讼。这一方案符合相应法理及法律规定。而在该案的索赔主体中，除了国家，还包括 1490 名渔民及养殖户提起的民事索赔。这与国家索赔程序互不冲突。无疑，在此次溢油赔偿案中，关于确立国家作为索赔主体的相关实践，为以后类似的案件提供了相应的判例支持，有开山示例之义。因此，在此之后，比如 2011 年发生康菲漏油案件，国家海洋局北海分局就依照"塔斯曼案"这一前例，作为国家海洋局的代表，向康菲公司提起海洋生态补偿及其相关诉讼请求。

2. 首次提出对海洋生态环境价值的认定，实现海洋生态权益可诉化，为海洋生态补偿中的对"环境要素（海洋生态）"的补偿奠定基础。该案首次通过司法程序确定海洋生态环境的价值，并初步厘清海洋生态权益的具体参照目标。最高人民法院审理时，主要参照国家海洋局于 2007 年制定的《海洋溢油生态损害评估技术导则》（以下简称《导则》）。根据该《导则》，海洋油污泄漏事故造成的海洋生态损害包括对海洋总体水质、海洋周围的潮滩系统、海洋动植物系统、海洋沉积物系统、典型海洋生态体系与普通海洋生态系统六方面的损害②。这是我国首次提出确定海洋生

---

① 根据《中华人民共和国海洋环境保护法》（1982 年通过，1999 年修订）第 71 条规定；《中华人民共和国海洋环境保护法》（2013 年修订）的第 90 条第二款规定。
② 宫晴晴：《海洋生态环境损害国家索赔制度初探》，博士学位论文，华东政法大学，2012 年，第 29 页。

态系统服务价值,为海洋生态补偿中的对"环境要素(海洋生态)"的补偿奠定基础,是运用国内法和国际法推动对海洋生态自身的补偿的一个开创性范例。

3. 开创了我国海洋生态损害补偿中个体索赔成功的先例,有效地保护了海洋生态补偿中对"人(渔民和养殖业主)合法权益"的补偿。在该案中,个体的渔民和养殖户无疑是诉讼的弱势群体,他们统一委托"渔民协会"提起诉讼,开创了我国个体受害者参与海洋生态补偿诉求,并获得成功的模式。虽然最后获得1700余万元的海洋生态补偿,远不及美国墨西哥湾的200亿溢油响应基金的量,但是对于渔民和养殖业主的海洋生态补偿而言,也是开创性的。

(二)"康菲石油案"的再次考验

2011年6月,渤海湾再次发生重大溢油事故。由中海油和美国康菲石油公司的全资子公司康菲石油中国有限公司开采,编号为B的石油钻进平台出现了来源不明的石油膜。至2011年11月,康菲漏油污染面积扩大到渤海湾1/3还多,严重地污染了渤海湾的生态环境。面对国务院和海洋环保部门各种"排查漏油点、切断漏油源头、停止钻井和开采"的要求,康菲公司表现出傲慢的态度,更以种种理由试图减少罚款和民事赔偿,不愿承担应有的海洋生态补偿责任。直至2014年12月,天津海事法院才公开审理了21名渔业养殖户诉康菲中国公司、中海油总公司海洋溢油污染损害纠纷一案,但是未给予宣判。到该书出版为止,康菲溢油案件的海洋生态补偿问题,仍然没有得到合理解决。海洋生态利益受损的人(渔民)根本没有得到合理生态补偿,更毋论环境要素自身(海洋生态)的生态补偿。纵观康菲溢油案件全程,以充分凸显出我国海洋生态补偿制度和理论基本仍处于欠缺的境况。

1. 国内关于海洋溢油事故生态补偿的专门立法滞后。在此次康菲溢油案中,国家海洋局仅依据《海洋环境保护法》的相关规定,对康菲(中国)公司做出区区20万元的行政处罚。加之长期以来我国环境公益诉讼的可诉性差,广大个体渔民和养殖户的生态补偿诉求不被法院受理,受害者的权益得不到合理的补偿支付。再就是引发该海洋生态损害事故的康菲公司一直不愿意承担海洋生态补偿的应负责任。跟美国墨西哥湾的英国石油公司(BP)在同样性质的海洋生态补偿实证中的表现相差甚远〔英国石油公司(BP)于事故发生后,即在2010年6月16日,设立一个200亿美元的溢油响应基金〕。康菲公司海洋溢油事故生态补偿案的惨淡收场,充分暴露了我国现行的有关海洋生态补偿相关法律的不足。现有的法律法规则散见于《民法通则》《侵权责任法》《海洋环境保护法》等法律和行政法规中；而且仅是一些抽象的原则性、程序性规定，缺乏可操作性。尽管山东省于2010年率先出台了《海洋生态损害赔偿和损失补偿相关办法》，但该《办法》对海洋生态补偿的标准仍未作出详细且明确的规定，例如补偿的具体标准和年限等规定缺失，因此其可操作性仍需观察①。

2. 监管部门职能分散，不利于海上溢油事故生态补偿问题的处理。海上环境污染一般牵扯到许多监管部门的利益，不同部门的监管职能各有侧重，由于没有严格的部门监管职能协调，使得海上溢油生态补偿工作中各部门各自为政，不能及时有效地针对整个事件进行处理。例如国家海洋局及其北海分局作为渤海湾石油勘探开发环境保护管理主管部分，没有履行其职责，主动发现漏油事故并采取措施，而且事故发生至今，仍没有充分查明康菲中国提出的渤海燃料油污染问题，是明显的监管不力②。国家环保部在事故发生后也没有起到应有的统一监督和协调作用，仅仅是组织成立了调查小组进行事故调查，显然是处置不力。另外，此次渤海湾溢油事故中，中海油作为投资主体和康菲（中国）的合作开发者，同样也应当承担监管不力的责任。

3. 海洋溢油损害及其生态补偿的强制保险制度存在漏洞。目前，我国虽对海上油气勘探主体提出了污染损害实行强制保险的要求，但是根据《海洋石油勘探开发环境保护管理条例》中原则性的规定——企业、事业单位和石油勘探开发作业者应缴纳有关污染损害民事责任保险。可是我国现有的损害保险制度对投保额度并无强制性规定，这一法律上的漏洞直接导致污染主体的生态补偿责任的实现仅仅停留在理论上。比如康菲中国在中国的理赔额度，远远不能满足渤海湾受污染海域的全部清污和生态补偿投入。这与墨西哥湾海上溢油事件中的保险相差甚远。在墨西哥湾生态补偿中，英国石油公司（BP）为了担保支付，将其在美国的价值200亿美元的资产作为债券加以抵押。

4. 生态补偿范围、标准、计算方法缺失。在康菲案中，在应否将海洋生态损失列入补偿范围的问题上，存在争议。而这一至关重要的关键性问题，则直接导致了康菲溢油案在计算赔偿范围、赔偿标准、赔偿金额

---

① 宫小伟：《海洋生态补偿理论与管理政策研究》，博士学位论文，中国海洋大学，2013年，第112页。
② 林翱旻：《从康菲石油案看我国海底区域活动环境污染损害赔偿制度》，博士学位论文，湖南师范大学，2013年，第41页。

上陷入困境。而这还将导致各类海洋生态损害受害者（如渔民、水产养殖业、养殖业者、水产加工业者、海边旅游活动经营者等受补偿主体）所受补偿数额会相差巨大，虽然彼此是在同一件海洋溢油生态补偿的案件中。从而削弱了海洋生态补偿法律规则及其适用的统一性和公平性。虽然，国家海洋局于2007年发布《技术导则》，但是由于该《导则》不具备行政处罚计量标准功能，因此在提起诉讼时仅能作为法院判处罚金的参考标准，而不能作为依据。

5. 油污损害生态补偿基金的建设滞后。我国《海洋环境保护法》中明确规定了建立油污损害基金的条款，但是此条款至今尚未启动。面对强大的舆论压力，2011年康菲公司终于表示将建立专门的渤海湾生态补偿基金网站，以便接受溢油事故中受损主体的生态补偿申请，并希望以此方式代替诉讼方式。与此同时，康菲中国还将聘请专业理赔机构，独立管理该生态补偿基金，并受理所有有充分证据的生态补偿诉求。然而，该基金的设置非常局限，基金的生态补偿范围并不包括环境损害的补偿，而且仅仅包括经济损失①。这一油污损害生态补偿基金的重大缺陷，意味着如果未来产生的溢油之类的事故，所造成的相关海域的生态损害以及生态系统保护与修复费用，将面临损失确认及严重的资金缺乏问题②。

二 山东海洋生态补偿探索与尝试突破

山东省海岸线长达3100多千米，海洋工程、海岸工程用海项目不断增长，仅十几年间发生了不同程度的海上溢油等污染事件，如上文提及的"塔斯曼海"轮油污案和康菲溢油污染案，就已经对海洋生态造成了巨大的损害，对海洋生态系统带来了极大的冲击。基于海洋生态补偿相关赔偿、补偿办法和规定等严重缺失的现实紧迫性，也基于实现陆海统筹、建设"蓝黄经济区"的发展需要，山东省于2010年出台了《海洋生态损害赔偿费和损失补偿费管理暂行办法》（以下简称《暂行办法》）。该办法填补了我国海洋生态补偿法律规定上的空白。该办法的出台，标志着我国沿海省份在建立海洋生态补偿制度道路上的进一步探索。

（一）《暂行办法》在我国生态补偿实践探索中的诸多进展

1. 确定"凡用海，必补偿"的重要原则。其目的在于迫使用海者开

---

① 康菲公司设赔偿基金网站［EB/OL］，http：//finance.people.com.cn/GB/16677867.html，2015年7月3日最后一次访问。
② 韩萌：《康菲溢油事故的法律责任分析》，《华北电力大学学报》（社会科学版）2012年第1期，第71—75页。

发利用海洋资源时细心核算成本、尽量减少污染行为，有力地解决了海洋生态利用的外部性问题。从外部性成本内部化的具体方式看，在于"用海项目的审批"直接与"海洋生态损失补偿费的缴纳情况"挂钩。但凡不履行义务者，海洋与渔业行政主管部门可以中止审批用海项目。

2. 细化海洋生态补偿评估方法。为了配合《暂行办法》的实施，《山东省海洋生态损害赔偿和损失补偿评估办法》于 2010 年 2 月出台。依照《评估办法》的规定，具体评估方法，可以根据海洋与海岸工程项目大小，以及其对施工海域生态环境影响轻重而加以区分。因此，以省级用海审批机关为基准单位，每 50 公顷用海，20 年内支付海洋生态损失补偿费 1000 万元。《评估办法》的颁布，在一定程度上促进了海洋生态补偿评估办法的完善。

3. 明确海洋生态损害赔偿、补偿的标准与范围。《暂行办法》规定，海洋生态损失价值由省级以上海洋与渔业行政主管部门专门组织专家进行评估。赔偿和补偿的费用应当包含海洋生态损害赔偿和补偿的调查、鉴定和评估费用等。渔业损失、渔具损害以及清理污染费用，应当按照实际损失和投入作为计算标准。显然，补偿范围和标准的规定，解决了长期以来我国海洋生态补偿的计量问题，为推进海洋生态补偿提供了相应依据。从实践中看，《暂行办法》颁布后，山东沿海各地区（包括日照、烟台、东营等）的重要用海单位，正积极严格实施该办法，并在海洋生态补偿的实践工作中取得了不少突破。当然，不可否认的是，海洋生态补偿及运行在目前仍然面临不少条件限制和现实困境。

（二）海洋生态补偿及运行面临的条件限制和现实困境

1. 海洋生态补偿缺乏专业上位法的确认和保障。虽然海洋生态补偿理念已在我国多部法律中有所体现，如《海洋环境保护法》《渔业法》《海洋溢油生态损害评估技术导则》等法律法规。但是总体而言，我国尚未建立统一的海洋生态补偿法，既无基本法，也无部门法，更未形成统一的海洋生态补偿法律体系。尽管山东省制定了首部海洋生态补偿地方法规，但是相较法律而言，不仅层次较低、权威性不足，而且缺乏相应法律制度保障，难以发挥实际效用。而且，对于海洋生态补偿立法而言，因为海洋生态补偿本身就是一个新面临的时代课题，缺乏厚实的理论基础与充分的经验指导，因此，相应的政策文件、法律法规的制度与运用，就难免出现依据不充分、覆盖范围有限、履行方式不规范及执行不到位等问题。

2. 海洋生态补偿资金短缺，而且来源单一。从本次山东省关于生态补偿的具体运作情况可以发现，我国海洋生态补偿资金的缺口还是极大，而且资金来源也比较单一。从原理上而言，海洋生态补偿资金的来源应包括国家财政、企业投资和社会救助三大部分，其中国家财政是其中的最主要来源。但是，由于国家财政资金来源对地方经济发展的依赖性大，稳定性欠佳，容易导致资金供需矛盾突出，资金缺口扩大。而且，由于欠缺相关配套的生态补偿费用征收实施细则，因此，海洋生态补偿资金还存在"收取难、管理难"等问题。

3. 海洋生态补偿权限划分存在问题。"环保不下海，海洋不上陆"是早期海洋环境行政权限划分的惯例，山东省在建设海洋生态补偿时依然沿用该惯例。但是事实上，这种简单的权限划分标准，已完全不适应复杂的跨行政区域海洋生态补偿。海洋资源的整体性、流动性决定了海洋生态问题的海陆关联性。因此，就地域跨区域污染导致的海洋生态补偿而言，依照传统的行政权限划分，无法解决现实中的问题。如《暂行办法》虽然规定由海洋与渔业厅负责管理海洋生态补偿，环保厅负责管理流域、湿地生态补偿，但是现实情况是河流入海口、海边湿地二者的位置往往十分相近，存在许多交叉而难以协调的利益问题。"一刀切"式划分海洋生态与陆地生态补偿管理，既违背了生态的整体性，也缺乏科学性。

4. 海洋生态补偿工作缺乏公众及社会团体的参与和监督。社会团体和公众参与是建设海洋生态补偿的重要环节，而在山东省建立海洋生态补偿的探索实践中，公众参与度极低，在污染赔偿和生态补偿参与主体方面，仅仅局限于污染企业和受污染海域渔民、养殖户等与海洋生态环境密切相关的人群。而且，就连山东省致力于建设"蓝黄经济区"的地方政府战略，其中的信息都很少为民众所知。因此，要充分促进海洋生态补偿应当进行相应海洋生态补偿的引导和舆论宣传，提高社会团体和公众在海洋生态补偿问题的参与度，监督海洋生态补偿的有效运作。

三 海洋生态补偿的区域联动：长三角、珠三角的先行先试

（一）长三角的海洋生态补偿区域联动

以我国长江—东海—钱塘江为纽带，长江三角洲区域已逐步形成经济社会发展一体化，形成东海海洋经济圈。然而海洋的整体性与海洋污染的流动性决定了长三角三省市海域必然联动成一个整体，也必然面临"一荣俱荣、一损俱损"的整体性境况。因此除了要实现市场要素的一体化，还应实现包括海洋生态环境良好状态维护的一体化。长江三角洲地处长江、钱塘江和甬江三江入海口，该片海域承受着上海、江苏、浙江"一市两省"源源不断的陆源污染、围海造地等行为带来的生态破坏。据

《2014年东海区海洋环境公报》统计,2014年东海区5个生态监控区均处于亚健康或不健康状态。显然,长三角海域水体的关联性、跨界海洋污染纠纷不断出现,使得建立长三角生态补偿区域联动日益迫切。

1. 区域联动已基本成型。就长三角地区"两省一市"目前所具有的基础条件、政策导向、实践进展看,实现长三角海洋生态补偿区域联动机制基本成型:其一,长三角是中国东部经济发展的领军地区,2014年上海、江苏、浙江的国内生产总值分别为23560亿元、65100亿元和40153亿元,为海洋生态补偿区域联动奠定了坚实的经济基础。其二,2008年,国家环境保护部下发《关于长江三角洲地区流域生态补偿机制研究的复函》,明确支持长三角进行流域生态补偿机制建设试点。而三省市政府也将建立流域生态补偿机制纳入重要议事日程。所以,在国家和地方两个层面,已具备政策基础。其三,长三角一体化进程加快,区域合作从经济贸易领域进一步拓展到经济、交通、旅游、环保等各个领域。尤其是2008年苏浙沪三省市环保厅(局)签署《长江三角洲地区环境保护工作合作协议(2008—2010年)》,明确提出开展创新区域环境经济政策的合作,为长三角海洋生态补偿的区域联动提供了很好的合作前提。其四,长三角三省市均开展过生态补偿实践探索,如浙江省于2005年颁布《关于进一步完善生态补偿机制的若干意见》,开展跨省生态补偿试点,如新安江流域生态补偿实践;江苏省开展了基于断面水质考核目标的上下游双向生态补偿试点[①]。这些实践都为长三角海洋生态补偿的区域联动奠定了良好的实践基础。

当然,虽然长三角海洋生态补偿的区域联动在经济、政策、实践等方面已具备基本条件,但是,也囿于"我国目前尚未制定统一的生态补偿法律法规、海洋环境问题的复杂性"等因素制约,要实现"长三角海洋生态补偿的良好联动,建立跨区、跨界性海洋生态补偿运行"等任务目标,尚需在许多方面加以努力。特别是在推进海洋生态补偿的长三角区域联动的过程中,要处理好"空间、政府、产业和市场"的多个维度关系。

2. 区域联动中的条件夯实:推进多维度关系协调。一是海洋生态要素的空间格局与生态补偿机制的设计与运行。海洋生态要素的空间格局是海洋生态补偿区域联动的载体。对于长三角东海海域而言,北至连云港、南至温州与福建,海洋空间巨大,海洋生态要素的空间格局必然存在差异

---

① 黄宇驰、王敏、黄沈发、苏敬华:《长三角地区开展流域生态补偿机制的策略选择与前景展望》,《生态经济》2011年第6期,第172—174页。

与不同，海洋功能区划也会存在不同。因此要推进长三角区域海洋生态补偿的机制良好联动，首先必须根据各部分海域的"地理形态、自然资源状况、生态环境条件和海洋经济发展程度"等因素，进行针对性的但又体现整体化的分类分层协调与设计，以保证整体的海洋生态补偿区域联动效益。

二是政府联动与生态补偿的设计与运行。海洋资源本身所具备的整体性和外部性特征，在传统行政区划下，沿海各省市往往仅把海洋作为"非排他性、非竞争性的公共物品"来加以利用和管理，因此容易忽略区域利益与整体利益的关系、个体利益与集团利益的关系，导致容易陷入"公用地悲剧"。而在整个海洋生态保护的流程中，行政监管在时间上应该处于"上游时段"，因此，若从"上游时段"就加以考虑，会比"末端应对、末端监管、末端治理"更为有效与节约成本。因此，在海洋生态补偿联动机制的设计与运行中，如果在"上游时段"，就注意"不同区域间的行政互助联动（如决策、规划布局、政策法规制定、信息共享平台等）"，借助共同行政协商，制定统一的行政监管与生态补偿思路与方案。无疑将为海洋生态补偿区域联动中的共同决策、共同监管、资金共同资金管理奠定前提基础。

三是产业联动与生态补偿的设计与运行。产业联动是区域联动的核心内容[①]，其实质要求是实现区域之间的利益最大化，这与海洋生态补偿的最终目的是一致的。对于推进海洋生态补偿的长三角区域联动而言，"综合利用海洋资源、共同保护海洋生态，明确责任、推进'污染者负担、受益者补偿'，实现海洋经济、社会和生态利益的最大化"，无疑就是其中的最终目的。从海洋产业分工看，在较集中的海域范围内，海洋产业分工是比较明显的，渔业、养殖业、石油工业、航运业、盐化工业、娱乐旅游业等各有分工，在不同片区海域各显优势。因此，需要通盘规划海洋产业，调整产业结构，促进先发区先进海洋产业技术对后发地区的带动，从而提升海洋产业层次，促成跨海域海洋产业联合，形成区域海洋产业联盟。显然，这对于"集约利用整体海洋功能、形成规模效益、提升整体核心竞争力"而言，非常有必要。而这样局面的形成，一方面，可以为长三角海洋生态补偿形成很好的区域联动氛围；另一方面，也可以为海洋生态补偿区域联动中的一些细化问题（如为海洋生态功能服务价值的估

---

① 王海飞、林柳琳：《区域联动及其相关基本问题研究》，《改革与战略》2014年第6期，第82—86页。

算提供便利、为海洋生态补偿提供产业联盟后盾与资金保障等）提供基础条件。

四是市场联动与生态补偿的设计与运行。市场联动是实现区域联动的重要媒介。近年来，长三角的经济一体化进程虽然在不断加快，但是在推进海洋生态补偿的长三角区域联动中，还会面临诸多难题——如不同行政区域市场的相对独立性；涉及成本与收益计算、损害与修复评估时，往往需要逾越某一级行政主体及相应的市场范围等。因此，如何形成成熟的经济学模型，解决海洋生态服务系统价值评估等难题；如何建立平等互惠、公正公开的市场，充分实现市场一体化，形成区域市场联动的状态……这些都需要有针对性地进一步创新。

（二）珠三角的海洋生态补偿区域联动

1. 区域联动迈出试探性第一步。珠三角是我国改革开放的排头兵，在40年发展历程中，九大核心城市（广州、深圳、佛山、珠海、东莞、中山、江门、惠州、肇庆）均有不同程度的快速发展，形成广东省最富庶的城市连绵带，也是我国经济发展的三大引擎之一。当然，"珠三角"在有自己优势的同时，也面临自己的难点与挑战。如"珠三角"所形成的"二元经济体"结构，一度成为珠三角海洋生态补偿建设的无形障碍。受2008年国际金融危机蔓延影响，珠三角地区经济发展受到重创，许多深层次的问题由此暴露，如环境污染问题突出、资源环境约束凸显等。在此背景下，广东省政府认为必须重组环境产业，提升区域可持续发展能力，因此，于2010年颁布了《珠三角环境保护一体化规划（2009—2020年）》（以下简称《规划》）。该《规划》的颁布，意味着珠三角海洋生态补偿的区域联动迈出试探性的第一步。2012年又正式实行《广东省生态保护补偿办法》，该《办法》规定由广东省财政统一安排政府财政转移支付资金，确定了生态补偿的主要资金来源。

2. 区域联动的逐步推进。虽然目前国家尚未建立统一的海洋生态补偿机制，也尚未正式形成海洋生态补偿制度，但广东省在《珠三角环境保护一体化规划》和《广东省生态补偿办法》框架下，近几年来，在珠三角逐步实现区域海洋环境一体化的过程中，在海洋生态补偿区域联动上推进了系列尝试。

比如：深化广佛肇、深莞惠、珠中江九市三区域的环保合作，建立生态保护指标体系，各地完善环保法规；互通环境信息和重大项目审批信息；全面实施排污许可证制度；推进跨界流域排污权交易试点；加快实施绿色保险、信贷制度，积极拓展融资渠道，建立珠三角生态补偿专项基金；完善专项海洋生态补偿，专用于海洋资源的增殖和保护（如人工鱼礁生态补偿，2001年广东共投资8亿元，建设100座人工鱼礁，对渔业生态环境进行补偿；确定转移支付总额，支付基础性补偿资金和激励性补偿资金；平衡政府间财政收入支出，促进珠三角区域经济和公共服务协调发展等。这些都实现了珠三角的海洋生态补偿区域联动的逐步推进。

3. 区域联动中的条件夯实。第一，夯实海洋生态补偿法规规章，加强法治保障与指引。在推进珠三角海洋生态补偿区域联动的过程中，仍然面临着法律法规不健全的困境。虽然在《广东省生态补偿条例》中，明确规定了生态补偿的基本原则、补偿范围、分配办法、资金总额、使用范围和保障措施等方面内容。但是，该《条例》主要还是针对全省各领域的生态补偿问题（含流域补偿、林地补偿等），还不是专门针对海洋生态补偿的一个政策、法律法规文件。而且，生态补偿主体的规定也不明确，补偿资金管理模式尚不确定[1]。另外，《条例》所规定的补偿范围包括两类，分别是国家级和省级生态区。这样的规定不够具体，要直接适用于海洋功能区，有一定难度。显然，尚需填补专门针对海洋生态补偿的政策、法律法规文件，从而加强法治保障与指引。

第二，建立区域间的横向财政转移支付机制。根据《条例》的规定，海洋生态补偿资金主要来源于省财政转移支付，由省财政厅根据各市财政收入状况，分别确定基础性补偿资金与激励性补偿资金的分配比例。但是按照《条例》的相应规定，生态补偿的资金来源渠道会比较单一，主要依赖广东省财政。因此，非常需要拓展资金来源渠道，比如建立珠三角连贯统一的生态市场，九市间横向财政的转移支付等。尤其是"九市间横向财政转移支付"的实现，这将会是推进珠三角海洋生态补偿区域联动的一个重要环节。显然，仅仅依靠省级财政转移支付，无法充分实现区域联动的效果与目标。

第三，填补"二元经济体"之间的海洋生态补偿成本量化方法。正是基于广东省沿海十四市中存在"二元经济体"的现实[2]，因此，发达与欠发达区域的经济发展水平差距较大。而这也就带来了海洋生态补偿成本的差异，以及海洋生态补偿成本的量化问题，也是推进海洋生态补偿区域联动的基础性问题。需要探索与填补"二元经济体"之间、发达与欠发

---

[1] 白福臣：《构建广东海洋生态补偿机制的困境及对策》，《新经济》2014年第10期，第79页。

[2] 秦格：《区域工业发展生态环境补偿统筹机制的必要性研究——以广东省为例》，《金融管理研究》2014年第1期，第125—135页。

达区域之间的海洋生态补偿成本量化方法。否则，即使提供了相关政策、夯实了相关法规规章、拥有了横向财政的转移支付资金，如果缺乏生态补偿成本量化方法，也无法将海洋生态补偿区域联动落到实处。

第四，深化珠三角区域的"利益共同体"意识。当前，也正是"二元经济体"等因素的影响，导致了珠三角各市地方经济发展参差不齐，区域产业布局所存在的矛盾较大，珠三角区域的"区域整体化、利益共同体"等意识不强。为此，为了治理跨界水环境污染，广东省政府曾经专门组织成立珠江综合整治联席会议制度，但是收效不佳。其中的最重要因素是各市基于"区域私益"追求考虑，多选择保守与观望的思路与方案。因此，联动共治污染的主动性不强，个别地方甚至存在相互扯皮、推卸责任的现象。为此，各区域要充分认识"环境问题是公害、环境利益是公益、环境行动是公共行动"，这在海洋生态保护及其生态补偿联动中，也是同样原理。必须深化珠三角区域的"利益共同体"意识，这也是推进珠三角区域一体化的关键一步。

第五，完善海洋环境信息公开与共享机制。海洋生态补偿的区域联动依托于环境信息公开与共享。其中，关于海洋开发项目环境影响评价、陆源污染物排放情况，以及环境质量信息等资讯的公开、互联和共享，是推进海洋生态补偿区域联动的重要前提。然而，目前珠三角各市之间的环境信息封闭保护的现象仍然普遍，环境信息共享及其机制尚未建立。因此，要充分推进海洋生态补偿的区域联动，海洋资源环境的信息公开与共享，对于各方而言都是必需的，也是有益的。

四 海洋生态补偿：资源开发与生态保护并举

（一）惠州大亚湾经济技术开发区的海洋生态补偿

惠州大亚湾经济技术开发区是国家级经济技术开发区，于1993年5月经国务院批准成立，位于广东省惠州市南部，毗邻深圳坪山新区，距离香港47海里，距惠州市区约50千米，距深圳市区约70千米，距东莞市中心约120千米、广州市区约170千米，属于珠三角经济区的重要组成部分。大亚湾海域位于珠江口东侧，西邻大鹏湾，东连红海湾，海域面积（含海岛）1300平方千米，海岸线63.1千米。依托优越的区位优势，大亚湾经济技术开发区引进一大批具有市场竞争力的产业，发展交通运输业，完善服务配套设施。经过近30年的发展，大亚湾经济技术开发区取得了举世瞩目的经济成就。2018年，实现地区生产总值685.7亿元，规模以上工业增加值633亿元，税收总额（含海关代征税）465.2亿元，公共财政预算收入 61 亿元。在大力发展经济的同时，大亚湾经济技术开发区十分重视海洋生态保护工作，丰富了海洋生态补偿实践，为海洋生态补偿制度的发展完善提供了有益经验。

大亚湾经济技术开发区进行海洋生态补偿的重要实践之一是对失海渔民的补偿。由于重大工程项目的需要，大亚湾区多年以来进行围填海活动，导致捕捞渔民和水产养殖户开展生产的浅海滩涂面积不断减少。同时，为了促进渔业经济的转型升级，保护海洋生态环境，大亚湾渔民的传统渔业活动受到一定的限制。随着渔业资源的减少和生产生活成本的增加，渔民生活困难。为了解决大亚湾渔民"生产资源缺、经济来源少、交通出行难"的问题，大亚湾政府制定《大亚湾惠渔政策实施办法》，实施针对渔民的"输血工程"和"造血工程"，改善渔民生活，促进大亚湾渔业经济转型升级，逐步引导渔业转产转业。"输血工程"包括实施沿海渔民生活补助政策和交通补助政策。沿海渔民生活补助的对象是户籍位于澳头街道的东升村、前进村等 7 个传统渔村的村民，每年每人补偿 500 元，补偿期限为 2012—2016 年共计 5 年。交通补助政策的对象是户籍位于澳头街道的三门村和东升村的渔民，三门村的补偿标准为每人每年 200 元，东升村每人每年 150 元。同时，在读初中以上学生每人每年在原补助基础上增加 50 元，补偿期限同样为 2012—2016 年共计 5 年。"输血工程"对失海渔民进行经济补偿，在一定程度上弥补了预期的经济损失，改善了渔民生活。更为重要的"造血工程"则是为失海渔民提供了新的发展机会，更加具有持续性。"造血工程"包括为渔民安排商铺和发展休闲渔业。大亚湾在澳头街道办渔人码头二期工程建设的饮食街商铺中，优先为东升村、前进村等 7 个渔村各安排 1 间商铺，使用期限为 10 年，这一举措增加了传统渔村的集体经济收入，有利于发挥村集体功能，提供更加优质的公共服务。同时，大亚湾安排财政资金，扶植传统渔村建造休闲渔船，建成后交由休闲渔业公司统一经营管理，休闲渔业公司每年给渔村利润，并为渔民安排就业岗位。这一措施不仅使渔民获得了实实在在的"红利"，而且带动了渔民的就业，使渔民的生活得到了更加充分的保障。

2015 年，大亚湾区海洋和渔业分局对大亚湾区海域进行生态保护补偿，开展海洋生态修复工作。一是开展海岛生态修复。大亚湾区海洋与渔业分局联合区团委、中海油、深能源公司等单位共约 90 人，在纯洲岛开展主题为"依法用岛，保护海岛生态环境"的植树活动，共植 400 多棵适应岛上气候的树苗，投入资金约 10 万元。二是建设人工鱼礁。大亚湾地区共有 4 个人工鱼礁区，面积 23.48 平方千米，包括大梁家南部的准生态公益人工鱼礁区、大梁家东北部的准生态公益人工鱼礁区、轻排放生态公益人工鱼礁区、青州生态公益人工鱼礁区。总共有6200个珊瑚礁被放入珊瑚礁。三是进行人工增殖放流。海洋和渔业分局成功在澳头衙前绿道组织举行主题为"保护海洋环境，共建生态文明"的大亚湾区2015年第九届"休渔放生节"活动。放生斜带石斑、花尾胡椒鲷、红鳍笛鲷及其他鲷科鱼苗共54.9万尾、斑节对虾200万尾，有效保护海洋生物资源。

2017年11月，惠州大亚湾开发区管委会发布《惠州大亚湾经济技术开发区海洋环境保护三年行动计划（2017—2019年）》（以下简称《三年行动计划》）并付诸实施。《三年行动计划》重点项目包括陆源入海污染控制、海源入海污染控制、海洋生态保护与修复、海洋环保机制建设和海洋环保监管能力提升5个方面共22项工程措施，总投资约169650万元。在资金的筹措方面，项目的实施主要依靠大亚湾开发区专项财政资金，同时，充分利用多元化的资金筹措方式，如申请广东省、惠州市的财政支持，以及招商引资，发挥BOT、BT等机制的融资功能等。在有关海洋生态保护与修复方面的项目中，涉及海洋生态保护补偿和海洋生态损害补偿。

就海洋生态保护补偿而言，采取的主要措施包括三方面。其一，持续开展人工鱼礁与生物资源增殖计划。结合人工鱼礁的建设，每年海洋和渔业行政主管部门计划生物资源的保护和增殖，并负责实施计划水域的水生资源自然保护区，人工珊瑚礁，幼鱼和虾储备，贝类和海鲜扩张和扩散的区域。其二，开展珊瑚礁生态修复示范工程。在大范围移植珊瑚前，相关部门首先进行探索性试点试验，在确定珊瑚移植的适宜方案后，再进行大范围移植工作。同时，在大亚湾中部珊瑚礁分布区开展不同条件和种类的珊瑚礁人工繁育和移植技术研究，进行珊瑚礁生态技术和特色资源生物的增殖放流、有害生物防控技术的综合集成及示范区建设。其三，采用人工恢复和重建植被方法进行海岛生态恢复。采取以人工养滩为主，辅以生态型潜堤、后缘覆植沙丘、多道沙堤保护屏障等措施，以修复海岛沙滩；采取自然演替和人工抚育相结合的方式，实施植被修复与构建工程，以恢复构建海岛植被系统；采取退养还湿、地形改造等措施，以改善海岛生态环境，美化海岛生态景观。

就海洋生态损害补偿而言，采取的主要措施包括两方面。其一，对于可开发自然岸线的海岛，项目用岛对自然岸线的使用需适度合理，符合节约、集约的原则，同时需向海洋主管部门提出申请，并编制开发利用具体方案、项目论证报告等，经相关部门审批后实施。根据生态红线控制指标要求，项目用岛不得破坏现有砂质岸线。对于项目需占用海岛自然岸线保有岸段的，应维持拟使用岸线的自然状态，或采取"占多少恢复多少"的原则，选择有居民海岛的已利用岸段开展整治修复工程，保障同样长度的已利用岸线恢复成自然状态。这意味着项目的实施除了符合法律法规的技术标准以外，还需要项目的实施者承担海洋生态补偿的义务，即"维持使用岸线的自然状态"或者"占多少补多少"。其二，实行用海单位责任包干制。根据大亚湾区近岸海域、沙滩环境卫生日常保洁管理工作方案，各用海企业负责清理用海区域内的海漂垃圾。这一制度采取非资金补偿的方式，给用海企业设置"义务劳动"的任务，使其清理用海区域的海漂垃圾，实质上也是一种生态补偿的新模式。

（二）白海豚案例——港珠澳大桥工程的海洋生态补偿

港珠澳大桥位于中国广东省伶仃洋地区，是中国内地连接香港、珠海、澳门的桥梁和隧道工程。2009 年 12 月 15 日，港珠澳大桥动工建设；2017 年 7 月 7 日，港珠澳大桥实现主体工程全线贯通；2018 年 10 月 24 日，港珠澳大桥开通运营。港珠澳大桥的建设、贯通和运营，在中国造桥史上具有重大意义，也被英国《卫报》誉为"新世界七大奇迹"。

广东珠江口是国家一级保护动物中华白海豚国家级自然保护区，而珠江口海域也是港珠澳大桥项目的"施工路段"，因此，中华海豚的保护工作成为项目前期规划需要考虑的重要内容。"大桥通车、白海豚不搬家"是在大桥开工前建设者们庄严的承诺。为了实现这一目标，建设单位克服了种种困难，采取了多种措施，直接投入的生态补偿费用达到 8000 万元。一是建设单位创造性地提出"大型化、工厂化、标准化、装配化"的"四化"建设理念，其宗旨是提高大桥建设的工业化水平，通过对大桥的设计和施工方案的调整，把对白海豚生活的干扰降到最低。二是尽量避免在 4—8 月白海豚繁殖高峰期进行大规模的疏浚挖掘，减少施工产生的悬浮物，确保白海豚繁殖安全。三是调整主桥址与水流方向的夹角，减少疏浚物的开挖倾倒，减少工程对海洋水文动态和生物资源的不利影响。根据广东省海洋环境公报 2016 年发布的数据，2016 年在珠江口水域共发现 2367 只中华白海豚。而在 2012 年施工之初，白海豚仅有 1400 头。这表明，白海豚的数量在建设过程中不减反增，而这充分说明对白海豚生态补偿取得了可喜的成绩。

据不完全统计，主体港珠澳大桥工程建设期间，白海豚生态补偿费直接投入 8000 万元，用于建设相关监测费用 4137 万元，环境咨询费 900 万元，渔业资源生态损失补偿费约 1.88 亿元，环保工程约 1000 万元，其他近 800 万元，合计约 3.4 亿元。港珠澳大桥的建设，不仅关注其功能性、安全性和景观性，同时也十分注重工程项目的环保性。在港珠澳大桥建设的环保理念呈现中，尤其突出体现在对中华海豚的生态补偿。

第三节　国内外相关实践案例的比较及综述分析

一　国外海洋生态补偿实践案例的比较及综述分析

（一）美国相关实践的启发及借鉴意义

总体而言，自 2010 年 4 月 20 日墨西哥湾溢油事件发生，到 6 月 16 日溢油响应基金设立，2015 年 7 月 2 日与美国墨西哥湾沿岸 5 个州的赔偿协议进一步达成，墨西哥湾溢油事件及其海洋生态补偿已付诸实践近 5 年多。从具体的实践推进与功能实现看，无论是在溢油响应基金的设置、海湾海岸索赔工具（GCCF）的运作方面，还是美国州政府、地方政府及司法部门的积极行政监管、司法谈判与索赔等方面，积极、正向的推进效果还是非常明显的。具体主要体现在以下两个层次的多赢效果。

其一，积极推动了对人/环境要素的海洋生态补偿功能。即对墨西哥湾溢油事故的受害人的补偿、对墨西哥湾受损海洋生态修复和改善。正如美联社所指出的，187 亿美元的赔偿金中，81 亿美元用于支付亚拉巴马州、佛罗里达州、路易斯安那州、密西西比州和得克萨斯州的州政府和地方政府，以补偿海洋生态损失；55 亿美元用于支付《清洁水法》的罚款，这笔钱大多数将由上述五州分享[①]。美国的司法部长 Loretta Lynch 也认为："将有助于弥补漏油事件对墨西哥湾经济、渔业、湿地和野生动物造成的损失，并将使墨西哥湾未来的几代人获益。"[②]　其二，对于英国石油公司（BP）而言，187 亿美元和解方案的达成，也不可谓是一个上佳的解决方案：责任承担额度为 187 亿美元；分 18 年分期付款；其中有一部分可以享受税款抵扣；可以避免法律诉讼之累；英国石油公司（BP）可以腾出精力实现自我经济修复、进行新投资。

---

① 新浪财经：《英国石油 187 亿美元了结墨西哥湾漏油事件索赔》，http://finance.sina.com.cn/world/20150702/221122576215.shtml，2020 年 12 月 2 日最后一次访问。
② 《就墨西哥湾漏油事件与美国达成协议，英国石油公司赔偿巨款》，《浙江日报》2015 年 7 月 4 日第 5 版要闻，http://zjrb.zjol.com.cn/html/2015-07/04/content_2890532.htm?div=-1，2020 年 8 月 3 日最后一次访问。

无疑，美国墨西哥湾漏油事件的一系列实践，对于促使我国的康菲公司石油泄漏案件尽快走出困境（发生于 2011 年 6 月 4 日，至今无明显进展），推进康菲公司案件所致的海洋生态补偿问题的处理与解决，将有重要的借鉴与启发意义。

（二）日本相关实践的启发及借鉴意义

日本作为一个海岛国家，陆地面积非常狭小，资源非常贫乏，是一个典型的"人口大国、缺资源缺国土的小岛国"。因此，基于国土狭小，"围海造陆"一直是日本"向海洋攫取资源、索要国家建设与社会发展空间"的一个重要战略举措与方案选择。也正基于此，让日本曾一度陷入"短视、急功近利"的"向海洋扩张陷阱"，给原有的海洋环境及生态系统带来极大的冲击与破坏。海洋生态损害与破坏的现实也促使日本反思以往的"短视、急功近利的海洋扩张模式"，对"填海造陆"的海洋工程采取修正与改良行动，以修复与保护受损的海洋生态，实现海洋生态补偿。而"神户人工岛"的再生行动就是其中的代表。从建岛理念及海洋生态补偿视角看，"神户人工岛"的造岛过程，实质经历了两个阶段的修正改良，体现了从"兼顾生态"到"生态修复补偿优先"的提升发展。无疑，濑户内海与神户人工岛的教训及其在海洋生态补偿中的生态修复经验，将给我们提供很好的借鉴[①]。

（三）"塔斯曼海"轮案与"康菲案"的相关启发及借鉴意义

"塔斯曼海"轮案经历长达 7 年的诉讼过程，耗费极大的人力物力，最终天津海事局所获得的 300 万元赔偿，还远不能填补所投入的调查、评估、鉴定和诉讼费用，但是毕竟本案还是开创了溢油事故海洋生态补偿的先河。这对于正逐步受到关注且在海洋时代日益重要的——海洋生态补偿课题而言，其中的先行先试意义是重大的。当然，无论是对于环境要素（海洋生态本身）的补偿，还是对人（渔民和养殖业主）的补偿，本案在海洋生态补偿的诉求过程中，还暴露出种种先天不足与后天的准备不充分。

其一，民事程序补偿性不符合生态保护基本路径。生态补偿机制的建设意义决定了生态保护的基本路径应该是先期预防，而民事程序中提起的

[①] 当然，与濑户内海治理过程中"退"的经验不同的是，神户人工岛的成功经验在于合理有序地"进"和有规划性地"退"。首先在"进"的过程中注重对围填海区域的整体规划，并注重海洋生态保护，力图实现经济、社会和生态效益的"三赢"。其次在"退"的过程中，制定合理的规划，循序渐进，并注重政府、学者、企业、社会组织和公众参与的协同合作，以求达到多方彼此共赢。

"赔偿"侧重于后期补偿，这与生态保护的基本路径不符合①。由于中国海洋生态环境国家索赔案件尚未建立起一套独立的海洋生态补偿国家诉求程序，也欠缺先例经验。"塔斯曼海"轮溢油案件的海洋生态补偿主张程序选择的是民事程序。这是无奈的选择结果，因为作为民事诉讼案件处理，无法体现海洋生态环境损害索赔案件中海洋生态补偿的特殊性，可以说在提起"民事"诉讼之时起，天津海事局就失去了先机。

其二，海洋生态环境诉求缺乏环境容量损失和生态修复评估标准。依据前面提及的《技术导则》，海洋生态环境损害损失应当包括海洋自然资源的直接损失费用、海洋生态系统服务功能损失费用、海洋生态损失调查评估费用等的总和。但是，该导则对海洋生态系统服务功能价值、海洋生态损失的评估费用都没有明确的估算方法。而这也是后期"塔斯曼海"轮案件所得的生态补偿，连最初投入的调查、评估、鉴定和诉讼费用都没有收回的主要原因。

因此，如果将"塔斯曼海"轮案形容为"一个半成功的实证"，则相较而言，"康菲案"可以说是一个"失败的实证"。"康菲案"中暴露出海洋生态补偿诉求中的种种问题：诸如海洋溢油事故生态补偿法律保障缺失、生态补偿标准、计量方法缺失，海洋监管部门职能不清，海洋溢油损害强制保险制度缺失，油污损害赔偿基金建设落后等，都直接导致了"康菲案"的海洋生态补偿诉求失败的结局。

二 国内海洋生态补偿实践案例的比较及综述分析

（一）山东省的生态补偿相关法律规范配置探索

山东省出台的《海洋生态损害赔偿费和损失补偿费管理暂行办法》，明确区分了海洋生态损害赔偿和损失补偿两者概念。损害赔偿是指违法开发利用海洋资源、过失造成海洋污染事故等行为，导致海洋生态损害时应承担的责任；而生态补偿是指合法实施海洋、海岸建设工程和海洋倾废等行为，导致海洋生态环境改变时，应当承担的义务。该暂行办法的出台，标志着未来在山东省管辖海域范围内，造成海洋生态环境损害的，即使是合法建设项目，也要进行损失赔偿，这就为破坏海洋生态环境行为向损害者追偿、系统性地保护海洋生态环境提供了重要的法律依据。而且《暂行办法》还确立了"凡用海，必补偿"的重要原则，与此同时，还明确

---

① 刘卫先：《"塔斯曼海"轮溢油污染案一审判决引发的思考》，《海洋开发与管理》2008年第5期，第62—70页。

规定了生态补偿的评估方法和具体标准。总体而言，《暂行办法》体现了我国生态补偿实践探索的诸多进展。

(二) 长三角和珠三角的海洋生态补偿"区域联动样板"

海洋生态补偿的目的是通过经济手段激励生态保护行为，抑制生态破坏行为。但是正是因为海洋生态利益的非排他性与非竞争性、海洋生态环境的整体性和污染的流动性，却经常会导致利益分配发生变动或利益享有的非排他性，导致"投资方与受益方并非一一对应"，造成"海洋生态产品维护者并非利益享有者"的利益分配不平衡的境况。这种现象不仅仅限于不同的人类主体，还发生在不同的省份或不同的区域之间。因此，在海洋大功能区建设背景下，整体的、流动的海洋生态利益维护中，必须依靠相邻的一个或多个行政区域合同协作，建立共同生态目标，以实现生态补偿的科学有效构建与运行。综合而言，长三角和珠三角既是全国海洋经济发展的"先头部队"，也是我国海洋功能区划中的重要战略基地。因此，关于区域联动，以长三角和珠三角作为样板，进行海洋生态补偿的先行先试，既能起到海洋生态补偿区域联动的示范作用，也能促进政府间横向协调机制的完善。

相比较而言，"长三角"海洋生态补偿的区域联动需要跨省市推进，而"珠三角"的相关实践，则无须经历跨越"两省一市"的行政地理界限上的困难。"珠三角"在推进海洋生态补偿区域的联动中，也充分发挥了诸多自有的区域结构的特点与优势。诸如建立区域间的横向财政转移支付机制、完善海洋环境信息公开与共享机制、填补"二元经济体"之间的海洋生态补偿成本量化方法、深化珠三角区域的"利益共同体"意识。当前，也正是"二元经济体"等因素的影响，导致了珠三角各市地方经济发展参差不齐，区域产业布局存在较大矛盾，珠三角区域的"区域整体化、利益共同体"等意识不强。为此，为了治理跨界水环境污染，广东省政府曾经专门组织成立珠江综合整治联席会议制度，但是收效不佳。其中的最重要因素是各市基于"区域私益"追求考虑，多选择保守与观望的思路与方案。因此，联动共治污染的主动性不强，个别地方甚至存在相互扯皮、推卸责任的现象。因此，必须让各区域充分认识到"环境问题是公害、环境利益是公益、环境行动是公共行动"，这在海洋生态保护及其生态补偿联动中，也是同样原理。必须深化珠三角区域的"利益共同体"意识，这也是推进珠三角区域一体化的关键一步。

另外，譬如港珠澳大桥工程的海洋生态补偿正是上述海洋生态补偿的实施，体现出人与自然和谐共生的理念，彰显出中国工程对环境保护的担当与情怀。而大亚湾区采取的一系列海洋生态补偿措施，如在积极实践对失海渔民的补偿的基础上，充分依靠与利用多元化的资金筹措方式，包括申请广东省及惠州市的财政支持、大亚湾开发区专项财政资金、招商引资，以及发挥BOT、BT等机制的融资功能等。同时在关涉海洋生态保护与修复等方面的项目中，还进一步涉及海洋生态保护补偿和海洋生态损害补偿等不同层面，不仅使破坏的海洋生态系统得到了及时有效的修复，保护了海洋生态环境，而且通过环境保护重点工程的建设，创造更多的就业岗位，提高了居民的收入，拉动了经济的增长，更为实现经济的可持续发展起到了重要作用。

综合而言，长三角与珠三角在海洋生态补偿及其区域联动中，都作了不懈的努力与积极的探索，取得了相应实效，为我国海洋生态补偿的区域联动及其机制建立，提供了很好的经验借鉴，但也暴露了在我国当前，需要建立区域联动式生态补偿机制，尚且需要解决许多现实难题。但是无论如何，长三角与珠三角先行先试都是一笔重要财富，无论是成功还是失败。

三 海洋生态补偿领域的利益平衡与分配正义实践与发展

在海洋资源开发与利用和海洋生态环境保护过程中，利益平衡与分配正义是调整与平衡海洋生态保护及其利益相关者之间的关系，实现可持续的合理开发利用海洋资源、促进海洋生态的保护及其可持续发展的重要原则。目前而言，国内外海洋生态保护与补偿主要围绕海洋溢油损害事故、填海造陆、沿海工业污染等方面的负面效应设计和实施各项制度，这些制度力求充分体现利益平衡和分配正义。

（一）海洋领域利益平衡与分配正义的国际社会进一步实践

在国际上，美国作为一个海洋大国，在海洋生态领域制定有一系列相关的法律法规，而且不断设计创新性制度，在国际上一直处于领先地位，对世界各国、各区域海洋领域生态保护和补偿具有指导与借鉴意义。美国最先开展海洋溢油生态补偿的研究和实践，对海洋生态补偿责任和补偿金额要求最高。墨西哥湾溢油响应基金及"海湾海岸索赔工具"的形成与运用，则是海洋溢油污染生态补偿机制的运作方案创新与探索。日本在濑户内海与神户人工岛的教训及其在海洋生态补偿中的生态修复经验，也给我们提供了很好的借鉴。加拿大通过宪法、综合性法律、法令以及地方性法规等法律规范，在海洋生态安全领域构建起了多层次、多形式的法律体系，各部门的海上执法活动使得海洋生态安全得到有效维护。这些已经建成并实施的相关制度为世界其他国家和地区在海洋领域应用利益平衡与分配正义提供了宝贵的借鉴。

(二) 海洋领域利益平衡与分配正义的我国进一步实践

我国作为海洋大国，随着海洋时代对海洋资源的开发利用强度与频率都在不断增强，由此海洋生态环境问题日益凸显。面对上述现实挑战，党的十八大报告在"大力推进生态文明建设"的论述中首次提出"建设海洋强国"目标的基础上，进一步将"保护海洋生态环境"提升到国家战略层面。而在此后的历次报告中，进一步明确对海洋生态环境保护问题急迫性与重要性的认识，同时也进一步强化关于海洋生态环境保护理念。与此同时，在法律层面，我国陆续颁布了有关海洋生态环境保护，防止海洋污染损害的法律、法规，其中包括《海洋环境保护法》《防止船舶污染海域管理条例》等专门性法律，也在《海域使用管理法》《水污染防治法》等法律中作相关规定。另外，我国还积极参加海洋生态环境保护的国际合作，加入《国际油污损害民事责任公约》《联合国海洋法公约》等国际公约。2016年全国人大常委会对我国《海洋环境保护法修正案（草案）》进行审议（目前我国正在进行新一轮《海洋环境保护法》修订），其中增加了有关海洋生态补偿和生态保护红线的内容，调整了部分行政审批事项，加大了对污染海洋生态环境行为的处罚力度，符合中央关于推进生态文明建设和生态文明体制改革的新部署。

(三) 海洋领域利益平衡与分配正义进一步实践所面临的挑战

就海洋生态补偿而言，虽然在理论和实践中有很大发展，但仍然存在不少挑战，尚需进一步破解与解决。

1. 海洋生态补偿尚缺少高层次专门性立法予以保障。2011年国务院批准了包括山东威海在内的3个城市作为海洋生态补偿制度实施试点城市，于是，山东省出台我国第一部海洋生态补偿办法——《山东省海洋生态损害赔偿费和损失补偿费管理暂行办法》，这对全国海洋生态补偿制度的建立和法律制度的完善起了很好的示范作用。我国海洋生态补偿制度的法律化需要时间逐步完成。

2. 海洋生态补偿资金尚面临充分到位的难题。国家财政是海洋生态补偿的主要来源，但随着资金需求的增加，国家财政不能持续稳定地提供足够的资金。不仅来源渠道单一，有关资金的征收和管理也有很大困难。这当然也需要相关法律制度的完善加以保障。

3. 海洋生态补偿的参与主体单一，缺乏社会团体和公众的充分参与监督。政府作为海洋生态补偿制度实施的主体，会出现作为不及时甚至不作为、补偿不充分等问题，社会公众对于海洋生态环境保护意识的薄弱和参与监督海洋生态补偿制度渠道的缺失，不利于其所蕴含的正义理念的充分实现。

总而言之，随着海洋时代的逐渐推进，人民已经意识到，利益平衡与分配正义在海洋领域的实现除了需要依靠制度层面的保障，也需要社会意识和社会文化的支撑。在海洋领域，海洋生态文化可以提高人们海洋生态环境保护的意识，使人们将海洋的可持续发展作为人类社会发展的思维方式和行为模式。同时相对应地，法律制度和法律体系也应朝着生态化的方向发展，将保护海洋生态环境，纳入作为调整人类行为的法律规范中，以应对海洋生态环境破坏所带来的海洋生态危机，以适应海洋时代海洋生态文化的深层内涵要求，也为海洋生态补偿制度的实施及其功能实现，奠定坚实的思想文化意识与法律制度基础。从而在提高公众的海洋生态环境保护共识基础上，深化海洋时代公众深层的公平正义及价值观念，充分理顺海洋时代人与自然的关系和谐，深层促进海洋时代人与自然的和谐发展。

四 推进海洋生态补偿国际合作：助力海洋生态命运共同体建设

海洋孕育了生命、联通了世界、促进了发展。各国人民安危与共，须相互尊重、平等相待、增进互信，增强对话合作，走互利共赢之路。人类居住的这个蓝色星球，不是被海洋分割成了各个孤岛，而是被海洋联结成了命运共同体。"构建海洋命运共同体"也是推动构建人类命运共同体的重要一环。而生态文明的演进，更是彰显了"海洋生态命运共同体"建设的重要意义。海洋是各国人民维持食物、生计的后备基地。作为地球之肺和最大的氧气制造者，海洋帮助调节全球气候，是水的最终来源，是重要的二氧化碳和储存（即碳汇）；养护和可持续利用海洋及其资源，是可持续发展的关键；保护与保全海洋环境、养护与可持续利用海洋资源安全，事关人类的共同未来，需要国际社会的积极合作与共同应对。

当今世界正经历百年未有之大变局，无论是海洋时代发展的新的历史条件与客观发展需要，还是海洋的"流动性、公有性、立体性、自然性和国际性"等诸多特点，都决定了"海洋生态补偿研究及其实践"必须立足于全球视野。对于海洋生态补偿的推进实践中的合作而言，亦是如此。毋庸置疑，海洋生态补偿的合作必定需要强化"国际层面合作"，而且必须是立足于"海洋生态命运共同体建设"的格局与基础上的"海洋生态补偿国际合作"。上述时势背景及格局基础，都推动着我们"经略海洋",设计与不断完善调整既有的海洋生态补偿及其合作的推进方略路径。

"海洋生态命运共同体"是在生态文明时代,推进各国同舟共济、合作共赢,共同推动实现海洋善治和可持续发展的必然选择;也为推进国际海洋生态秩序朝着更为公平、合理方向发展注入新动力。因此,助力"海洋生态命运共同体建设",无疑是为推进"海洋生态补偿国际合作"建构坚实的实践基础与目的指引,从而充分深化"海洋生态补偿研究及国际合作"。

第八章 海洋生态补偿制度建构

对于海洋生态补偿而言,其制度建构是海洋生态补偿得以推进,并能取得良好效果,达成其总体目标的重要保障。近几年,制度经济学和新制度经济学在我国的经济体制改革中发挥越来越重要的作用,日益引起人们的关注和激发学者们的研究。制度的作用可能是多维的,制度安排对经济增长产生决定性的影响①。就海洋生态补偿而言,制度建构一定程度上可以说是一个规则的集约。该集约包括海洋生态系统服务价值评估制度、海洋生态损失价值评估制度、政府财政转移支付制度、海洋生态补偿资金筹集制度、受益者补偿制度和海洋生态保护激励制度等系列制度,它们彼此各具优势、互助合作,形成良性循环,集约而成总体的海洋生态补偿规则。

第一节 海洋生态系统服务价值评估制度

海洋生态系统服务价值评估是实现海洋生态补偿的必要前提,它是指海洋生态系统向人类社会所提供服务的货币价值总和。海洋生态系统服务价值按可用性分使用价值(UV)和非使用价值(NUV)。使用价值含直接使用价值(DUV)、间接使用价值(IUV)和选择价值(OV)。非使用价值含遗产价值(BV)和存在价值(EV)。其评估方法多样,各类海洋生态系统服务价值所适应的评估方法适用范围、优缺点和影响各不相同。

---

① 钟昌标、李富强、王林辉:《经济制度和我国经济增长效率的实证研究》,《数量经济技术经济研究》2006年第11期,第15页。

一 评估海洋生态系统服务价值是实现海洋生态补偿目的的必要前提

关于价值,马克思将之定义为"凝结在商品中的无差别的人类劳动"[①]。换言之,就是未经劳动服务加工或不能进入公开市场交易的东西就是没有价值的。这反映的是一个传统的物品价值观念。也正是因为该价值观念的影响,导致在现实的海洋资源开发利用与保护过程中,基本未对海洋资源环境(这种具有强外部性特点的公共物品)的应有价值进行过应有的估算与体现。因而也就在海洋资源环境及其产业的生产利用过程中,形成了"资源无价、原料低价、产品高价"的奇怪逻辑。从而在很长一段时间内,人类社会对海洋资源环境的开发使用及保护陷入一种无序境地,从一味地开发,不注重后果,到边开发边保护,但保护的速度与海洋开发的速度相比犹如"亡羊补牢",直到认清海洋资源的生态价值是多么宝贵,人类才渐渐对海洋生态保护重视起来,为其展开实践。直至海洋资源环境日益遭受破坏,海洋生态危机日趋逼近,人类社会才开始意识到海洋资源环境的重要性与稀缺性。显然,海洋资源环境的内在价值,尤其是生态价值,必须给予应有的确认与合理的评估。这无疑是实现海洋环境保护,海洋资源持续利用,阻止进一步海洋生态破坏的前提基础。

因此,有必要通过合理的、必要的价值评估方式,给海洋资源环境价值贴上"经济价值与生态价值"的价格标签。一方面,促使人们形成"海洋资源环境的享有是需要成本的"这样的意识,但这种享有的成本是社会所有人来承担的,只有对个人承担成本的进一步细化明确,提升个人的享有成本,达到威慑作用从而促进人们自觉加以保护海洋,这也正是当下国家海洋生态文明建设的重要内容;另一方面,也促进海洋资源环境之生态产品市场的形成,为特定海洋生态保护者,以及为此做出特别牺牲的"特别牺牲者"主张生态补偿奠定基础。市场的基础法则是等值交换规律,如何确认保护者或特别牺牲者所牺牲的利益,与为此换取的生态服务价值是否等值或者超值,则依赖生态服务价值的衡量。综合而言,海洋资源环境的价值可以分为三部分:能被人们直接利用与买卖的海洋资源的经济价值;直接或间接服务于人类的海洋资源环境的生态价值;不可利用的那一部分价值(由于不可利用的价值无法进行合理转化测算,因此在计算海洋资源环境的价值时,往往不将其计算在内)。因此海洋资源环境的价值的计算式可以是:

[①] 马克思、恩格斯:《马克思恩格斯全集》,人民出版社 1979 年版,第 23—25 页。

$$P = P_1 + P_2 \qquad (8.1)$$

在此公式中，P 表示海洋资源环境总的价值，P_1 表示海洋资源的经济价值（能被人们直接利用与买卖），P_2 表示海洋资源环境的生态价值（可以将之统称为"生态系统服务价值"）。本研究成果所指的海洋资源环境价值的评估重点集中于 P_2 部分，同时生态环境的服务价值能够被人为创造出来，并将其转化为市场产品。如何确定其市场价值也成为一项棘手问题。因此，有必要建立海洋资源环境的价值评估，采用货币化方法，对其的经济价值加以衡量与确认，尤其是给对此部分的海洋"生态系统服务价值"。进而建立"生态系统服务价值"评估，也只有在此基础之上，才能为海洋生态损失的价值确认奠定意识与评估条件；从而促进海洋生态补偿的顺利实现，从深层次推进海洋生态保护。

二 海洋生态系统服务价值的构成及评估

（一）海洋生态系统服务价值的构成

一定程度上，可以说"海洋生态系统服务价值"即为海洋生态系统向人类社会所提供服务的货币价值总和。从海洋生态系统服务的类型看，Costanza 等（1997）曾将海洋生态服务分为 17 种[①]，Daily（1997）在 Costanza 的研究成果上再精确为 15 种，联合国 2003 年的"千年生态系统评估"框架则将其中的服务功能浓缩——供给服务、调节服务、文化服务和支持服务四类。四种类型分别对应着四种海洋生态系统的基本用途：供给服务指提供的产品或物质，提供物质资源。调节服务指海洋生态系统所形成的各种调节作用，例如气候调节、分解废弃物、吸收二氧化碳等。文化服务指人类通过对海洋生态系统的学习思考而获得的精神满足。支持服务指海洋生态系统运转中产生满足人类和其他生物生存需求的服务，同时也是供给服务、调节服务及文化服务的基础（见图 8—1）。

以四大海洋生态系统服务类型为基础，许多学者曾就生态系统服务价值的构成及其评估方法进行了大量的研究。其中 Turner（1991）将生态系统服务的总经济价值（TEV）按可用性分为使用价值（UV）和非使用价值（NUV）。使用价值包含直接使用价值（DUV）、间接使用价值（IUV）和选择价值（OV）。非使用价值包含遗产价值（BV）和存在价值（EV），关系如图 8—2 所示。

---

① Costanza R, dA'rge R, de Gvoot R, et al. The value of the worlds' ecosystem services & natural capital [J]. Nature, 1997, 387: 253-260.

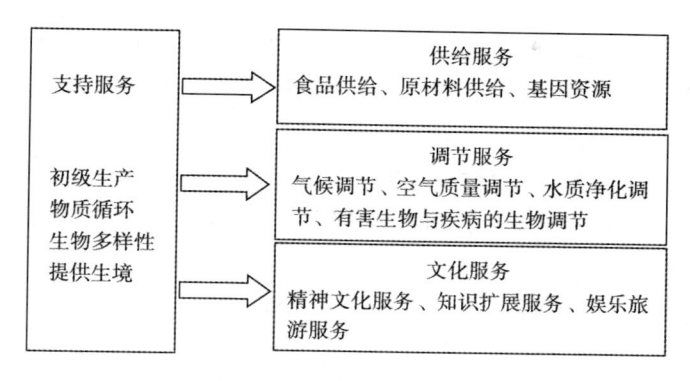

图 8—1　海洋生态系统服务

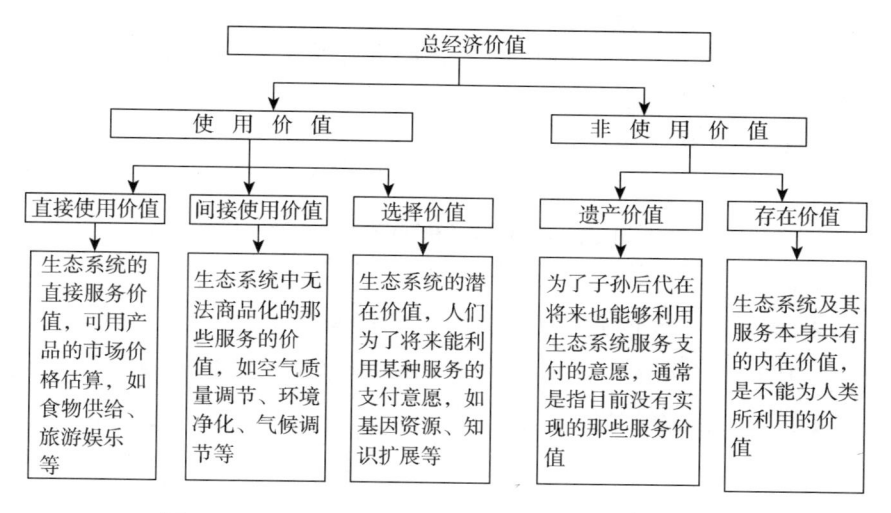

图 8—2　Turner（1991）的生态系统服务的经济价值

其中海洋直接使用价值可以直接按照市场价格推算出来，包括食品供给、原材料供给、旅游娱乐等内容；间接使用价值是无法利用商品价格来衡量的价值，如生物庇护、空气、气候调节功能、环境净化功能等；选择价值是人类可以选择进行的利用某种服务的支付意愿，如基金资源、知识扩展等。非使用价值则包括遗产价值和存在价值，是针对后代而言的存在性遗产价值，从左到右的五种价值对人类来说，其价值的有形性在不断减少。

基于两种不同的生态服务价值构成，在不同的海洋生态类群中计算所得的生态系统总经济价值可能会存在差异，两种构成方式的使用更需要确切的具体环境来加以选择。四生态服务类型的构成方式更适用于生态构成较简易的海洋生态价值评估中，使用与非使用的生态服务构成方式则更适用于更加复杂的海洋生态环境的价值评估，海洋生态环境是否复杂主要取决于其生物多样性、人为因素的影响程度。在简单的生态系统当中，对其气候调节、生物控制、文化功能、避难所、基因资源等抽象作用的分类既能快速区分，又可以尽可能对该生态圈内所有的构成要素进行评估。而在相对复杂的海洋生态环境中，由于人为影响、生态自身的不确定性因素较多，会加大生态服务价值分类的工作量，所以使用与非使用的价值两分法更易于操作，也有利于消除部分价值存在界限模糊不清或者两者均沾情况所带来的归类困难。

（二）评估方法选择及建立模型

对于评估方法，目前国内外所提出的主流观点是根据有无相对应的开放市场，而将海洋生态系统服务分为三类：直接市场评估法、间接市场评估法和假想市场法，如表8—1所示。

表8—1　　　　　　　生态系统服务价值的价值评估方法

市场类型	方法基础	主要技术
直接市场	市场生产法	市场价格法、机会成本法、影子工程法、人力资本法
间接市场	揭示偏好法	影子价格法、旅行费用法、资产价值法
假想市场	陈述偏好法	条件价值法

1. 直接市场评估法。该方法是将生态系统服务或环境质量作为导致生产力和生产成本变化的生产要素，进行市场价格和投入产出的衡量。由于海洋生态系统服务诸多要素可以直接或间接观测到市场价格和产出水平，所以针对海洋的直接服务价值可直接计算总量，该方法包括：市场价值法、机会成本法、影子工程法和人力资本法。

第一，市场价值法。该方法对于生态系统服务功能变化的货币价值的评估，主要是依据生态系统的自身变化所引起的外部性影响，也就是海洋物质产品生产率的变动。在存在市场价格的海洋生态系统服务的价值评估中，该方法因其简单可操作备受推崇，就过程来看，主要是采用海洋生态系统服务相对应的市场价格作为衡量之标准。例如评价海洋生态系统的食品生产功能（即向人类提供的各种海洋食品的功能），可采用市场价值法，其数学表达式为：

$$V_E = Q \times (P - C_v) \times \Delta Q - C \tag{8.2}$$

式中，V_E 指海洋生态系统服务功能的价值，Q 表示产品产量，P 表示产品价格，C_v 表示产品的可变成本；ΔQ 表示产品变量，C 表示生产成本。上式是以各生产要素价值不变为假设前提的，如考虑产品价格变化，则上式变为：

$$V_E = \Delta Q(p_1 + p_2)/2 \tag{8.3}$$

式中 p_1、p_2 分别为产量变化前后的价格，其余同上。

第二，机会成本法。该方法是指将某区域的有限海洋资源用于某一用途，而不是另一种用途时所放弃的机会利益。如把部分海域用于旅游业和养殖业，而失去石油开采工业、核电业等用途的机会利益。假设其他用途中效益最大的石油开采用海，其产出为 400 元/m³，即养殖用海的机会成本即为 400 元/m³。其数学表达式为：

$$V = C_k = \max\{E_1, E_2, E_3, \ldots, E_n\} \tag{8.4}$$

式中，V 为海洋生态系统服务价值，C_k 为方案 k 的机会成本，$E_1 \to E_n$ 为除方案 k 以外的其他方案。

第三，影子工程法。该方法是指当某海洋生态系统服务难以直接计算产量，并按市场价格来估算时（如海洋生态系统的调节功能、生物庇护功能等），采用能够替代该服务的工程的价值来进行估算。例如评估海洋的生物庇护功能价值时，如果栖息地被破坏后，须投放人工渔礁，才能恢复海洋生物栖息地，则可以根据计算制造并投放人工渔礁的成本，大致估算该生态系统服务功能的价值。影子工程法的数学表达式为：

$$V = G = \sum X_i (i = 1, 2, \ldots, n) \tag{8.5}$$

其中，V 代表海洋生态系统服务价值，G 代表替代工程的造价，X_i 代表替代工程项目建设费用的总和。

使用影子工程法的优点是可以用"影子工程"来计量难以用货币表示的生态系统服务价值，从而"化无为有"。但该方法也有缺点，例如在"影子工程"的选择上具备多样性，选择何种工程进行计价时，首先应当考虑工程计价的难易程度和工程量大小。再如，影子工程的效益性往往难以估测，因为建设替代性工程本身也是对海洋生态系统的一种改变，无法确保该工程建设后能完全实现原有的生态效益，并且不产生任何负面影响。因此，选择运用影子工程法作为评估方法之前，应当经过多方面的比较和权衡。

第四，人力资本法，又可称为工资损失法。该方法是指海洋生态环境质量的变化对人体健康的影响极大，所以，当在估算海洋生态系统服务功能变化影响人体健康之时，可以根据市场人力资源价格和平均工资的高低，来衡量个人的社会价值，也即其劳动价值，并以此作为生态环境变化对人体健康作用的替代性估算。因此，可以在充分考虑每个人未来可能的工资收入后，估算其劳动价值。美国经济学家莱克给出的人力资本法计算公式为：

$$V_x = \sum_{n=x}^{\infty} \frac{(P_x^n)_1 (P_x^n)_2 (P_x^n)_3 Y_n}{(1+r)^{n-x}} \tag{8.6}$$

该式中，V_x 代表年龄为 x 的人的未来总收入，$(P_x^n)_1$ 代表该人能活到年龄 n 的概率，$(P_x^n)_2$ 代表该人在 n 年龄内仍具劳动能力的概率，$(P_x^n)_3$ 代表该人在 n 年龄内有劳动能力期内被雇用的概率，Y_n 代表该人在 n 年龄时的收入。

2. 间接市场评估法。该方法是指当生态系统服务的市场价格和市场价值不能反映生态系统服务的价值时，选择具有相应市场和价格的替代品，通过计算替代价值来衡量生态系统服务的价值。间接市场评估法主要包括影子价格法、旅行费用法和资产价值法。

第一，影子价格法。该方法是利用市场上与生态系统服务价值功能相同的某种商品，将其价格作为替代参照。该商品价格即生态系统服务的"影子价格"。如某海洋生态系统每年可净化污染物 1000 万/m³，而当地污水处理厂和垃圾处理站的处理成本为 0.5 元/m³，则可将 0.5 元/m³ 作为海洋生态系统净化功能的影子价格。如此计算，可得海洋生态系统净化污水的服务功能价值为每年 500 万元，公式为：

$$V_E = Q \times P \tag{8.7}$$

式中，V_E 为海洋生态系统服务功能的价值，Q 为所提供服务的总量，P 为其中的影子价格。

第二，旅行费用法。该方法是主要针对海洋生态系统休闲娱乐服务功能价值的计算方法。主要计算方式是利用旅行费用，如往返交通费、景点门票费等为替代参照价格，来计算旅游景点或其他休闲娱乐服务的价值。根据旅游景点旅客分散特征，还可将旅行费用法模型分为分区、个体和随机效用三种模型①。分区模型主要适用于评估旅客范围庞大复杂的海洋生态系统；个体模型适用于游客范围面小，且游客主要为当地居民的海洋生态系统；随机效用模型则通常适用于评估旅游地海洋生态系统变化而引起的服务功能价值的变化。相较于复杂不便的人力资本法而言，旅行费用法不仅没有复杂的数学模型，还可以轻松地通过各种渠道获得统计数据。但该种方法也有其弊端，如将生态效益简单等同于消费者剩余，容易忽略潜在的旅游消费。因为计算旅游费用时，我们一般计算现有旅游消费剩余，但未考虑未来的旅行消费拉动力，尤其是在我国经济社会不断发展的同时，旅游消费人群逐年增加，且仍有巨大的消费空间，而我们计算的旅游消费剩余是将其与海洋生态系统的娱乐休闲服务价值等同，这难免导致所得结果不能完全反映其真实价值。

第三，资产价值法。该方法是在20世纪70年代开始，广泛应用于评估环境污染对房地产价值的影响的方法。其原理是首先假设任何生态系统的变化都能对周围资产的价值产生影响，因此资产价值法是进行反向性推理计算，计算某些关联产品价格的变动，来反映海洋生态系统变化的价值。资产价值计算公式为：

$$V = f(S, N, Q) \tag{8.8}$$

其中，V代表海洋生态系统所影响的资产的总价值，S代表资产本身的固定特征，N代表资产周围社区特点变量，Q代表资产周围的海洋生态环境变量。该评估方法在一定程度上能够反映海洋生态系统服务价值的变化，但该方法也存在一定的弊端。首先，影响资产价值变动的因素复杂多样，如就房地产价值而言，国家政策、金融市场、个人消费意愿的变动等都有可能导致房地产价格下跌，而不能完全准确反映海洋生态服务价值的变化。其次，利用资产价值法进行评估时，需采集大量数据，如环境要素境况数据、市场价格数据、资产周围社区环境数据等，只要某一环节的数据无法搜集齐全，就难以准确计算出结果。因此面对庞大复杂的数据时，资产价值法的应用可能会受到限制。

3. 假想市场法，也可称为或然价值法。由于大多数海洋生态系统服务都具有公共性，因此，此时可以人为构造一个假想市场来估算其价值，其中最为典型的是条件价值法。

---

① 郭明、冯朝阳、赵善伦：《生态环境价值评估方法综述》，《山东师范大学学报》（自然科学版）2003年第1期，第71—74页。

条件价值法不同于市场价值法和替代市场法，其理论基础是效用价值理论和消费者剩余理论。它的主要经营模式是评估海洋生态系统服务的价值通过构建一个假想市场，调查或询问人们是否愿意支付一定的海洋生态系统服务（WTP）或愿意接受赔偿一定的海洋生态系统服务的损失（WAC）和分析被调查者的反馈内容。这种方法实行起来较为简单自由，但也有弊端，比如调查范围有限，调查反馈不能完全反映被调查者的真实意愿等。尽管其存在弊端，但条件价值法被认为是评价非使用价值的唯一方法。近年来国内外生态经济学者普遍使用该法评估公共服务价值。

综合而言，各类海洋生态系统服务价值所适应的评估方法适用范围、优缺点和影响因素如表8—2所示，海洋生态系统服务各功能计算方法对照方式如表8—3所示。

表8—2　　　　海洋生态系统服务价值评估方法及特点

方法类型	方法基础	方法适用范围	方法优缺点	影响因素
市场价值法	直接市场行为	适用于有实际市场价格的海洋生态系统服务的价值评估，如渔业资源、石油资源等	优点：简单、易行、准确；缺点：价值评估的能力和技术尚未成熟	市场价格浮动
机会成本法		适用于因实现某一生态用途而放弃另一用途的收益情形	优点：成本低；缺点：选择性大	环境属性与评估参数
影子工程法		适用于难以直接按照市场价格来估算的情形，如海洋生态系统的调节功能、生物庇护功能等	优点：化无为有，便于计算；缺点：工程选择多样	不同工程造价及政策选择
人力资本法		适用于估算海洋生态系统服务功能变化对人体健康的影响价值	优点：计算方便；缺点：计算工资水平忽略了无职业人群	平均寿命、人力资源市场价格变化

续表

方法类型	方法基础	方法适用范围	方法优缺点	影响因素
影子价格法	间接市场	适用于态系统服务价值无法直接用市场价格来表示生，而用市场上与其功能相同的某种商品价格来替代的情形	并非所有海洋生态功能都能用替代品表示	所选替代品的市场价格
旅行费用法	间接市场	适用于海洋生态系统休闲娱乐服务功能价值的计算	评估结果只能反映部分海洋生态系统服务价值	旅游景点门票价格变动、景点远近
资产价值法	间接市场	适用于计算海洋生态系统对周围资产价值的影响	数据量庞大复杂；不能完全反映海洋生态系统服务价值	国家政策、金融市场、个人消费意愿
条件价值法	替代市场	适用于无直接市场和交易市场，缺乏交易价值的海洋生态系统服务，是公共物品重要评估标准	并非基于真正的市场行为，缺乏市场激励机制引导受访者意愿；样本数量大，费时费力	受访者的知识背景、收入；问卷设计形式

表8—3　海洋生态系统各服务功能价值评估方法对照

服务功能	适用核算方法							
	市场价值法	机会成本法	影子工程法	人力资本法	影子价格法	旅行费用法	资产价值法	条件价值法
食物供给	√				√			
原材料供给	√				√			
旅游娱乐		√				√		√
空气调节			√					√
环境调节			√	√			√	
基因资源		√						√
科学研究								√
生物多样性								√

续表

服务功能	适用核算方法							
	市场价值法	机会成本法	影子工程法	人力资本法	影子价格法	旅行费用法	资产价值法	条件价值法
气候调节								√

（三）获取相关数据

由于海洋生态系统庞大复杂多变，仅依靠沿海省市海洋环境监管部门进行局部统计分析，难以准确获得海洋生态系统整体变化度，对此可以在获取数据进行时空分析方面，采用 GIS（Geographic Information System，地理信息系统）和 RS（Remote Sense，遥感技术）的系统方式。RS 技术具有强大的图像处理能力，GIS 技术具有强大的空间分析能力。因此，GIS 与 RS 的系统方式可以用于解决日益复杂的海洋生态环境问题。

RS 的普及应用可以解决大面积海域，甚至海洋表层物理状况的动态监测，在原始数据的采集基础上，辅之以现场实地的海水样本分析，可以完整地勾勒出海洋表层物质的物理状况，尤其是对于污染物质的监测，具有十分理想的效果，能为海洋生态损失的评估提供重要的原始动态数据。GIS 作为一种空间信息系统，可以在计算机系统支持下，对地球表层空间中的有关地理分布数据进行采集、储存、管理、运算、分析、显示和描述。它可以实现与海洋生态系统相关数据的共面性显示，可在此基础上计算出不同海域的生态价值状况，当然前提是要有诸如 RS 提供的准确的原始数据的支持。GIS 应用于海洋生态价值评估可以实现评估的整体性、统一性、公正性，解决片区化管理导致的标准不一、评估不公正性的问题。2005 年开始，国家海洋局借助 GIS 技术，启动了"海洋生态系统服务功能及其价值评估"研究计划[1]。基于 GIS 系统性能对原始数据的高要求，尤其是在海洋生态环境监测数据方面，除了对较大污染事故实施定向监测，建议构建基于 Web 的开放式 GIS 集成平台，便于公众参与互动，通过公众（主要指能随时观测海洋状况的人员）的实时反馈，为 GIS 提供全新的海洋数据信息，以便其生成科学的

---

[1] 李文杰、张时煌、王辉民：《基于 GIS 和遥感技术的生态系统服务价值评估研究进展》，《应用生态学报》2011 年第 12 期，第 3358—3364 页。

评价指引。

该平台的特点是：能充分利用各方力量搜集实时原始数据，保证评价指引基础的真实可靠性；该平台是一个灵活而又动态的数据采集和分析应用平台。

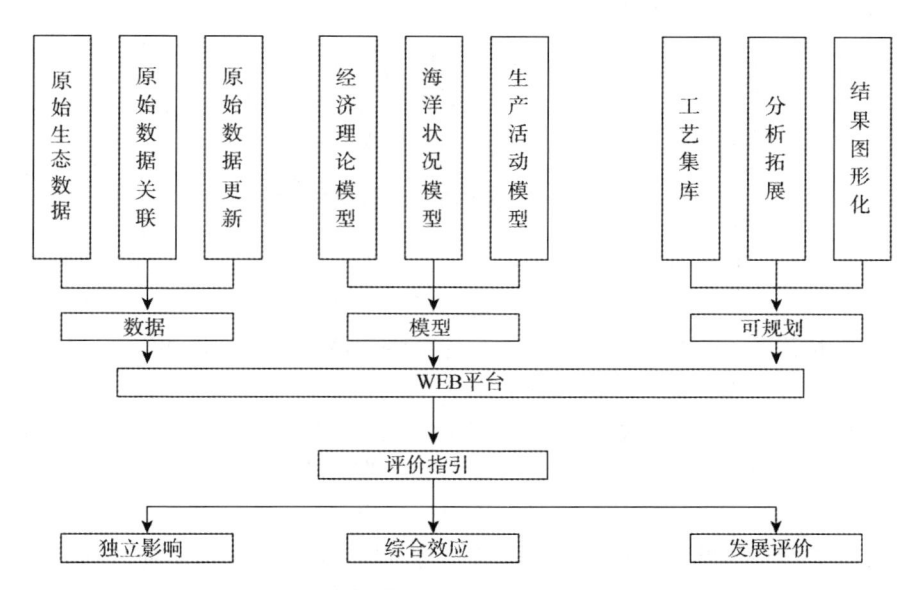

图8—3 生态系统服务价值评估集成 GIS 平台

第二节 海洋生态损失价值评估制度

海洋生态系统服务价值评估是实现海洋生态补偿的必要前提，要实现海洋生态补偿，首先能计算其中的海洋生态损失价值，因为这是海洋生态补偿的重要技术前提。海洋生态损失价值评估分三种模型，分别为海洋生态保护建设直接投入补偿量评估模型、海洋生态发展机会成本补偿量模型和海洋生态系统服务损失价值评估模型。

一 生态损失价值评估是海洋生态补偿的重要技术前提

显然，要实现海洋生态补偿，首先要能计算其中的海洋生态损失价值。因此，完善生态损失价值评估技术及补偿标准体系，将海洋各种生态服务价值，计算在补偿范围之内，是实现海洋生态补偿目的的重要技术前提。美国 OPA90 机制中确定的 NOAA 生态损失计量导则给了我们一个范例,而"康菲案难题"则给我们敲响了警钟——欠缺生态损失价值评估技术及补偿标准会带来的困局。正因为在提出建立海洋生态系统服务价值评估制度时,已涉及了一系列相关价值评估方法。因此,可以在此基础之上,确定海洋生态系统损失的各大类型,并建立起相应的评估模型以及补偿标准体系:(1)根据海洋环境行为正负外部性效果,对补偿标准加以分类;(2)在确定正外部性前提下,建立海洋生态建设投入补偿量和机会成本补偿量计算标准体系;(3)在确定负外部性前提下,建立海洋生态系统服务功能损失的九大类型并建立估算模型。

二 海洋生态损失价值评估的三种模型

在开发利用海洋资源的过程中,任何开发行为均有可能产生正负外部性效果,因此在利用货币化方式评估海洋生态损失价值时,也需要考虑正外部性情形下的间接损失。在存在正外部性的情况下,应将补偿范围固定为保护海洋生态,而产生的直接投入损失、机会成本损失的两部分损失。在负外部性的情况下,补偿范围应当确定为海洋生态服务功能的损失。海洋生态系统庞大复杂,鉴于其服务功能种类繁多,因此,下文在阐释建立海洋生态系统服务功能价值评估制度时,提出了九大类型的服务功能。可以按照该分类方法计算海洋生态损失。综上所述,在构建生态损失价值评估制度时,应建立的三种模型:海洋生态保护建设直接投入补偿量评估模型、海洋生态发展机会成本补偿量评估模型、海洋生态系统服务功能损失价值的评估模型。

(一)海洋生态保护建设直接投入补偿量评估模型

建立模型时首先需要考虑生态建设投入周期和折现率等因素。假设每年的海洋生态建设投入成本为 A,共投入 n 年,折现率为 k,则海洋生态保护建设投入补偿量计算时,要考虑第 n 年末的终值,可参考以下模型:

$$M_1 = A \frac{(1+k)^n - 1}{n} \tag{8.9}$$

式中,M_1 为海洋生态保护建设投入补偿量,$\frac{(1+k)^n - 1}{n}$ 为年金终值系数。

(二)海洋生态发展机会成本补偿量模型

对于海洋生态保护者而言,对海洋生态环境的保护即意味着失去了自身的发展机会。因此,为了提倡和鼓励保护海洋生境的行为,有必要将保护者丧失的机会成本因素考虑在内,确立的标准应当等于或者高于这部分成本①。在计量机会成本补偿量时,应当考虑市场定价、国家或地区平均利润率、GDP 增速和补偿双方生活水平差距等指标。具体的模型是:

$$M_2 = P \times (1 + r) \times \Delta G \times \frac{L_1 - L_2}{G} \quad (8.10)$$

式中,M_2 为每年海洋生态发展机会成本补偿量,P 为市场定价,r 为国家或地区平均利润率,ΔG 为 GDP 增速,$(L_1 - L_2)$ 为补偿双方生活水平差距。

(三) 海洋生态系统服务损失价值评估模型

人类对海洋资源开发利用方式的多样性,导致了海洋生态损失形式的多种多样化。填海造地、溢油事故、陆源污染排放等,都有可能造成海洋生态的多种服务功能损失。因此,在对各种典型海洋生态服务系统进行分析后,可以基本分为下述 9 种形式。

1. 海洋食物供给服务损失价值的评估。海洋生物生长完全依赖于海洋生态环境,海洋生态破坏会影响到海洋食物供给的质量和数量。由于海洋食品市场的广泛存在,其质量和数量的变化数据可以通过市场价格来表现,故采用市场价值法,在前后海洋生产投入保持不变的情形下,具体的计量模型是:

$$V_{ai} = \sum_{i=1}^{n} (q_{1i} p_{1i} - q_{2i} p_{2i}) \quad (8.11)$$

式中 n 表示海洋食品种类,V_{ail} 表示海洋食物年损失价值,q_{1i}、q_{2i} 分别为第 i 种海洋食品在生态破坏前后的产量,p_{1i}、p_{2i} 分别为海洋食品在生态破坏前后的市场价格。

2. 海洋原材料供给服务损失价值的评估。原材料供给是海洋生态经济价值中的重要部分,海洋生态系统的变化会影响原材料产出,导致生产利润损失。所以,计量海洋原材料供给服务年损失价值即可以参照前后生产利润的变化。由于存在原材料交易市场,所以可以直接采用市场价值法计算。假设前后原材料生产的投入不变,则可以建立如下模型:

$$V_{bi} = r_m S_m R_m \quad (8.12)$$

式中,V_{bi} 为海洋原材料供给服务损失价值,r_m 为海洋原材料生产的年

---

① 孔凡斌:《中国生态补偿机制理论、实践与政策设计》,中国环境科学出版社 2010 年版,第 102 页。

销售收入利润率，S_m 为被破坏的海域面积，R_m 为单位面积海域海洋原材料的年收入。

3. 海洋旅游娱乐服务损失价值的评估。休闲旅游是海洋生态经济产业中的重要组成部分，相关的海洋自然资源、生态环境因素有可能可以直接作为旅游娱乐及景观服务产品。因此一定程度上，海洋生态系统的受损可以说会直接导致旅游娱乐服务受到破坏，从而直接或间接造成海洋旅游娱乐服务价值的损失。评估旅游娱乐服务的损失，可以采用条件价值法和旅行费用法来进行综合评估，具体的模型是：

$$V_{ci} = P_i \Delta Q \tag{8.13}$$

$$P_i = \frac{V_{ci}}{Q_t} \tag{8.14}$$

式中，V_{ci} 海洋旅游娱乐服务损失价值；P_i 旅游者愿意支付服务损失价值的意愿；ΔQ 海洋旅游景点被破坏后旅游人数减少量；V_{ci} 表示海洋旅游景点价值，可以采用旅行费用法评估；Q_t 表示每年到该旅游景点的总游客人数。

4. 海洋空气调节服务损失价值的评估。与陆地植物一样，海洋植物同样依赖光合作用而生存，还能通过吸收 CO_2、CH_4、N_XO 等温室气体，起到调节空气的作用。如果海洋生态系统遭到破坏，海洋植物也会相应受到生存威胁，导致海上气体调节服务功能价值的丧失。由于船用燃气调节段的服务功能损失值无法直接测量，可采用影子工程法。根据目前的市场情况，一个空调项目建设所需的总投入可以作为船用燃气调节服务损失的参考值。根据光合作用的化学方程式，在产生 1 g 干物质的同时，可以释放 1.19 g O_2 和吸收 1.63 g CO_2。所以，海洋气体调节服务的年损失价值的计量模型是：

$$V_{di} = (1.63C_{co_2} + 1.19C_{O_2})XS \tag{8.15}$$

式中，V_{di} 表示海洋气体调节服务功能损失价值；C_{O_2} 表示释放 O_2 的成本；C_{CO_2} 表示固定并吸收 CO_2 的成本；X 代表海洋初级生产力；S 表示被破坏海域的面积。

5. 海洋环境调节服务损失价值的评估。海洋的环境调节损失是重要的海洋生态损失形式。因为直接估算海洋环境调节服务的价值存在难度，所以也可以采用影子工程法来估算。具体的模型是：

$$V_{el} = V_g = \sum_{i=1}^{n} C_i \tag{8.16}$$

式中，某年内共有 i = 1, 2, …, n 个替代工程，V_{el} 为海洋环境调节服务年损失的价值,V_g 为替代工程的总造价,C_i 为替代工程中第 i 项目的制造投放成本。

6. 海洋基因资源服务损失价值的计量。21 世纪是生命科学的世纪,海洋丰富的微生物资源已成为新基因培养的重要来源,因此海洋基因资源将成为未来人类争夺的根本资源。海洋生态破坏降低海洋生物多样性,尤其是微生物多样性,从而间接影响海洋基因资源价值损失。由于基金资源的研究至今还只是科学界的内容,尚未进入公开交易市场,因此在评估基因资源服务损失价值时,可以采用调查问卷的方式,调查人们能够忍受海洋基因资源生态损失的受偿意愿,以调查得到受偿意愿数据代入公式,得出海洋生物多样性损失价值。具体的公式如下:

$$V_{fi} = PS \qquad (8.17)$$

式中,V_{fi} 表示海洋生物多样性功能损失价值,P 表示每年内单位面积海域海洋基因资源服务功能损失的价值,S 表示被破坏海域的面积。

7. 海洋科学研究服务损失价值的计量。海洋包含着丰富的物理和化学资源,如油气资源、矿物质资源、生物资源、风能资源、波能资源等。这些资源能够为诸多科学研究提供"天然实验室",而海洋生态破坏,则不可避免地造成科学研究价值的潜在损失。然而,这种科研价值又属于非直接可用价值,而且其经济效益不明显,无法在短期内见效。因此,可以根据政府愿意在海洋科学研究上所投入的科研资金为标准,作为政府的支付意愿,代入公式计算作为海洋生物多样性损失的价值,具体的公式可以是:

$$V_{gi} = PS \qquad (8.18)$$

式中,V_{gi} 表示海洋科学研究损失价值,P 表示固定海域海洋科学研究服务功能损失的价值(以政府愿意支付的科研费用作为替代),S 表示所致损的海域面积。

8. 海洋生物多样性服务损失价值的计量。因为海洋生物多样性服务价值属于非使用价值损失,因此,一般采取条件价值法进行评估。可采用调查问卷方式,调查海洋生物多样性遭到破坏后,人们能够忍受此种生态损失的受偿意愿——WTA,以调查得到的 WTA,作为海洋生物多样性损失的价值。具体方法可以是:

$$V_{ji} = PS \qquad (8.19)$$

式中,V_{ji} 表示海洋生物多样性损失价值,P 表示单位面积海域海洋生物多样性服务功能损失的价值(以被调查者能够忍受该损失的年受偿意愿替代),S 表示被破坏海域的面积。

9. 海洋气候调节服务损失价值的计量。气候调节功能是海洋对于调节地球表面全部或部分气候的调节作用，海洋生态破坏可能导致其他地区形成极端气候。鉴于气候调节服务无法用具体市场价格表示，也无法用替代工程解决，因此首先可以考虑采用调查问卷和采访的方式进行调查；调查环境调节功能遭到破坏后，人们能够忍受此种生态损失的受偿意愿——WTA，以调查得到的 WTA，作为海洋环境调节功能损失的价值。具体的方法可以是：

$$V_{ki} = PS \qquad (8.20)$$

式中，V_{ki} 表示海洋气候调节功能损失价值，P 表示海洋气候调节服务功能损失的价值，S 表示致损海域的面积。

第三节 政府海洋财政转移支付制度

海洋作为典型公共物品，其中的正外部性，往往缺乏有效的市场机制将之消除。因此，在通常情况下，为达到消除生态效益外溢的目的，由国家和政府发挥其公共职能，对某个地区在海洋生态保护和建设中所投入的人力、物力和财力予以补偿，以弥补该地区在海洋生态保护与建设中所应获得的利益。财政转移支付是目前国内外实现海洋生态补偿的最通行做法之一。它是指借助财政转移支付政策方案，由政府借助多种财政手段，对生态保护者、受益者之间的利益关系进行有效调节，进而对私人部门的生态保护行为产生激励作用[①]。

一 财政转移支付的三种模式

针对海洋生态补偿和财政转移支付制度的建构，我国在《环境保护法》第31条规定："国家不仅建立生态补偿制度，而且加大财政转移支付的向生态保护区倾向力度。"财政转移支付制度可以提高贫困地区的公共服务水平，实现全国性的公共服务基本均等化，对海洋生态的财政转移支付的目的则是保障各海洋生态的完整性，保护相对薄弱的海洋生态环境，均衡沿海地方政府额外的财政支出，减少地区之间因财政赤字所造成的侧面影响，实现经济发展的良好循环。

综合而言，财政要为政府配置资源提供相应的财力支持，政府财政转

---

① 秦玉才、汪劲：《中国生态补偿立法》，北京大学出版社2013年版，第271页。

移支付是政府提供公共产品与服务、调节经济运行等职能得到保障①。政府财政转移支付包括三种模式：自上而下的纵向转移支付、横向转移支付、横向纵向相结合的综合方式。以周期性为标准，纵向转移又可分为一般财政转移支付、专项财政转移支付。

从以往我国海洋生态保护资金的转移方向来看，总体而言，我国主要采取的财政转移支付模式是从上至下的纵向财政转移支付。而横向财政转移支付的实践，目前尚处于空白状态，尽管长三角、珠三角区域间正在探索实施政府间横向财政转移支付模式，但仍然仅处在探索过程中，尚未产生非常有效的实践经验。所以，我国海洋生态补偿的政府转移支付制度，需要从两个大方向着手：完善纵向转移支付制度和建立横向转移支付制度。

二 纵向财政转移支付

纵向财政转移支付是指上级政府对下级政府拨款的公共财政体制，包括从中央向地方的补贴、省级政府对省以下地方政府的补助。与此同时，就纵向财政转移支付的组成而言，可以分为一般转移支付和专项转移支付。一般转移支付是指台风后渔民渔业重建、海洋垃圾清洁费、沿海居民迁居补贴、海洋保护区修缮费等财政支出一直都是压在沿海地方政府肩上的一道道山，不仅工作量大，而且往往涉及的财政补贴金额巨大。中央或省一级的政府对海洋补偿的专项转移支付拨款计划难以审批，一般性转移支付又不能为了海洋补偿而牺牲太多公共服务的财政支出。这导致我国整体上海洋生态补偿的资金缺口很大，在市场失灵的情况下，财政转移支付是地方可支配资金的重要来源。因此，需要进一步增加海洋生态补偿中财政转移支付的额度。鉴于在目前我国海洋生态补偿实践中，既没有建立一般转移支付，同时专项转移支付也尚未建立起良好有效的管理制度。因此，完善纵向财政转移支付制度，还需要增加并优化专项转移支付，建立起一般转移支付。

（一）加大海洋生态补偿的财政转移支付力度

虽然每年中央和地方政府投入巨额资金用于公共服务项目，但海洋生态补偿项目的财政转移支付力度，始终不能填补补偿资金缺口。因此，今后要提高国家和地方财政转移支付总额中的海洋生态补偿比重。在具体的

---

① 吕炜：《中国经济转轨进程中的财政制度创新逻辑》，《世界经济》2003 年第 10 期，第 49 页。

形式方案上，不仅仅限于加大资金的数量，而且还应该体现财政转移支付资金的损失最小化，间接增加财政补偿资金。

（二）增加并优化专项财政转移支付

相比较而言，我国的专项财政转移支付项目加速率，还不能跟上海上污染事故增加的速度，而且，存在部分项目设置重复而部分海域项目设置缺位的现象。故而，首先要增加海洋生态补偿的专项转移支付项目。鉴于目前我国海洋溢油事故增多、海洋生态环境恶化，而与之相关的生态补偿项目加速率不同步的情况；因此今后要在增加海洋生态补偿专项财政转移支付项目。其次要科学、合理地设置专项财政转移支付项目，要求系统性设计，力求做到不重复、不疏漏，涵盖到海洋生态补偿的各个方面。

（三）建立一般性财政转移支付制度

在我国一般转移支付实践中，尚未考虑海洋生态环境因素，故而未建立起海洋生态补偿一般性财政转移支付体系，因此，可以在其中适当增加海洋生态环境影响因子的比重，并且，力求全面并及时覆盖到海洋生态系统中的重要因素，选取如海洋渔业产量、湿地面积、海水密度等不易为人所控制的因素，确保一般性转移支付测算的客观性。对于一般性财政转移支付制度，江苏省 2013 年所颁布的《江苏省生态补偿转移支付暂行办法》对此作了较为翔实规定。

三　横向财政转移支付

（一）海洋所具有的"整体性"特点是横向财政转移支付的客观条件

尽管国家可以从宏观层面考虑，通过纵向财政转移制度的方式，将富裕地区的一部分财政资金转移给贫困地区，从而实现区域间公共服务水平的公平性。但是，对于纵向财政转移支付的方式而言，从实践效果来看，并没有很好地实现公共服务效率提高和资源优化配置的目的，尤其没有达到平等市场主体在资源交换上的公平公正目的。并且从以往国家和地方财政转移支付的效果看，海洋生态补偿的资金如果仅仅依靠纵向转移支付，已经给国家和地方财政造成了巨大的经济负担。而就海洋生态补偿的横向转移支付而言，从特征与方式上看，是以海洋功能区为纽带的、相邻行政区域之间进行财政资金再分配的重要模式。一方面，是基于海洋生态系统的整体性，决定了海洋功能区整体利益的不可分割性；另一方面，又囿于海洋环境利益的局限性、分配原则的不确定性，又导致海洋利益划分与分配上的区域不平等；同时，海洋的整体性特点，也为横向财政转移支付建构客观基础。无疑，通过政府间的横向财政转移支付方式，不仅能实现海洋整体生态利益的整合，还能通过改变区域利益格局，来实现不同区域海域间的海洋生态服务水平之均衡。

（二）德国经验借鉴与相关要件完善

从世界上看，目前大多数国家都还缺乏系统的、制度化的横向财政转移支付方式。相比之下，德国的横向转移支付较为成熟。德国采取的是建立州际财政平衡基金方式，来建构生态系统服务价值的生产—消费—补偿的良性循环。虽然，德国的横向财政转移支付并非以实现生态补偿和生态效益价值为其核心目的，而是以实现公共服务均等化为根本目的。但是，在该转移支付方式的运用过程中，客观上也实现了地区之间生态服务生产、消费和补偿的良性循环，并且有效地形成与增进了生态效益。因此仍然非常值得我们加以借鉴。与此同时，再在"明确基本目标、确立基本原则、确立生态支付标准与补偿标准、完善法律法规、推进区域实践"等方面，进一步完善实现横向转移支付的要件，从而推进"横向转移支付"在"海洋生态补偿"中的功能实现。

1. 明晰海洋生态补偿转移支付的目标。横向政府财政转移支付制度的目标可以分为三种。其一，直接目标是实现区域间政府财政能力和公共服务水平的均等化。通过"减一加一"的方式，进行海洋污染行为与生态保护行为的利益调整。海洋生态受益者支付补偿金给牺牲者，以弥补牺牲海域由于生态保护行为而产生的利益损失，以激励牺牲海域进行海洋生态保护，从而保证各地海洋生态公共服务的公平享有。其二，基本目标是实现海洋经济的相对均衡发展。良好的海洋生态环境是沿海省市经济健康发展的先决条件，只有对进行海洋生态保护的行为进行合理的补偿，才能促进各沿海经济体经济社会健康发展。其三，最终目标是实现社会公平。生态问题是阻碍社会公平的重要因素，建立海洋生态补偿机制，确立横向财政转移支付体系，应当以实现社会公平为最终目标。

2. 确立横向政府转移支付的基本原则。坚持"谁保护、谁受益"原则。这是生态补偿制度的重要原则，也应当作为海洋生态环境保护和建设的基本原则。坚持"谁污染，谁付费"原则。通过对破坏海洋生态环境的行为征收税收或费用，并将所征收的费用，补偿给那些因为海洋环境受污染而遭受损失的人，维护海洋时代的海洋环境公平与正义。坚持"谁受益、谁付费"原则。由海洋生态服务的实际享受者向海洋资源环境的保护者/特别牺牲者付费，弥补保护者/特别牺牲者因保护海洋资源环境而牺牲的机会和发展成本，提高双方福利水平。

3. 确定海洋生态支付与补偿标准，加强基金监管。海洋生态的支付标准和补偿标准可以主要根据海洋生态损失的价值、海洋生态系统服务和功能的价值、海洋生态保护"特殊受害者"的发展机会成本和海洋生态受益者的利润来确定。具体可以借助海洋资源价值评估制度和海洋生态损失价值评估制度来计算。在加强海洋生态补偿基金监管的问题上，首先要确保基金使用的目的指向。其目的是恢复海洋生态、弥补海洋保护者/特别牺牲者所牺牲的发展成本。其次，基金的使用应提供独立第三方加以监管。重点审计基金用途、使用效率等，并形成严格的责任追究制度[1]，明确具体的负责人、责任内容、责任承担方式等。

4. 完善财政转移支付的法律法规。就法律法规而言，目前我国正在筹备建立《中华人民共和国财政转移支付法》。该法将确立财政转移支付目标、基本原则、补偿资金来源、核算标准等方面的准则，并将财政转移支付纳入法制化轨道。这将为海洋生态补偿的横向财政转移支付通过法律指引与保障。另外，还需进一步建立与完善以生态补偿基本法为核心的系列生态补偿相关法律法规，各地区和各部门建立与制定相应的实施细则，以保障海洋生态补偿及其不同的财政转移支付方式的长期、持续实施。

5. 形成区域实践样本。以在地处同一海洋功能区的跨行政区域的海洋海域为样本，推进如长三角、珠三角、渤海湾等跨区域政府间的横向财政转移支付，建立起区际海洋生态补偿转移支付基金，引入市场机制，形成政府与市场相互作用的海洋生态补偿基金转移支付的新机制。其中，海洋生态补偿基金应当由两个部分构成：海洋生态利益收益区缴纳资金、生态保护区政府拨付资金。由统一管理者在综合考虑当地市场定价、各地区平均利润率、GDP 增速、补偿双方生活水平差距等因素基础上，确定拨付比例，并且确定基金标准额度。资金不满足固定数目时，由各地方政府按照比例，及时加以缴付与补充，满足额度时，可以暂时不再缴纳。并且保证基金的缴纳和使用要体现"抽肥补瘦"、共担责任的原则。

综上所述，如果要推进我国海洋生态补偿的财政转移支付制度建设，就应通过不同层次的形式：完善纵向财政转移支付制度，建立横向政府转移支付制度，完善专项政府转移支付，建立一般性转移支付等。从而构建起以纵向转移支付为主体，纵向横向转移支付相结合的财政转移支付制度体现，为我国海洋生态补偿制度的建设提供支付资金与支付形式的支持。

---

[1] 杨中文、刘虹利、许新宜等：《水生态补偿财政转移支付制度设计》，《北京师范大学学报》（自然科学版）2013 年第 4 期，第 326—332 页。

第四节　海洋生态补偿资金筹集制度

为保证海洋生态补偿的顺利实施，仅依靠政府财政转移支付这单一的投融资渠道，很难保障目的的实现，所以形成多层次、多渠道的海洋生态补偿融资机制，是海洋生态补偿制度建设中的关键环节。

一　海洋生态补偿资金筹集的二元路径

要拓展资金渠道，可以从两个大方面路径着手：其一，深化公权型资金来源及其运作；其二，优化自力型资金来源及其运作。就优化公权型资金来源而言，就是在补偿资金来源渠道上，重点发挥政府公权力职责与功能。进而进一步借助推进政府财政转移支付制度、完善费税征收制度和设立专项基金制度等，深化资金的形成与运作。就拓展自力型资金来源及其运作而言，就是在补偿资金来源渠道上，重点发挥市场机制的路径与功能，进而进一步借助型构生态市场交易体系，完善海洋保险制度，引入居民入股、彩票证券方式，建立海洋生境银行（OHB），拓展民间团体力量、接受民间和国际捐助等方式，优化资金的形成与运作。

二　公权型资金来源及其运作

（一）推进政府海洋财政转移支付

正如前文所阐述的，科学合理的政府财政转移支付是提供海洋生态补偿资金最直接的手段。同时，自然也是公权型资金来源的主要部分。在今后很长时期内，建立海洋生态补偿体制，还要继续依靠政府财政支付转移。因此应逐步增加生态补偿各类专项资金的额度，不仅要进一步完善政府转移支付制度，实现海洋功能区政府间公共服务水平的公平。在政府财政转移支付的推进进程中，还需要对以下几方面问题加以重点注意。

1. 财政转移支付中增加海洋生态要素补偿的比例，增加对重点海洋功能区的支持力度，例如渤海湾、东海等。

2. 将现行财政体制上的返还部分（税收返还、体制补助和结算补助等）一并纳入一般性转移支付体系，增加财政转移支付资金。

3. 建立横向财政转移支付制度，加强区域间地方政府的协同与合作，可在重点海洋功能区先行试点，发挥先发地区的经济优势和区域联动优势。例如先促进长三角的江浙沪、珠三角的广东省九市区域联动的形成。

4. 建立权责明确、权责一致的管理，确保通过财政转移支付，将海洋生态补偿基金真正用在特定的海洋生态补偿项目上。

（二）完善海洋资源费税征收

根据国际的生态补偿发展及实践经验来看，征收排污费和环境资源税（生态税），已成为拓展资金来源的重要保障。自1979年在《环境保护法》中确定实行排污收费制度以来，我国已形成了法律、法规、规章等不同层次的排污收费法律体系。确立环境使用者排放污染物时，应承担其相应责任的排污收费制度。但是按照我国的排污费制度，除了水体污染物排放费采取的是"排污即收费"方式，其余污染物均实行超标排污收费制度。而且过低的排污费，往往难以形成强制性约束力，反而促使排污企业以缴纳少量排污费的代价，获得"合法的排污权"，取得更大的经济效益。因此，完善排污费制度，不仅要针对各种污染物采取"排污即收费"的方式，还要提高排污费用的缴纳额度和幅度，为政府的生态补偿增加资金来源。

环境资源税（生态税）是对生态资源开发、利用者，按照其开发利用或污染破坏自然资源的程度征收的一种税。征收环境资源税（生态税）是国家对开发、利用、破坏、污染生态环境的行为进行调节的需要。目前我国有关环境保护的税收立法很少，而且大多制定粗略。但是，从世界性生态补偿的发展趋势来看，"绿色"税收改革已成为越来越多国家制定生态补偿制度的最佳选择①。目前我国执行得最好的是渔业增殖保护费的征收。根据我国《渔业资源增殖保护费征收使用办法》的有关规定，将缴纳渔业资源费作为领取捕捞许可证、渔船燃油补贴的前提条件，在保障渔业资源费用征收的同时，专项用于渔业资源的增殖与保护，以切实保障渔民的实际利益。

当然，从实践层面看，开征新的环境资源税（生态税）可能受到社会组织、群体、个人的抵制，面临较大的社会阻力。因此，当前开征新的环境资源税（生态税）之前，应当进行全面的论证，提出较能为公众所接受的征收方案，制定阶段性征收试验规划。经各方面实践检验后，建立

---

① 2013年，三部局向国务院报送环境保护税立法的请示，国务院法制办根据征求意见对送审稿进行了修改。环境保护税法自2014年起已被列入国务院立法工作计划。而且李克强总理在2015年3月5日的政府工作报告中，还点了"环保税"的名。无疑，此项工作已处于倒计时阶段。

完善的环境费与环境资源税（生态税）并行的税费制度[①]。与此同时，应针对海洋生态系统的特殊性，以及海洋生态补偿的形成发展境况，有必要建议与督促相关部门，及时处理协调好排污费制度、环境资源税间的关系，促进资金的筹集。

（三）形成海洋生态补偿专项基金

生态补偿基金制度是一项专项资金管理制度，按照国内外专项基金的做法，专项基金大多以政府投资为主导，以市场机制为推动力量，以社会广泛参与为发展动力，通过多渠道筹集并加以整合而成。

就海洋生态补偿及其专项基金而言，应注意以下几个层面的问题，以有利于专项基金的设立与推进：（1）在各级政府财政专项预算拨款，作为可靠稳定的资金来源的同时；充分发挥企业、社会团体、慈善机构、基金会和国内外捐赠和公众等多渠道的作用；另外，未来征收的生态补偿税也是基金的来源之一。（2）加强基金监管。尤其加强对专项资金的财政和审计方面的审核，完善资金使用的监管。明确资金使用方向和领域，保证其专款专用。（3）建立完善、有效的资金管理制度和绩效考核制度。国家层面的生态补偿监管机构可以借助相关"评估与考核指导意见"的制定，对下级的资金使用方式方法、途径提供指导，并对资金的使用绩效进行评估，同时协调与解决下级相关隶属机构在生态补偿资金使用中所面临的问题。委员会管理海洋生态补偿金，应当事先组织编制海洋生态补偿金的整体使用计划，按照预算严格管理支出事项。（4）依法处置基金使用过程中的违法、违规现象，并严格追究其中的法律责任。

三 自力型资金来源及其运作

对于海洋生态补偿基金而言，要优化自力型资金来源及其运作，市场机制的引入及功能的发挥非常重要。借助市场机制的作用，通过市场调节与市场主体的市场交易行为，拓展资金来源，筹集生态补偿金。虽然，从职能与职责看，政府的公共职能决定了政府是生态补偿资金来源主体中，有首当其冲的职能与职责。但是，这并不代表海洋生态补偿金的承担主体仅限于政府，海洋生态损害者、海洋资源环境价值受益者，都应是海洋生态补偿金的重要承担主体。海洋生态补偿金之所以是激励

[①] 张慧：《海洋生态补偿法律制度研究》，博士学位论文，中国海洋大学，2012年，第25页。

经济的推动力量，是因为更需要利益优惠政策，形成企业等市场主体、相关公民及有关组织的整体性配合①。因此，可以通过保险等社会化，引入居民入股、彩票证券方式，建立海洋生境银行（OHB）等方式来加以实现。

（一）完善海洋生态补偿的市场交易体系

海洋生态补偿的市场交易体系可以主要分为三种类型：一对一交易类型、市场贸易类型与生态标记类型。（1）一对一交易类型。该类型可以重点针对受益方或破坏者明确并且数量较少、海洋生态系统服务的提供者或受损者数量不多的情况。其主要由政府部门组织开展谈判，确定交易条件，借助价格补偿方式来实现资金的筹措。（2）市场贸易模式的建立，则可以依照排污权交易理论，建立海洋生态环境污染权的交易制度。政府应当首先确定当地海洋生态服务价值，计算每一单位的排污权对应的排污量。再通过制定海洋排污权许可证，使经济主体通过向政府买进的交易方式，获得排污许可证，实现对海洋生态资源所有者——国家的补偿。（3）生态标记模式则是类似于质量认证的手段，通过发展对生态海产品、绿色海产品的生态标记认证工作，使得生态资源利用者间接支付海洋生态系统服务的价值，筹集生态补偿资金。这种制度能够帮助消费者选择更绿色、更环保的产品，增加对生态产品的忠诚度，刺激生态海产品的生产与发展。目前，我国的生态标记认证制度主要集中于农产品和食品领域，包括无公害农产品、绿色食品和有机食品3个等级②。

（二）建立海洋生态保险

基于海洋生态损害的特性，其所产生的经济赔偿可能使企业面临破产的困境，进而导致海洋生态损害无人埋单。因此，针对海洋问题的高风险性境况，可以基于分散海洋风险的目的，建构强制性责任保险制度。当前我国生态损害责任保险仍处于初始阶段，目前的强制性规定还仅仅是限于船舶油污领域。其中，《海洋环境保护法》对"船东与货主共同承担油污损害赔偿责任的风险"的保险责任制度作了相应的规定。虽然在其他风险相对较小的海洋行业尚未进行强制保险，但是，"从自主投保为主向强制投保为主方向转变"，促使高风险海洋问题的风险

---

① SVENW. PaymentsforenvironmentalServices：someNutsandBolts. CIFOROccasionalPaper，2005，（42）：17.

② 尤艳馨：《我国国家生态补偿体系研究》，博士学位论文，河北工业大学，2007年，第59页。

"分散化与社会化",促进保险公司的分担,应当是一个趋势。

(三)引入居民入股、彩票债券等金融手段

在现代市场经济中,资本市场越来越能发挥其筹资功能。利用生态补偿领域运用资本市场,筹集资金是一大创新。它既能发挥其公益维护作用,又能有效发挥其集资功能。首先,可以利用在股票市场比较有优势的生态环保企业,进行股份制改造;沿海城市居民甚至非沿海地区居民,可以以生态入股的方式,获得生态项目建设的分红。这样,一方面可以一定程度提高集资效果;另一方面,能实现生态效益与经济效益的双赢。可以借助债券、彩票等方式方法来筹措海洋生态补偿基金,挖掘社会层面的资金来源,促进海洋资源环境保护与海洋生态建设。等时机成熟时,再在全国范围内推行[①]。另外,国家进行海洋生态保护和修复、建造大量基础设施、从事长期科学研究中,需要大量的中长期资金,因此可以考虑发行中长期专项债权。通过这种方式,解决海洋生态保护项目长期建设费用。

(四)建立海洋生境银行(Ocean Habitat Bank,OHB)

海洋具有公共物品的属性,其具有公共性、难以计量性、整体性。而这决定了如果仅仅通过一般的简易交换的手段,那么就难以实现使用权归属。借鉴美国通过采取市场交易、建立"湿地银行"的有效经验,可以在我国建立海洋生境银行(Ocean Habitat Bank)。"湿地银行"是美国于20世纪70年代开始实施的第三方生态补偿方式,其实质是在政府管制下的限额生态市场交易。政府将湿地生态服务界定为可以交易的商品,制定交易的规则,通过信贷方式,由第三方履行补偿义务,以达到湿地保护与恢复的目的。实践证明取得了不错的效果。因此,在我国海洋多头管理的情形下,对于海洋生境的补偿,也可以引入类似湿地银行的交易方式。从而获取众多部门的重视,进而从整体上维持海洋功能和价值[②]。

因此,综合而言,完善生态补偿资金筹集制度(如图8—4所示),不仅需要政府的强制力以及行政宏观调控为后盾,还需要借助发挥市场、融合各阶层社会力量的参与(包括吸收来自国内外的企业、福利基金、社会组织甚至个人的捐助)等路径,推进海洋生态补偿的运行,促进海洋资源环境的保护与海洋生态的建设。

[①] 林航:《海洋生态补偿金问题研究》,博士学位论文,大连海事大学,2014年,第20页。

[②] 朱建国:《我国湿地保护的立法意义、现状及几点建议》,《中国土地科学》1999年第1期,第77—80页。

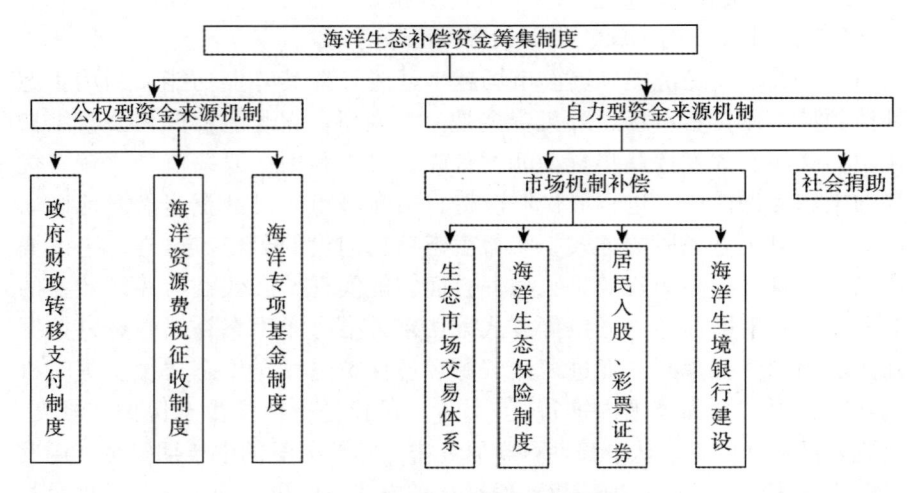

```
                    ┌─────────────────────────┐
                    │ 海洋生态补偿资金筹集制度 │
                    └────────────┬────────────┘
                ┌────────────────┴────────────────┐
        ┌───────┴────────┐                ┌───────┴────────┐
        │ 公权型资金来源机制 │                │ 自力型资金来源机制 │
        └───────┬────────┘                └───────┬────────┘
                │                        ┌────────┴────────┐
                │                    ┌───┴────┐        ┌───┴───┐
                │                    │市场机制补偿│        │社会捐助│
                │                    └────┬───┘        └───────┘
     ┌──────┬───┴───┬──────┐    ┌────┬───┼────┬────┐
     │政府  │海洋   │海洋   │    │生态 │海洋 │居民 │海洋 │
     │财政  │资源   │专项   │    │市场 │生态 │入股、│生境 │
     │转移  │费税   │基金   │    │交易 │保险 │彩票 │银行 │
     │支付  │征收   │制度   │    │体系 │制度 │证券 │建设 │
     │制度  │制度   │       │    │     │     │     │     │
     └──────┴───────┴──────┘    └─────┴─────┴─────┴─────┘
```

图8—4 海洋生态补偿资金筹集制度

第五节 受益者补偿制度

受益者补偿是指海洋生态利益的受益者有义务对海洋资源保育和海洋环境保护的贡献者（或特别牺牲者）、特别牺牲者予以应有的补偿。其中的补偿既包括经济性的，也包括非经济性的。

一 受益者补偿：破除海洋资源环境"外部性"的必由之路

在海洋生态补偿及其相应制度设计运行中，"外部性"理论一直是重要的理论基础。总体而言，在海洋资源开发与环境保护过程中，行为人的相应系列行为会对其他主体产生正面或负面影响。其中，产生正面影响的，即可称之为外部经济性，产生负面影响的，即可称之为外部非经济性。在一个区域的生态保护过程中，所形成的生态效益是该生态保护行为所带来的区域外部经济性，但是如果相关受益人未支付相应的对价，那么就会使生态保护行为丧失进一步行动的动力。

对于海洋资源环境而言，海洋资源环境是最典型的公共物品，也具有两个重要特性——非竞争性与非排他性。因此，在海洋资源开发与环境保护中，也会存在"搭便车"问题，也会存在享受"非竞争性与非排他性"海洋生态利益而不付费的情况。如此则容易供应公共物品的私人投资者又无法回收投入的境况，进而导致因缺乏动力而再无主体愿意投资海洋资源环境公共物品，致使海洋资源环境公共物品被过度消费，最终导致"海洋资源环境公用地悲剧"。因此，需要引入"受益者补偿"制度。这是破除海洋资源环境"外部性"的必由之路。

二 受益者补偿：恢复海洋生态正义的必然要求

就一定程度而言，在资源开发与环境保护中，"污染者负担"是让污染者承担法律责任、履行补偿义务的一个重要方面。但是，如果仅仅依靠"污染者补偿"不是生态补偿的全部。在海洋资源开发与环境保护中，在海洋生态补偿中，亦是如此。如果仅仅将"海洋污染者"纳入法律责任承担、补偿义务履行中，而无"受益者"身影的话，这样对于海洋资源环境保护的投资者、行为者而言，也是一种"海洋生态不正义"。除了"污染者"之外，"受益者"也是其中主要的主体。因此，只有将"受益者"纳入"补偿者"的行列，体现"受益者补偿原则"，才能充分体现正义价值[①]。

显然，"确定正义、保障正义、恢复正义"是人类及其所建构的法律制度的永恒追求。因此，为了恢复环境正义，国家建立了生态补偿制度，并确定了"污染者负担，受益者补偿"的重要法律原则。这在海洋资源环境的法律制度建构与运行中，也不例外。因此，在海洋资源开发与环境保护过程中，应当引入受益者补偿原则与理念，破除"外部性"，以体现与恢复"海洋生态正义"。

三 指导性原则

若要将受益者补偿引入海洋资源与环境保护过程中，必然应有相应的指导性原则加以引领。

（一）可持续发展原则

对于我国而言，海洋面积广阔、资源丰富，因此，一定程度上我国的海洋资源环境保护的任务十分艰巨，需要充分体现可持续性。另外，引入"受益者补偿"，并不意味着要排斥发展海洋经济及受益者的利益享有。恰恰相反的是，"受益者补偿"的制度运行，正是为了促进经济社会可持续发展，为了让受益者在海洋生态利益上真正实现可持续的利益享有。这在目的走向与目标实现上一致。

---

① 如果按照自然法理念，正是因为每个人都生活在大自然环境中，享受着大自然环境给予的生态利益。因此，每个社会成员都是生态受益者。

(二) 区域合作原则

正是因为海洋所具有"整体性、流动性和循环性"的特点，必然决定了海洋资源环境问题及其所涉及的利益关系突出，都是突破地域界限的。因此，生态受益者补偿制度的建设与运行，也不可能仅仅依靠任何一个孤立的区域或者国家，不能仅仅依赖某一主体的单独行动与努力就能实现。而且，从深层意义而言，各个不同的主体，包括不同区域与国家，实际上都是一个"利益共同体"，彼此互为"受益者"。因此，只有区域间、国家间以"生态补偿"为媒介，形成保护共同的合意，彼此互助合作，才能真正推进受益者补偿，进而在此基础上，实现海洋生态补偿目的，从而根本解决海洋环境资源的"公用地悲剧"问题，维护彼此共同的海洋环境公益。

(三) 效益性原则

实现海洋资源的生态效益和经济效益是建立海洋生态补偿制度的重要目的。在一定条件下，生态系统内部物质能量循环遵循着一定的规律，存在一定限度，因此要把握好补偿的"度"，不合理不适当的补偿往往起不到预期作用。如在渔业管理中，固定海域渔业资源超过 30% 就是很高产的渔场，倘若此时盲目地继续追加投入，生态效益相反会下降，呈现出补偿的反作用。经济效益的实现包括两方面要求：一方面要求补偿带来整个海洋经济中劳动产值比例的上升；另一方面则要求在达到这一目的同时，补偿行为本身尽可能地少占用自然和社会资源。[①]

从国内外的实践层面看，目前在流域生态补偿领域中已有不少实践。例如 1964 年，为了提高哥伦比亚河流域下游发电和防洪能力，美国与加拿大签订《美国加拿大关于哥伦比亚河流的条约》。根据该条约，美国将其增加的水电效益的一半外加防洪效益费用支付给加拿大作为补偿。显然，美一加在该条约中的关于跨界河流资源开发利用中的付出和补偿，不仅体现了跨界河流的公平和合理利用原则，更是建立起了生态受益者补偿制度的初步模型。在国内，也已经有相应实践。南水北调的中线工程水源地生态补偿就是典型实证。南水北调中线工程启动后，当地政府实施生态保护项目补偿，加大"水土保持、农业面源污染防治、城镇环境基础建设"等的投入，以确保库区水源水质。在此期间，除直接推动项目实施区的资源环境保护外，还激发了社会资本对于丹江口水库库区生态保护建设等项目的积极投入。从而在较短的时间内，就取得了良好的资源环境保

---

① 张晓：《生态补偿制度法律研究》，博士学位论文，郑州大学，2004 年，第 27—29 页。

护、生态建设的效果。虽然，不能完全保证该工程项目资金都来源于"受益者"，但是在生态受益者补偿制度建设上迈出了一大步。当然，虽然流域生态补偿中，已经引入并开始采用"受益者补偿"制度。但是"受益者补偿"在海洋生态补偿领域中，还处于论证与引起关注阶段，需大力宣传并加以推进。

四 "受益者补偿"推进中的五大关键环节

为保证"受益者补偿"在海洋资源开发与环境保护中的有效落实，可以借助五大关键环节（生态境况基础调查—生态效益评估—成本分摊—经济与非经济性的补偿—补偿权益诉求与救济）来加以推进，并使其更具有可操作性。

（一）生态境况基础调查

在落实"受益者补偿"的过程中，进行全方面海洋生态境况基础调查至关重要。其目的是核查海洋生态系统的经济、生态、资源状况，以方便确定经济效益、社会效益和生态效益的各项贡献值和受益值。经济状况的调查包括沿海工业、渔业、养殖业、旅游业等服务业的发展状况，以及与海洋环境的依存度和潜力值。生态状况包括海水水质状况、污染物排放量、海水自净能力值等因素。资源状况包括海水资源、石油资源、矿物资源、生物资源、渔业资源的种类、数量、性质等因素。生态境况的基础调查结果，既可以作为补偿量标准计算的重要依据，也可以用于检测海洋生态环境状况变化程度的重要指标。

（二）生态效益评估

效益评估是指在海洋生态基础调查的前提下，对贡献者（或特别牺牲者）行为（包括积极行为和消极行为两方面）对跨界海洋环境资源产生的积极影响和效益进行评估。效益评估的重要前提是贡献者（或特别牺牲者）实施了生态保护行为，且受益者因此而受益。效益评估就是衡量该贡献和收益大小的一个行为过程。在正式进行效益评估前，需进行一系列的调查工作。如调查贡献者（或特别牺牲者）海洋生态保护后，海洋资源、环境以及海洋经济发展的变化。其中可以以海水水质的改善程度、生态多样性的变化、渔业资源的变化、沿海海岸地区海洋GDP变化程度等为指标。再如调查受益者因贡献者（或特别牺牲者）的生态保护行为所获得的资源、环境利益的增减，可以以海洋捕捞业增加的产值、因生物多样性增加而增加的产值、因海水污染减小而减少的成本等为指标。另外，"贡献者（或特别牺牲者）的资源环境保护行为"与"受益者所获利益之间"的"因果关系及其程度衡量"也非常必要。

(三) 成本分摊

成本分摊是指在海洋生态效益评估的基础上,确定贡献者(或特别牺牲者)与受益者的机会成本分担比例的过程。在海洋生态效益评估过程中,最难衡量的是贡献者(或特别牺牲者)的机会成本损失与受益者获得的海洋生态利益的因果关系大小程度。因此,成本分摊程序要解决的重点问题在于如何公平公正地建立比例划分原则。由于海洋生态系统往往涉及多个行政区域的经济和生态利益,难以严格划分贡献者(或特别牺牲者)的海洋资源环境保护行为使什么区域获得多大程度的收益,并准确划分它们之间的比例。因此,通常需要借助相应的标准,来协助计算成本分摊比例。比如资源环境保护贡献者(或特别牺牲者)为海洋资源环境保护投入的经济成本、人力成本,以及丧失的发展机会收益等。当然,更为可行的做法是,通过建立区域联动机制,由各区域行政机关在充分考虑各自的海洋经济发展状况、海洋生态系统服务价值后,自行协商确定分摊的比例和数额。

(四) 经济与非经济性的补偿

补偿程序是指在确定贡献者(或特别牺牲者)与受益者的机会成本比例分摊后,由受益者对贡献者(或特别牺牲者)的海洋资源环境保护投入进行分担和补偿的过程。它是整个"受益者补偿"的核心环节。从目前国内外的实践看,补偿可以分为经济性补偿与非经济性补偿两大类。实现的方式主要有现金补偿、项目援助、技术转移、专项投资与发展能力补偿等。现金补偿,是指实现政府间横向财政转移,直接支付现金的方式。项目援助是指受益者与贡献者(或特别牺牲者)针对所进行中的海洋资源环境项目,彼此达成合作援助协议,以及"双方的合作开发利用与保护"的方式。技术转移是指由受益者向贡献者(或特别牺牲者)提供先进的海洋开发利用设备或技术指导的方式,这适用于两者在海洋资源环境利用与治理技术水平存在巨大差距的情形。专项投资是指受益者对沿海跨国企业、新兴环保产业、节约型及环境友好型产业加以专门投资的方式。另外,更为重要也更为深层的是"发展能力补偿",这对于贡献者(或特别牺牲者)特别重要。为了特定的海洋资源利用与环境保护中,贡献者(或特别牺牲者)牺牲了自我的生存发展空间依赖或发展的机会,如海涂围垦中的渔民,因此,对于这些贡献者(或特别牺牲者)而言,通过深层的"发展能力补偿",给予生存技能培训与新的就业创业平台搭建更为急需。显然,这种"质"上的补偿,让贡献者(或特别牺牲者)

尽快脱离"封闭孤立的贫困亚文化",融入"共享发展成果的先进文化",要比单纯的经济上"量"的补偿更为重要。

（五）补偿权益诉求与救济

无救济,即无权利。补偿权益诉求与救济是"受益者补偿"得以保障实施的重要程序。其是贡献者（或特别牺牲者）的补偿需求未得到满足,补偿请求遭受受益者拒绝时,借助法律推进加以实现诉求与救济的方式。按照国内外的相关理论与实践经验,贡献者（或特别牺牲者）的权益诉求与救济可以通过以下路径来加以实现：（1）区域联合建立常驻的"海洋生态补偿基金中心",对海洋生态补偿基金加以统一监管,由各区域行政机关共同委派代表,成立中心委员会进行协同管理。贡献者（或特别牺牲者）可向中心委员会提出救济主张。（2）根据国际法惯例,通过各沿岸国或地区的双边或多边协商谈判来解决争议,或邀请第三方进行斡旋和调停。（3）涉及国家间生态受益者补偿纠纷时,受益国与贡献国双方还可走国际司法程序,将其纷争提交国际法院裁决。（4）建立信用评价体系,将受益者（或特别牺牲者）对贡献者的生态补偿情况作为重要参考指标。一旦受益者（或特别牺牲者）拒绝履行相应补偿义务,将有可能面临信用风险[①]。这在国际上,国际信用评价体系的运行中,在受益国与贡献者的关系协调中,已起到一定的作用。

因此,综上所述,"受益者补偿"引入海洋生态补偿领域,可以更加完整地解决海洋生态补偿中的"谁补偿"问题。而与此同时,建立生态补偿制度的最终目的,在于通过经济手段激励海洋生态保护行为,从而实现海洋经济利益与生态利益的双赢,也即要解决"怎么补偿"的问题。这些都需要不同环节的互相配合。其中,"受益者补偿"这一环节,对于海洋生态补偿的推进而言,至关重要。

第六节 海洋生态保护激励制度

海洋生态保护激励制度的建构主要是缘于海洋是典型的公共物品,其中的"负外部性"问题,需要引入激励制度加以关注与消解。另外,从生态补偿的实施理念与推进方式看,海洋生态补偿仍处于多呈现被动型的

---

① 黄锡生、峥嵘：《论跨界河流生态受益者补偿原则》,《长江流域资源与环境》2012年第11期,第1402—1408页。

"外在补偿"的阶段。这种被动型"外在补偿"的缺陷需要引入激励制度加以破除。在激励制度建构中,激励制度作为固定海域内的"自激励",不能独立于整个海洋生态补偿机制之外,必须与外部补偿机制形成空间上的互补,在结构上实现优化。总之,构建海洋生态保护激励制度,可以以资源环境为核心,构建经济生态化—生态资源化—资源经济化的三点循环机制,从而实现经济发展、生态保护、资源增值的三方共赢。

一 海洋公共物品的"负外部性"需要引入激励制度加以消解

海洋是典型的公共物品,其中的"负外部性"问题,需要引入激励制度加以关注与消解。一方面,海洋公共物品的"非排他性、非竞争性",意味着海洋生态保护和建设者无法单独享有自己保护和建设等的收益,容易形成"利益外溢",导致"少数人负担,搭便车者获益"的现象与境况。显然,必须建立激励制度,引入激励机制,解决利益相关者之间所产生的环境经济利益平衡与协调问题,激励海洋资源开发与环境保护的积极行为及其积极行为者,从而呵护保护的积极性,促进海洋生态保护。

另一方面,"海洋的整体性、流动性"又决定了当某一海域的海洋生态遭到破坏时,可能对其他海域也产生了负面影响,从而产生导致"负外部性"。显然,针对其他海域因他人的行为而生态受损的境况,针对受损的海域为修复"负外部性"与保护海洋生态的投入,必须建立激励制度,引入激励机制,以消解"负外部性"问题,弥补受损的海域所投入的人力、物力、财力成本。从而在"他补偿"和"自激励"双重模式下,激励与引导海洋生态保护行为,实现不同利益主体间的利益平衡,生态效益和经济效益的整体协调。

二 被动型"外在补偿"的缺陷需要引入激励制度加以破除

虽然就生态补偿而言,各国目前正处于日益关注,并采取系列措施加以推进的发展阶段。但是,从生态补偿的实施理念与推进方式看,仍处于多呈现被动型的"外在补偿"阶段。除了比较多地依赖于"国家和地方政府财政转移支付"的政府补偿机制,就连市场补偿机制,也常依赖于政府的外在推进加以实施,呈现出被动型的"外在补偿"特点。在海洋生态补偿的探索与推进过程中,也存在不足。

(一)补偿范围单一

比如海洋生态补偿应当以解决固定海域整体生态服务系统问题为目的,然而通常的补偿却局限于某一具体范围如渔业资源,补偿范围的单一性，难以应对海洋的"流动性"特征，从根本上解决"整体性"的海洋生态系统问题。

（二）补偿手段单一

目前我国海洋生态补偿仍以政府财政转移支付为主，市场补偿机制正处于艰难的摸索中。而且，出于多方面因素的影响与阻碍，今后相当一段时间内，可能仍将以政府补偿为主，导致补偿手段受限。

（三）时间的滞后性

就目前我国的海洋生态补偿而言，仍遵循"先破坏，后补偿"的传统模式，只有在某海域生态系统严重受损、影响周围社区生境时，才开始消极被动地予以反应，明显体现出"末端应对反应型方案"的滞后性。

（四）补偿方式的初层性

当海洋环境问题及其生态破坏发生时，如果仍然局限于依靠政策、物质对象和资金的简单"输血"经济补偿，本质上是一种简单的生态补偿经济模式。生态系统的深层问题没有得到充分重视，也会影响其治理和恢复。对于特别牺牲者而言，更为重要的"造血型"补偿、非经济性补偿，则没有得到充分的体现。

不容置疑，上述诸多不足，都需要进一步建立激励制度，引入激励机制来加以破除，来实现海洋生态补偿层次的深化。

三 海洋生态保护激励机制的特点与优势

（一）目前各国在激励机制的运用与实践

鉴于"外部补偿"的诸多不足，当前不少国家通过借助经济学方法，借助以下几个层次经济制约与激励，来推进不同领域的生态补偿：（1）借助强制性收费，提高资源环境损害行为的成本，进而规制与减少资源环境损害行为；（2）借助收费，补偿资源环境保护所投入的成本；（3）借助经济激励，提高资源环境保护行为的收益，促使相关主体增加生态保护力度；（4）借助受益者补偿与财政转移支付，解决区域间生态公共服务水平不平等问题。虽然，这也非常符合海洋生态补偿机制建设的原理和目的，但是从层次上看，上述实践中的激励方式，还是属于粗层的，需要进一步深化。

（二）海洋生态保护激励机制的特点

从目前的条件以及进一步的发展趋势看，在外部补偿之余，实施双向激励、良性互动、循环共生的海洋生态保护激励机制，已经成为促进海洋生态与经济共同发展的重要资源环境制度模式。这一激励制度指的是在固定海域范围内，以激励性海洋生态保护补贴等手段，激励相关主体从事主动的海洋资源环境保护行为，或整体设定一定的"蓝色"GDP要求，确保海洋经济发展的生态化。生态保护激励在程序、范围、实质意义上有其独特的优势，有别于生态的"他补偿"。

1. 从程序上，生态保护激励是先投入、后激励。在实施激励手段之前，首先确立生态保护的目标，继而通过有偿性的生态激励措施，激发建设主体的积极能动性。

2. 从范围上，生态保护激励通常固定于特定海域，尝试引入产权制度，产权制度是我国现阶段经济增长的最主要动力①，这有助于解决跨区域生态补偿困难与产权界定模糊等问题，更具有可操作性。

3. 从实施效果看，相对于"他补偿"这种"输血式"的补偿方式，"自激励"模式属于"造血型"补偿。其有利于激发与提升其中的海洋生态建设及自身发展能力，进一步优化海洋环境资源配置。

四 激励制度与海洋生态补偿的关系

尽管海洋生态保护激励制度与海洋生态补偿有诸多的区别，但是激励制度作为固定海域内的"自激励"，不能独立于整个海洋生态补偿机制之外，必须与外部补偿机制形成空间上的互补，在结构上实现优化。根据生态足迹理论，海洋生态系统功能区一般被分为生态盈余区和生态赤字区。基于"他补偿"视角，有生态盈余的海洋生态系统，可以将其剩余部分以各种形式，提供给其他生态不足的区域，并应当获得相应的生态补偿②。而在"自激励"体系中，则既包括对生态赤字区域进行管理和监督，又包括对生态盈余区给予生态服务功能价值激励，从而进一步推动生态良性循环。正是将外部补偿与内部激励进行协调，才有利于完善基于"生态盈亏"理论的环境生态政策。因此，海洋生态保护激励制度根植于生态补偿制度，是一种将海洋经济活动外部内化的方式。海洋生态保护激励与生态补偿制度的关系可以描述成："自激励"与"他补偿"的关系。两者既密切相关，又有相应的区别。

五 经济发展、生态保护、资源增值的三方共赢

环境保护与经济发展历来处于矛盾重重的对立面，而构建海洋生态保

---

① 李富强、董直庆、王林辉：《制度主导、要素贡献和我国经济增长动力的分类检验》，《经济研究》2008年第4期，第53页。

② 陈源泉、高旺盛：《基于生态经济学理论与方法的生态补偿量化研究》，《系统工程理论与实践》2007年第4期，第165—170页。

护激励制度，可以以资源环境为核心，构建经济生态化—生态资源化—资源经济化的三点循环机制（如图 8—5 所示），从而实现经济发展、生态保护、资源增值的三方共赢。

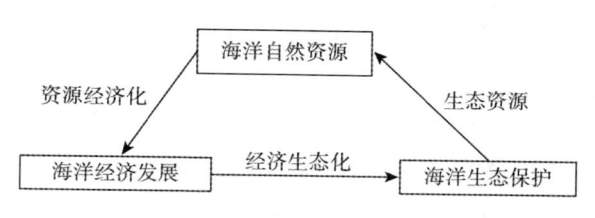

```
                    海洋自然资源
              ↗                    ↘
       资源经济化              生态资源
         ↙                          ↖
    海洋经济发展 ——经济生态化—→ 海洋生态保护
```

图 8—5　生态保护激励制度的运行原理

（一）经济生态化

这具体体现在两个方面：经济的"绿色转化"和经济反馈海洋生态建设。首先是经济发展模式转化。从我国东部沿海省市的经济发展轨迹看，均经历过粗放型、资源型模式。虽然经济发展水平一直领先于其他省市，但也面临着高消耗、粗排放的尴尬困境。因此应当及时进行经济发展模式的"绿色转化"，引导绿色经济、产业机构优化、实现低消耗发展。其次是经济反馈海洋生态建设，《2014 年中国海洋经济统计公报》显示，2014 年我国海洋生产总值 5.99 万亿元，占全国 GDP 的 9.4%。伴随着海洋经济的高速发展，应当进行资本的再分配，将海洋经济的收入，按一定比例回馈给海洋生态维护，进行海洋生态维护与建设投入，促进海洋生境健康发展。

（二）生态资源化

这主要表现为将抽象的海洋生态转化为实体的经济资源，同时促进环境资本的增值和生态效益的提升。总体而言，可以包含两个层面：其一，向生态以外的其他资源转化，形成第三服务产业链。其二，通过海洋生态系统内部结构调整，提升资源价值。例如通过对于海洋生态系统及其内部空间结构的优化调整，提升沿海地区海洋生态系统功能服务价值。

（三）资源经济化

资源是经济发展的重要物质基础，既可以促进资源的经济转化，又可以作为衡量海洋经济发展和生态效益是否提升的重要指标。资源的经济化具体表现为将海洋环境资源作为生产资料，以直接价值或附加价值直接转化为海洋产品；与此同时，还可以将其作为"提升海洋环境承载力、生态容量的重要 GDP 指标"来加以反映。

六 政府与市场支持中的三个重要环节

在政府提供政策支持和制度保障、市场提供多方面融资渠道基础上,建设海洋生态保护激励机制。综合而言,可以借助三个重要环节:确定激励门槛、运算方法设计、具体方案及其实施。

(一) 确定激励门槛

海洋生态保护激励制度运行需要在一定的环境条件下进行,良好的海洋资源环境和经济基础则是海洋生态保护激励的重要条件。因为海洋资源环境是否良好,决定着该片海域是否存在生态盈余。另外,地方经济水平与海洋经济发展程度,也决定了是否有足够的资金投入,以保障 GDP 的生态化。结合资源分配公平性作为考虑因素,在海洋生态保护的激励中,可以选取人均海洋 GDP(G 值)、沿海岸省市的人均海洋生态系统服务价值(E 值)作为设置激励门槛的重要指标。以长三角江浙沪三省市为例,取上海市,江苏省连云港、盐城、南通三市,浙江省杭州、宁波、温州三市,7 座城市的人均海洋 GDP、人均生态服务价值分别横向数值求和、平均,并予以分析比较。对 7 座城市人均海洋 GDP、人均生态系统服务价值于 GDP 当中的占比进行双数值的拟合。公式为:

$$P_i = E_i / G_i \tag{8.21}$$

式中,E_i 表示人均海洋生态系统服务价值 GDP,G_i 表示人均海洋 GDP。基于双数值拟合分析,同时考虑个别城市发展的极端特殊性,去掉极端样本求得去异平均值,并以此值作为生态激励机制的门槛条件[①]。

(二) 运算方法设计

运算方法的设计是海洋生态保护激励制度的重要部分,也是三点循环机制的集中体现。因为运算方法主要分为三步,即经济生态化计算→生态资源化运算→资源经济化运算。

1. 经济生态化运算。即计算该地区政府将海洋 GDP 总量以何比例继续转投入海洋生态保护建设,可以取当年或去年海洋 GDP 总量为 A(元),投入海洋生态建设为 B(元),年海洋生态建设投入占当年地区海洋经济生产总值的比重为 N_1,公式为:

$$N_1 = B/A \tag{8.22}$$

2. 生态资源化运算。即以何比例将未开发海域用作激励性海洋生态

[①] 吴敏、吴晓勤:《融合共生理念下的生态激励机制研究》,《城市规划》2013 年第 8 期,第 60—65 页。

保护海域使用。取激励性海洋生态保护海域为 C（平方千米），未利用海域为 D（平方千米），激励性海洋生态保护总量占当年未利用海域的比重为 N_2，公式为：

$$N_2 = C/D \qquad (8.23)$$

3. 资源经济化运算。即计算激励性海域海洋资源转化为经济总量的比重。取激励性海洋生态保护海域产出经济量 E（元）占海洋 GDP 为 F（元）比重 N_3（元/平方千米）。公式为：

$$N_3 = E/F \qquad (8.24)$$

由此得到如下的运算公式：

$$A \times N_1 = C \times (1 - N_2) \times E_i \qquad (8.25)$$

$$\frac{E}{N3} = C \times N_2 \qquad (8.26)$$

$$C \times (1 - N_2) \times H = C \times N_2 \times J + M_1 \qquad (8.27)$$

$$E = A \times N_1 + N_2 \qquad (8.28)$$

其中，H 表示年平均海洋生态系统服务价值，G 表示年平均生态建设投入，F 表示年平均工业生态消耗价值。M_1、M_2 分别表示的是所希望实现的预期海洋生态、经济的增加值。

（三）具体方案及其实施

就具体方案而言，其核心是"先行投入再领取激励资金"。海洋生态保护激励制度的实施主体既可以是单位，也可以是个人，激励主体则为地方政府。在某种程度上来说，实施主体与激励主体具有一定的正比关系，也就是说，每当实施主体投入一定数量的生态保护资金和人力或增加一定面积的生态，激励主体都有权从当地管辖的未开发海域中确定一个海域单位作为激励补偿海域，对环境保护行为进行奖励和鼓励。当然，实施这一方案的一个重要前提是，新增的生态海要来自现有未利用的海域，要在不破坏整体海洋生态环境的前提下，在生态价值高的海域使用。综合而言，海洋生态保护激励制度的建立，是整个海洋生态补偿制度建构中的重要环节。其与海洋受益者补偿制度、海洋生态补偿制度形成了良性循环，共同促进海洋资源环境的保护、可持续利用与发展。

第七节 海洋生态补偿与海洋督察制度

我国海洋生态补偿理念起步较晚，目前国家与各个省份对海洋生态补偿制度的构建和机制设计仍处于道路摸索时期，海洋生态补偿相关制度和机制设计也正处于建立探索之中。在此过程中，海洋生态补偿及其制度存在漏洞，其中的机制运行不畅一定程度客观存在，同时也难以避免。因此，需要探索与寻求拓展路径，以借助相应的制度安排和机制设计，寻求制度耦合和机制运行合理，弥补海洋生态补偿具体相关制度本身的不足和机制运行不畅，避免囿于海洋生态补偿的相关制度缺失或机制不畅所带来的体系系统空白，做到不同系统的协调有序和海洋生态补偿的有序推进。在此其中，能否借力我国当前正大力推进的海洋督察，以提升海洋生态补偿实效，助力海洋生态补偿的积极推进，将成一个重要议题，须加以夯实研究。

督察是对相关政府部门具体工作目标及实施方式加以落实的重要一步，督察对于政府部门履行职责、国家公权力的制约和财政补贴的利用效果。海洋督察作为当前正大力推进的环境督察的一个重要组成，无疑将对本研究所涉及海洋生态补偿的目标达成与实施方式顺利推进，都具有直接或间接的影响。在当前环境督察的大力推进进程中，海洋督察作为其中一个重要组成，现实也需要相应的生态环境、自然资源、渔业行政等主管政府部门，依法对海洋生态补偿落实情况进行监督检查，简称"督察"。在围绕海洋生态补偿进行相应海洋督察的过程中，也将涉及整体海洋生态补偿中关于海洋督察内涵及相关概念的理解，包括对其中各个具体环节的针对性操作实施、补偿结果的评估与反馈等，都是相应研究所需关注的要点。

一 海洋督察之内涵界定及其运行推进

综合而言，促进海洋生态补偿与海洋督察的对接联系，促进海洋督察与海洋生态补偿相关环节的对接与联系，尤其在相应环节上进行制度机制上的对接与联系，借力海洋督察以推进海洋生态补偿是一个渐进过程。可以借助其主要涉及的诸如海洋生态环境监管、监测能力建设，支持质量改善的海洋生态保护、修复和治理活动等求偿路径，以及各具体环节的操作实施和补偿结果评估与反馈等，借助海洋督察，以推进海洋生态补偿相关环节实施，达致相应目的。

（一）海洋督察的内涵界定

海洋督察是指国家法律规定的海洋行政主管部门及其工作人员所实施的监督监察，强调的是对督察对象的行为是否符合有关规定的审核检察，督察大多运用于上级对下级公权力行使的监督。① 海洋督察的内容包括国家部署的有关海洋生态环境政策贯彻落实情况、国家海洋生态环境相关法律法规的落实情况、突出问题的处理情况三大内容，突出问题如环境问题持续恶化、海洋环境污染严重、海岸线破坏等重大问题。督察的对象主要为沿海各省（市、自治区）、设区的市级人民政府以及相应的海洋行政主管部门、执法机构。关于海洋督察的内涵，2011 年 7 月印发并实施的《海洋督察工作管理规定》第二条专门对其予以了界定，指出海洋督察是指上级海洋行政主管部门对下级海洋行政主管部门、各级海洋行政主管部门对其所属机构或委托的单位依法履行行政管理职权的情况进行监督检查的活动。②

（二）海洋督察的运行与推进

就运行情况看，我国海洋督察立足于以海洋行政主管部门为主导，协同海洋生态环境保护组织、利益相关企业对海洋行政管理工作的主体、内容、程序以及方式进行监督检查，同时对海洋生态环境治理状况进行监

---

① 虽然在不同场合中，学界常有将"督查"与"督察"混同表达，如潘波在《说说"督察"与"督查"》（《秘书工作》2016 年第 7 期，第 78—79 页）中指出，但这里统一适用"海洋督察"的表述。因为，一定程度上，督察更强调自上而下的监督检查，更具权威性、官方性，是更针对性的检察，对具体事务与问题予以督促整改。而督查则是指监督、检查，督查具有例行检查，即按照条例进行的，属于常态性的检查行为；其主体范围更广，更强调多主体的广泛参与，在使用主体和运用的范围上比督察广泛；其侧重点在于发现问题、对工作落实情况的调查与督促，目的不仅仅是监督工作人员，更倾向于对整个项目的完成进度进行保障。因此"督查"的范围更加广泛，包括具有权威性、官方性的"督察"。同时，《海洋督察工作管理规定》《海洋督察工作规范》《海洋督察方案》等规范性文件，也均使用"督察"一词。督察是注重于对政策实施过程中是否符合标准的进行分析界定，对下级有关机关是否履行其职责的监督检查，含有较浓重的官方色彩和权威性、更严密的调查过程。而若将其加以细致区分，可以说督查即督促检查，是一项社会活动，涉及领域广泛，强调的是督促检查这一行为，无论是党政机关、企事业单位还是社会组织等，可运用这一方式促进任务的落实、推动目标的实现。督查的运用范围相对于督察更为广泛，首先实施主体上不同，督查不仅仅局限于政府机构，还包括外部社会组织对政府的督查，而督察只是政府管理体制内的监督；其次侧重点不同，督查既重落实，又具监督作用，伴随决策的制定、实施、调整和终结的始终，全程监督、介入灵活、处理及时；发现问题，立即整改，事前出谋划策，事中弥补漏洞，事后及时改正。

② 《海洋督察工作管理规定》最早对海洋督察的内涵予以界定，对此界定进行分析可以发现，海洋督察的对象仅限于下级海洋行政主管部门、受委托或具有从属性质的海洋行政主管部门。而 2016 年 12 月印发的《海洋方案》中明确国务院授权国家海洋局代表国务院对沿海省、自治区、直辖市人民政府及其海洋主管部门和海洋执法机构进行监督检查，可下沉至设区的市级人民政府。根据这一规定，海洋督察的对象增加了省级人民政府和市级人民政府。可进一步参见下文的相关阐释与剖析。

控，以达到有效预防和及时发现海洋生态环境问题的目的，充分发挥海洋督察在提升地方政府及其海洋行政主管部门在贯彻落实国家政策法规、实现生态环境可持续发展的作用。

尽管我国已经开始注重发挥海洋生态环境保护组织和利益相关企业的作用，但从我国海洋督察体制来看，大体上仍以海洋行政监察为主，采取的是以海洋行政主管部门实施海洋督察为核心的督察模式。就主体的多元化模式而言，尚未充分形成，这在一定程度上受制于我国海洋督察的发展历史。由于我国海洋督察的起步时间较晚，相关的体制机制并不健全。因此，就我国监督检查的成熟条件及现实运行境况而言，"海洋督察"相较于"海洋督查"更为合适，条件成熟时，可采取"海洋督察"的多元主体协同共治的治理模式。

（三）借力海洋督察推进海洋生态补偿

海洋是我国推进海洋事业和社会可持续发展的重要战略资源，推进海洋生态补偿是为了保护海洋生态环境的价值完整性，平衡经济发展与生态环境保护。而海洋督察的有效推进，对于海洋生态补偿而言，无疑有利于加强海洋生态补偿的依法行政和政府部门的权责落实，有利于实时掌控海洋生态环境保护及所损海洋生态修复等方面情况，积极推进与保障海洋生态补偿的有效落实与目标达成。综合而言，借力海洋督察，对于积极推进海洋生态补偿进程有着重要意义，其中主要体现在两方面。

1. 借力海洋督察，助力严峻的海洋生态危机应对。当下海岛的粗放低效式开发、陆源入海污染的压力、围填海、海岸线破坏和海洋垃圾投放等问题时有发生，海洋生态环境保护频频"亮起海洋生态危机的红灯"。根据国家生态环境部 2019 年 6 月 3 日发布的《2019 中国海洋生态环境状况公报》显示，全国入海河流水质总体仍为轻度污染、赤潮发现次数和累计面积较 2018 年有所增加、管辖海域未达到第一类海水水质标准的海域面积总计接近 9 万平方千米，其中无机氮和活性磷酸盐等主要工业用品含量仍然超标、部分海域海洋大气污染沉降物较高、海洋垃圾和微塑料每平方千米含量仍未达到标准。我国虽然已经过数年的海洋污染防治的攻坚战，但目前对于推进海洋生态补偿、修复与改善所致损海洋生态环境而言，其实效性仍与所需达致目标有差距，丝毫不能有所懈怠。借力海洋督察，可以助力预防海洋污染及海洋生态环境损害的发生，有利于强化对海洋生态环境的及时监测，实时掌控海洋生态环境的变化，在海洋生态环境问题仍未发生之前，及时督察其中的问题根源，对所存在的海洋生态环境污染危险源和隐患进行排查，在源头上遏制相关污染与破坏海洋生态环境行为的发生,构筑海洋生态环境保护的第一道防线,从而在源头就化解海洋生态补偿问题。

2. 为海洋生态补偿中特别牺牲主体的合法权益提供保障。我国《环境保护法》第十一条规定:"对保护和改善环境的有显著成绩的单位或个人,由人民政府给予奖励。"海洋生态补偿除了对海洋生态环境客体的补偿保护外,还注重对基于海洋生态环境所涉及的利益关系协调,通过财政转移支付等方式,重新在利益获得者与利益牺牲、损失者之间进行相应的利益关系调整与利益分配。由于海洋生态环境遭受破坏导致地区、组织单位或个人利益受损的、为保护海洋生态环境而放弃单位或个人利益的,都应当得到适当的补偿或有权向责任过错方主体提出补偿要求。这样,既表明了我国对保护海洋生态环境的行为的支持与鼓励,又反映了我国对人民群众基于海洋生态环境所形成利益的切实保障与分配正义。同时还要清晰认识到囿于相关制度机制未予以充分落实,以及政府财政转移支付资金缺口等影响因素,而所致的海洋生态补偿不到位、补偿款拖欠和补偿物不一致等境况与现象,从而影响海洋生态补偿中的利益关系调整,影响政府形象的塑造和社会公平正义的实现与彰显。而在此过程中,产生这一现象的一大原因及源头,可能就在于海洋生态补偿制度的设计缺失,欠缺对海洋生态补偿行为的针对性与有效性督察,需要通过海洋督察等形式,推进我国国家与地方海洋生态环境的监管与海洋生态环境监测,促进海洋资源开发利用与生态环境保护的统筹协调,健全海洋行政权力运行的制约与监督,强化海洋行政机关与人员的有效执法与相关海洋生态补偿政策的具体落实,深化环境保护法定责任的承担与相关部门责任追究等。这些都离不开海洋督察的功能发挥。

综合而言,海洋生态补偿是当下海洋时代须加以着力解答的新兴议题。毋庸置疑,借力海洋督察推进海洋生态补偿,十分必要亦是时势所需。

二 作为海洋督察重要基础的海洋生态环境监测

海洋督察的对象不仅仅是监测海洋生态环境,还包括督察相关利益主体及其利益关系调整。

(一) 海洋督察推进海洋生态补偿是一个渐进的系统过程

在推进海洋生态补偿过程中,海洋督察可以在多个环节发挥其功能与作用。借力海洋督察推进海洋生态补偿是一个渐进的过程,其中涉及与囊括不同层面环节。其中在很多时候会体现在国家海洋行政主管部门对海洋生态环境进行监控、对海洋生态补偿过程中行政机构的职责履行和具体事项的实施细节进行督察，并对海洋生态补偿效果进行审核评估与反馈等诸多方面。综合而言，欲借力海洋督察，就相应要求海洋生态补偿与海洋督察与之针对性的系统对接，在各环节加以相辅相成的相应制度机制对接，形成涵盖自上而下与自下而上、事前与事后的海洋督察体系，推进海洋生态补偿的系统化督察。

　　海洋督察在相关环节中的角色似海洋生态补偿制度的预警灯，在一定程度上为一项督察工具。督察的对象不仅仅是监测海洋生态环境，还包括督察相关利益主体及其利益关系调整。其中包括第一时间内对海洋生态环境变化现象进行监控检测，提供与优化利益损失与特别牺牲者的海洋生态补偿诉求路径；简单而言，就是对补偿对象的厘清与确定等方面问题的督察，以便把关与推进海洋生态补偿下一环节以及相关制度程序。其中还进一步包括相应的海洋生态补偿督察的重点环节——对海洋生态补偿具体实施过程中的督察，其中涉及推进海洋生态补偿行政监管主体的职责及工作落实情况摸排、海洋生态补偿资金的监管、海洋生态补偿标准及合法合理性等因素的督察。由于我国目前的海洋生态补偿实践中，参与的主体以政府及相关部门为核心，市场参与与社会组织参与的比重较少，还欠缺犹如美国和加拿大在相关具体实践中所采用的成熟的海洋生态补偿基金。因此，就目前我国海洋督察在推进海洋生态补偿进程中的功能发挥而言，一定程度上会主要侧重于政府海洋监管体制内的督察，以及对社会组织适当的监管；关于海洋生态补偿效果的评估与反馈，其中包括针对海洋生态补偿项目具体实施后的效果评价、海洋生态的修复效果、利益受损与特别牺牲者对海洋生态补偿的满意情况评估。评估作为后续的一道关卡，通过效果评估与评估反馈，进行工作落实情况鉴定与责任追究，这样的监督方式同样具有督察的作用。

　　（二）我国海洋生态环境监测现状及其面临挑战

　　针对海洋生态补偿的系统性海洋督察而言，若按督察的"人—物"对象分，可分为对物（海洋生态环境要素监测等方面）的督察和对人（补偿对象厘清与界定等方面）的督察。督察海洋生态环境是不需要进行生态补偿，其中的重要依据及标准就基于海洋生态环境的相关要素监测，以及督察海洋生态补偿相关利益主体是否是补偿对象、是否符合获得海洋生态补偿的条件、所提供相关利益主体的海洋生态补偿诉求路径，以及后续的海洋补偿落实境况等。

　　1. 我国海洋生态环境监测及其现状。立足海洋生态环境监测的跟踪与督察，可以为发挥海洋督察在海洋生态补偿推进中的功能积极提供路径与创造条件。海洋生态环境监测是了解、掌握、评估、预测海洋生态环境质量状况的基本手段，包括监测组织机构体制、监测模式、监测技术规范、监测信息资料应用和监测管理制度在内的生态环境监测机制，是规范和组织海洋生态生态环境监测有效进行、可持续发展的基本保障；也为后续的海洋生态补偿提供创造基础与前提。

20世纪50年代，我国海洋监测工作开始筹备开展，经过半个多世纪的发展，海洋监测工作与共和国一同成长，日臻成熟，已成为我国生态环境监测体系中的重要组成部分。为保护海洋生态环境，国家专门成立海洋生态环境监测机构。《海洋环境保护法》第十四条规定："国家海洋行政主管部门按照国家环境监测、监视规范和标准，管理全国海洋环境的调查、监测、监视，制定具体的实施办法，会同有关部门组织全国海洋环境监测、监视网络，定期评价海洋环境质量，发布海洋巡航监视通报。依照本法规定行使海洋环境监督管理权的部门分别负责各自所辖水域的监测、监视。其他有关部门根据全国海洋环境监测网的分工，分别负责对入海河口、主要排污口的监测。"目前，全国已形成国家、省、市、县4级生态环境监测网络，共有专业、行业监测站4800多个，其中环保系统2200多个监测站，行业监测站2600多个，开展海洋生态环境监测的有300多个。伴随着科学技术的不断深入，目前海洋监测内容也发生了很大变化，加大了海上污染物监测预警和突发应急处置技术研发支持力度，深入开展了近海红树林、海洋牧场、南海珊瑚礁及远海岛礁生态修复技术研究，促进美丽海洋建设。

目前，中国海洋生态环境监测已形成了以国家海洋局为主体的四级综合监测体系。国家海洋局每年发布监测内容和监测站的任务和实施计划。然而，环境保护部、农业部、科技部和气象局也将根据各自管辖范围对一些沿海水域进行监测。由于各部门运行相对独立，建设重复严重，缺乏顶层协调机制，我国应根据实际情况，充分利用现有海洋生态环境监测资源，构建科学合理、协调统一的海洋生态环境监测体系。海洋生态环境是海洋生物生存和发展的基本条件，生态环境的任何变化都可能导致生态系统和生物资源的变化，而任何一个因素的变化，不仅在特定的地点，都有可能对邻近水域或其他因素产生直接或间接的影响和作用，因此海洋生态环境保护备受关注，保护海洋生态环境势在必行。

2. 我国海洋生态环境监测所面临的问题与挑战。就目前的进展而言，我国的海洋生态环境监测建设，正取得系列进展。但与此同时，也面临不少问题与挑战，主要表现在三个方面。

（1）海洋生态环境监测的基层监测能力偏弱，高新技术覆盖面窄。目前，我国海洋生态环境监测包括监测船、在线监测设备、视频监测设备、卫星、航空遥感设备等技术手段。然而，由于设备成本高、故障率高、专业人员缺乏等因素，海洋生态环境的在线、视频、遥感等高科技应用仍然滞后。许多生态环境监测站只能进行常规监测，与海洋生态环境监测的实际要求仍有一定差距。因此，加强基层监测能力建设，鼓励高新技术的开发和应用，对提高我国目前的海洋生态环境监测水平具有重要作用。

（2）关涉海洋生态环境监测的国际合作范围狭窄。我国大多数国际合作项目以专项调查为主，实施单位也以相关研究所、学院为主，其中主要由基层海洋生态环境监测站组成，与常规监测有明显区别，位置和技术方法也有很多不同的布局，对于我国目前海洋生态环境监测的指导和借鉴意义十分有限。

（3）缺乏生态区划性的海洋生态环境检测网格。我国对海洋生态环境的监测是以行政单位为网格来划分的，难以科学、全方位地对海洋生态环境做出完整的海洋生态系统状况进行相应的监测预评价。

（三）我国海洋生态环境监测体系建设的推进

未来海洋生态环境监测的体系建设可期。当下我国正在打造的国民经济和社会发展第十四个五年规划纲要，以提高生态环境质量和保障海洋生态安全为核心，建立覆盖沿海、近海、极地和海洋的海洋生态环境监测体系。其中包括四方面。

1. 优化常规的海洋监测。在1359个国家海水质量控制点的基础上，完善海水及其沉积环境、生物质量和放射性监测指标体系，全面掌握辖区海域海洋环境质量。

2. 加强海洋生态监测。完善海洋生物多样性监测网络，扩大覆盖面和强化代表性，将监测指标从浮游生物和底栖生物扩大到指示物种和珍稀濒危物种，全面评估我国海洋生物多样性状况。

3. 加强海洋专项监测。围绕国际热点环境问题和新兴海洋环境问题，开展西太平洋海洋温室气体、海洋微塑料和放射性监测，覆盖我国管辖海域，并适当扩大到极地海域。

4. 加强海洋监测能力建设。实施国家海洋生态环境监测能力建设，完善海洋监测实验室基础设施，组建海洋监测（调查）船队，积极参与"全球海洋立体观测网"建设，提高海洋自动监测和应急保障能力。

综合而言，我国经过多年的摸索与拓展，海洋监测从无到有，从单项监测到体系监测，从薄弱到相对完善，取得了相当大的成效。在部分站点已累积了将近 30 多年的海洋环境数据，能提供重要的数据支持和信息服务，在一定程度上强化了我国对海洋环境突发性的污染防治应急能力。建立了地方与中央相结合的海洋生态环境监测业务体系，在重点海域设立了多参数、长期、立体、实时的海洋监测网络，为海洋生态环境保护、海洋事业发展与海洋经济发展提供了强有力支持。[①]

三　海洋督察助力海洋生态补偿的路径

基于主体构成与分层层面，海洋生态补偿在具体推进与实践过程中会涉及两大层面的主体：一是自然人、法人、非法人组织等基于海洋生态补偿而链接的相关利益整体主体；二是代表国家行使海洋生态资源监管权的行政部门主体，运用行政权力而对海洋生态资源进行监管。因此，在海洋生态补偿的具体推进与实践过程的督察，实质上也可以体现在对海洋生态补偿相关利益主体的督察，可以体现在：其一，对自然人、法人等海洋生态补偿相关利益主体的督察，即对其主体权利的监督核查，其中更类似于海洋生态补偿诉求资格等方面的督察；其二，对海洋生态补偿中的相关海洋行政部门主体的督察，其中包括相关的行政复议、行政体制的内部监督，上级海洋行政部门对下级海洋行政部门行政是否合乎法律规范的督察等。加之一定程度上，我国的海洋生态补偿制度多表现在以政府参与为主导，因此，对于行政部门的海洋生态补偿行政督察是海洋生态补偿的具体推进与实践过程中最主要的督察对象。其中强化对于以政府主体责任和补偿资金监管两大板块的切入，将更有利于吻合与贴切我国海洋生态补偿的中国问题分析与中国方案推进。

（一）基于海洋生态补偿中政府主体责任的海洋督察

我国从 1990 年初进入海洋生态综合管理阶段，虽然目前在海洋生态补偿领域尚处于起步阶段，但在海洋行政执法管理上已取得初步进展，形成了严格的海洋行政体制，构建了对海洋主管部门的行政执法监督体系框架，一定程度上基本具备了内外部结合、常态性与专项性督察双管齐下的海洋督察制度与机制。从而借助内外结合的常态化海洋督察，以助力海洋生态补偿。

---

① 张微微：《中国海洋生态环境监测发展历程与思考》，《世界环境》2019 年第 3 期，第 30—32 页。

就内部海洋督察而言，可以分为专门海洋督察和非专门海洋督察。内部专门海洋督察主要是指政府专门设立的海洋督察机构实施的海洋行政督察和各种海洋专业行政督察，诸如海洋审计监督和海洋生态环境质量督察。内部非专门督察包括：上、下两级海洋督察，即各级海洋行政机关及其监督人员按照海洋行政隶属关系自上而下或自下而上进行直接海洋督察。平行部门海洋督察是指政府职能部门在各自权限和职责范围内，对所辖海洋事务进行海洋督察的行为等。

1. 内部海洋督察的实现层面。对国家海洋行政部门主要责任的督察属于上下级行政隶属关系的海洋督察。早在2007年，国家海洋局就发布了《海洋行政执法监督规定》，规定上级海洋行政主管部门对下级海洋行政主管部门和各级海洋行政主管部门对所属机构及其委托单位实施监督，并明确规定了监督事项、监督方式和监督实施细则。这里的海洋督察包括：国家海洋行政主管部门负责全国海洋行政执法监督；地方各级海洋行政主管部门负责本辖区内的海洋行政执法监督，并对下一级海洋行政执法工作实施监督。其中，主管部门法制办公室具体负责组织本部门行政执法监督，协助人事监察部门开展责任追究。主要包括：海洋法律、法规、规章和规范性文件的制定和实施；主管部门、受委托部门或者依法履行海洋监管职责的单位，包括是否越权、滥用职权或者不作为；主管部门海洋行政公示、海洋行政执法监督工作机制、海洋行政执法责任制、评估考核制度的建立和实施情况；海洋行政许可、海洋行政处罚等具体海洋行政行为的合法性和合理性；主管部门组织听证的情况、海洋行政许可和海洋行政处罚专用章的使用情况、执法证件的管理和使用情况；海洋行政复议、海洋行政诉讼、国家赔偿；依法应当监督的其他事项等。另外，海洋行政主管部门提供建立海洋行政执法监督工作机制，完善海洋行政执法评价考核制度和海洋行政执法过错责任追究制度。公民、法人和其他组织对海洋行政案件或者违法行政行为进行申诉、控告和举报，主管部门应当及时处理。情节严重复杂，本级主管部门难以处理的，可以由上一级海洋行政主管部门查处。

2. 外部海洋督察的实现层面。其主要指海洋行政机关以外的权力主体和非权力主体对海洋行政机关及其工作人员的督察。其中包括：国家权力机关的海洋督察，即人大及其常委会的海洋督察；国家司法机关（如人民检察院和人民法院）的海洋督察；中国共产党作为执政党组织行政海洋督察。而外部非权力海洋督察则包括：实现人民政协、各民主党派海洋督察功能的群众与舆论监督功能实现，其中包括各人民团体（工人、青年、妇女等）、社会团体、企事业单位、公民个人和新闻媒体对国家行政机关及其工作人员执行情况的群众与舆论监督功能等。从外部海洋督察层面进一步分析看，其对政府主体在海洋生态补偿的责任督察主要表现在以下两方面。

（1）国家权力机关的海洋督察功能实现。我国《环境保护法》第二十七条规定："县级以上人民政府应当每年向本级人民代表大会或者人民代表大会常务委员会报告环境状况和环境保护目标完成情况，对发生的重大环境事件应当及时向本级人民代表大会常务委员会报告，依法接受监督。"而进一步看，作为地方海洋行政部门而言，有责任向地方所属人民政府共享海洋生态补偿实施状况资料，向人大代表、政协委员提供提案所需的材料数据，各级人民代表大会及其常委会有权听取人民政府和海洋主管部门的海洋工作报告。

（2）国家行政及司法机关的海洋督察功能实现。①对海洋行政及其人员组织进行违法违纪行为等相关方面的海洋督察，包括依托监察检查、行政复议等途径来加以实现。对此，2008年我国监察部、人事部、财政部和国家海洋局联合审议通过并发布了《海域使用管理违法违纪行为处分规定》，其中对海域管理的行政相关责任人进行了系列违法违纪处罚的规定，对涉嫌犯罪案件的移交司法机关处理。同时，作为司法机关的检察院，其下属的纪检、监察部门有权对自然人、法人提交的举报和控告，以及涉及海洋生态补偿过程中海洋行政部门及其行政人员的违法办案、受贿等确实存在违法违纪行为进行查处。另外，诸如在2019年7月，国家自然资源部发布了《自然资源行政复议规定》，在原有国家海洋局发布的《海洋行政复议办法》《国家海洋局行政复议决定实施监督管理办法》《国土资源行政复议规定》等海洋行政复议规定、法规政策的基础上进行改革，对行政复议案件的受理、登记、办理、决定及履行监督和法律责任进行了全面规范，将海洋行政主管部门的地方责任压实，建立了行政复议约谈制度，明确对不履行行政复议职责、故意将行政复议案件上交、逾期不履行行政复议决定、不反馈行政复议意见书建议书等六种情形，上级自然资源主管部门可以约谈下级自然资源主管部门的负责人，通报有关地方人民政府，以督促地方切实解决行政复议中反映的突出问题。① ②借助公益诉讼制度机制，推进海洋生态补偿中

---

① 乔思伟：《〈自然资源行政复议规定〉解读》，中国自然资源报网站，http：//www.mnr. gov. cn/dt/ywbb/201907/t20190726_ 2449326. html，2019年10月30日最后一次访问。

的海洋公益诉讼检察等功能实现。为此，全国人大常委会通过了《关于全面加强生态环境保护，推进依法治污，专项安排清洁水和清洁土地保护公益诉讼和检察参与，推进陆地和海洋环境保护执法检查问题整改的决议》。2019 年 2 月，中国部署沿海 11 个省、自治区、直辖市检察机关开展"保护海洋"相关公益诉讼专项监督，重点是海上排污口设置、海洋污染防治和陆源污染防治，督促相关行政机关依法履行行政职责，保护海洋生态环境和海洋资源。① 毋庸置疑，借助公益诉讼制度机制，推进海洋公益诉讼检察等，有利于优化海洋督察及相关行政诉讼制度，有利于优化海洋生态补偿中的司法权配置，推进海洋督察及海洋生态补偿中的法治政府建设。③强化社会监督，助力海洋生态补偿中的海洋督察功能实现。我国的海洋行政主管部门除了要接受人大监督、司法监督，还需要接受舆论监督和人民群众的监督，实行海洋政务公开制度，建设阳光海洋政务的透明型政府。人民群众、企事业单位可以通过政府的门户网站、人工服务平台咨询查询所需的海洋生态补偿及海洋督察信息，新闻媒体则借助社会与政府的信息交流桥梁等角色承担，从而及时将政府的最新海洋生态补偿境况与信息传递于民众，例如生态补偿款项下发情况、海洋生态保护区建设状况等。与此同时，积极举报海洋行政人员的违法违纪行为，及时有效地对海洋行政行为提起行政复议等，以积极实现海洋生态补偿中社会监督的海洋督察角色与功能。而在海洋生态补偿过程中也通常涉及海洋环保组织、基金会以及渔业协会和海运协会等主体。因此借助社会监督，助力海洋生态补偿中的海洋督察功能实现的过程中，尤为重要的是非营利性组织的参与，特别是海洋环保组织、行业协会组织等第三方组织。这些组织在海洋生态补偿等过程中参与度较高，同时借助对其中的行业利益追求和组织目标的强化，可对海洋生态补偿中的政府海洋行政行为规范及引导予以积极助力。更何况，目前我国社会整体的海洋保护意识也正在不断强化，民众对海洋生态环境的关注度火热度不减，无疑也对社会参与推进海洋生态补偿，以及相关海洋督察功能的实现予以了积极推动。

当然，在海洋生态补偿中海洋督察的社会角色的承担与功能发挥的问题上，还需注意到目前所存在的不同层面的掣肘因素。诸如：其一，

---

① 张军：《最高人民检察院关于开展公益诉讼检察工作情况的报告（摘要）》，中国人大网，http://www.npc.gov.cn/npc/c30834/201910/936842f8649a4f088a1bf6709479580e.shtml，2019 年 11 月 5 日最后一次访问。

囿于我国传统行政体制设计缺陷、传统政治体制的影响，公民、企事业单位和社会团体组织等参与海洋公共治理的形式往往呈现为被动式，常需非营利组织或政府部门的引导，方可实现海洋公共治理。其二，社会对于海洋督察参与所呈现的滞后性。长期以来，公众及社会组织往往在海洋行政后涉及或伤及公众利益，才会对相应的海洋行政行为予以关注，从而存在与呈现参与行动的滞后性。其三，公民的参与组织力度不足，致使社会力量分散，聚集与协同的难度较大等。因此综合而言，社会与政府之间因缺少平等的海洋生态补偿中海洋督察，以及相关海洋公共治理对话的积极性。同时，囿于海洋生态补偿中海洋督察的社会参与途径相对缺乏，容易造成社会参与度低的状况，从而带来社会在海洋生态补偿中海洋督察的社会角色的承担与功能发挥的问题上，显现出一定的无序性和无效性。故而在海洋生态补偿中海洋督察功能实现的过程中，"强国家—弱社会"的局面仍然难以改变。

（二）基于海洋生态补偿的专项督察

除了常态性的行政体制监察，我国还设立了专项的海洋督察制度。我国海洋督察立足于以海洋行政主管部门为主导，协同海洋生态环境保护组织、利益相关企业对海洋行政监管的主体、内容、程序以及方式进行监督检查，重点督察地方人民政府对党中央、国务院海洋生态环境的重大决策部署、有关法律法规和国家海洋生态资源环境计划、规划、重要政策措施的落实情况。同时对海洋生态环境治理状况进行监控，以达到有效预防和及时发现海洋生态环境问题的目的，充分发挥海洋督察在提升地方政府及其海洋行政主管部门在贯彻落实国家政策法规，实现海洋可持续发展的作用。

2016年12月，经国务院批准同意，国家海洋局印发《海洋督察方案》（以下简称《方案》），进一步健全和完善了我国海洋生态环境的督察制度。《方案》将沿海省级人民政府和设区的市级人民政府纳入督察范围。我国海洋督察工作主要依据《海洋督察工作管理规定》《海洋督察方案》等规范性文件。《海洋督察方案》实施之前，主要体现为上级海洋行政主管部门对下级海洋行政主管部门以及其所属的机构、委托单位的督察，其中国家制定的法律、法规、政策和各省出台的海洋生态环境保护规划的实施情况成为海洋督察的重要内容。《海洋督察方案》印发后，国务院授权国家海洋局代表国务院开展海洋督察，督察的对象从原来的下级海洋行政主管部门扩大至省、自治区、直辖市人民政府，必要时还可下沉至市级人民政府。由此可见，国家海洋督察组能够对地方政府的海洋行政管理权进行直接监督，督促地方政府高度重视海洋生态环境保护工作，推动地方政府及时解决督察中发现的相关问题。督察机构的性质为监督检查下级海洋行政部门履行行政管理职权的情况，可以视为"业务指导监督"，但是，监督机构在行使监督权的同时，也可以与地方政府联系。监督机构发现被检查单位的违法行为时，应当提出海洋生态环境监督意见，被检查单位应当及时纠正。被检查单位拒不改正的，由海洋行政主管部门制作专项监督通知书，印发各有关部门，抄送被检查单位的上级海洋行政主管部门或者其所属人民政府。

从我国海洋督察实践看，国家海洋局不定时派出中央海洋督察组对沿海及陆源各省进行督察，同时省级海洋行政主管部门也可对市级海洋行政主管部门进行督察。自2017年8月22日起，国家海洋督察组分两批对11省（自治区、直辖市）开展专项督察和例行督察，其中福建、河北、广东为专项督察和例行督察，辽宁、江苏、福建、广西、山东、上海、浙江、海南为围填海专项督察。随后，国家海洋督察组将发现的海洋生态环境问题梳理形成问题清单后移交给被督察单位，并督促其整改落实。此次督察的内容分为海洋生态保护和围填海管理及执法情况两个方面。海洋生态保护包括海洋生态红线制度实施和海洋保护区监管情况；围填海管理及执法情况包括围填海管理、围填海行政执法等。重点检查各地是否根据《国家海洋局关于全面建立实施海洋生态红线制度的意见》等有关文件精神和要求进行了工作部署，检查各地在海洋生态自然保护区和海洋特别行政区范围内是否存在违法审批行为，以及是否对保护区的违法活动进行及时查处。围填海管理情况检查包括各地围填海项目海域使用审批程序是否合法合规，在审批过程中是否化整为零、分散审批、边批边填等情形。

（三）基于海洋生态补偿资金的督察

我国的海洋生态补偿资金主要来源于政府的财政转移支付，对补偿资金进行监管显得十分必要。不仅是对纳税公民的财产负责，规范预算约束机制，健全国家财政预算执行制度，打造阳光财政模式和依法执行财政纪律，防止行政人员非法使用补偿资金，更重要的是确保对海洋生态补偿保护的根本保障，没有补偿资金何谈补偿落实。

我国《海洋生态保护修复资金管理办法》《海岛及海域保护资金管理办法》对海洋生态补偿修复资金的监管规定，包括了使用范围、使用原则、管理方法和分配权重等内容。实行全过程预算绩效管理，加强资金监管，充分发挥效益。保护和恢复基金由财政部会同自然资源部管理。财政部负责确定保护修复资金的重点和分配原则；编制保护和恢复基金预算草案，并下达预算；组织实施全过程预算绩效管理，指导地方预算管理。自然资源部负责组织研究提出海洋生态保护与恢复项目的重点支持方向和工作任务，组织项目储备开发，会同财政部进行仓储项目评审；提出保护与恢复基金的总体绩效目标和建议的资金安排方案；开展日常监管、综合性能评价和技术标准制定；对保护修复资金实行全过程绩效预算管理，引导地方政府做好项目管理。各省（自治区、直辖市，以下简称省）财政部门、自然资源部门（含海洋部门，下同）负责组织编制和审查海洋生态保护与恢复实施方案；在本地区开展项目储备；对项目内容的真实性和准确性负责；组织保留项目的竞争性评估，从中央海洋生态保护与恢复项目库中选择最佳实施项目，并将实施项目建议书清单报送财政部和自然资源部。财政部地方监察局根据自身固有职责或财政部要求开展基金监管工作，财政部地方特派员办事处根据财政部要求开展专项基金监管工作。任何单位和个人不得截留、挤占或者挪用保护修缮资金。对违反国家法律、行政法规和有关规定的单位和个人，有关部门应当及时制止和纠正，严格按照《中华人民共和国预算法》《财务违法处罚条例》处理。构成犯罪的，依法追究刑事责任。

另外，在地方相关实践中，如在《厦门市海洋生态补偿管理办法》第四条中，提到"市财政部门负责海洋生态补偿资金收支预算的审核，并对预算执行进行监督；市审计部门负责对海洋生态补偿资金的使用管理进行审计监督"。此外，市、区政府对海洋自然保护区、海洋特别保护区、重点生态功能区等海洋生态保护区的保护与修复费用支出纳入年度预算。《广西壮族自治区海洋生态补偿管理办法》《山东海洋生态补偿管理办法》都规定"上级财政部门、海洋行政主管部门依法对下级财政部门、海洋行政主管部门的海洋生态保护补偿资金和海洋生态损失补偿资金的使用管理进行监督检查。海洋生态保护补偿资金和海洋生态损失补偿资金的使用管理情况按年度公开，接受社会监督"，为海洋生态补偿及其相关海洋督察提供相关规范性文件依据。

四 海洋生态补偿的效果评估与反馈

从事前—事中—事后层面看，海洋生态环境境况评估在不同环节不可缺少。诸如建设项目对海洋生态环境影响的事前评价等；也包括对规划和建设项目实施后，可能造成的后续海洋生态环境影响进行分析、预测和评估，从而进行海洋生态补偿的跟踪监测与后督察，对补偿效果进行评估，提出预防或者减轻不良生态环境影响的对策和措施。因此，针对海洋生态补偿效果进行评估，评价与反馈海洋生态环境修复保护状况和求偿主体的获益情况，是推进海洋生态补偿目的实现，以及进而深化保障合法海洋资源环境权益的重要抓手，同时也是实现海洋生态补偿及相应海洋督察系统工程建设的内在要求。

（一）海洋生态补偿效果的评估

海洋生态补偿的相应目的，是在修复和保护遭受损害的海洋生态环境的同时，对利益受损与作出特别牺牲的主体进行补偿。因此，从海洋生态补偿效果上，可以进一步视为——海洋生态环境的修复程度、保护成效，以及利益受损主体与作出特别牺牲主体所应获得补偿的情况以及其满意程度。同时，海洋生态补偿效果的评估还可以使用其他因素来衡量，其中较为重要的是对海洋生态补偿资金的使用效率评估，评估其是否符合预期的海洋生态补偿资金支出，以最少的支出换取最大的海洋生态补偿效果。

1. 关于海洋生态环境修复及其所面临的挑战。海洋生态补偿效果评估中，就海洋生态环境修复而言，海洋生态环境修复是指利用海洋生态环境的自我修复能力，在适当的人工措施辅助下，对海洋生态系统的结构、功能、生物多样性和持续性等进行有效恢复使受损的海洋生态环境恢复到原有或相近的状态。其中，海洋生态环境保护状况则主要涉及海洋生态环境保护区的保护成效、陆源污染排放量控制等诸多方面。就目前进展看，一方面，我国海洋生态环境修复工作已取得诸多积极成效，另一方面必须明确认识到，也囿于该项工作起步较晚，因此目前我国在海洋生态环境修复的现实推进过程中，存在不少挑战与问题，譬如：缺乏综合性和系统性的海洋生态环境建设保护规划，海洋生态环境修复的研究与实践不足、核心的海洋生态环境修复技术落后、大多仍停留于低层次的人工生态系统修复层面，相关制度亟待健全、技术体系亟待完善，[①] 以及资金投入渠道单一等。

2. 关于海洋生态环境修复标准建构。综合而言，在进行海洋生态补偿效果评估之前，需要设立相应的海洋生态环境修复标准与指标，以指导海洋生态环境修复工作。同时需要关注的是，由于各海域海洋生态环境的多样与复杂，国家层面难以形成统一的指标，故而很多时候，相

[①] 张志卫、刘志军、刘建辉：《我国海洋生态保护修复的关键问题和攻坚方向》，《海洋开发与管理》2018年第10期，第26—30页。

应的海洋生态环境修复标准与指标的设立，一般由市县一级的海洋行政主管部门规划。我国海洋局在 2010 年所发布的《关于开展海域海岛海岸整治修复保护工作的若干意见》中规定[①]：各级海洋行政主管部门编写保护计划，对修复和保护的内容、措施和所要达到的目标等内容进行明确。就目前进展而言，我国在海洋生态环境修复整治的评价指标上，有了进一步创新性的成果。其中由专家共同评审的《蓝色海湾指数评估技术指南》，有望成为全国性的考量指标。《蓝色海湾指数评估技术指南》构建了海湾生态环境整治与生态修复效果评估理论框架，为海洋生态环境修复与整治项目的检查、考核、验收，提供了必要的技术支持。对于海洋生态环境保护区的保护成效评估，我国基于海洋生态环境多样性为标准，通过监测保护区内的海洋生态多样性并与生态系统遭受破坏前、破坏后的生态多样性进行对比，定量地分析得到海洋生态保护区的保护成效。[②] 而对于海洋陆源污染排放量的控制，则同样运用到海洋生态环境的监测手段中，通过全面、彻底的摸排入海排污口，建立入海排污口排查整治网格化监管体系，将排查、整治和日常海洋生态环境监管予以有机的结合，从而促进全天候、无缝隙海洋生态环境监管排查，以及海洋生态环境整治的实现。

3. 关于海洋生态补偿资金使用效果的评估。就海洋生态补偿资金使用效果的评估而言，诸如 2018 年我国财政部印发的《海岛及海域保护资金管理办法》第十条明确规定：[③]"财政部、自然资源部、生态环境部负责组织对保护资金实施预算绩效管理，开展绩效自评和重点绩效评价，加强绩效评价结果反馈应用，并建立保护资金考核奖惩机制。将对各地保护资金使用和方案执行情况考核结果和绩效评价结果作为调整完善政策及资金预算的重要依据。"而 2020 年 4 月我国财政部印发的《海洋生态保护修复资金管理办法》第十一条规定："财政部、自然资源部负责组织对保护修复资金实施全过程预算绩效管理，开展绩效自评和重点绩效评价，加强绩效评价结果反馈应用，并建立保护修复资金考核奖惩机制。对各地保护修复资金使用和方案执行情况的考核结果和绩效评价结果应当作为调整完善政策及资金预算安排的重要依据。绩效评

[①] 详见国家海洋局《关于开展海域海岛海岸整治修复保护工作的若干意见》第一条：编写海域海岛海岸整治修复保护规划，国发〔2010〕649 号。
[②] 宋瑞玲、姚锦仙：《海洋生态保护区管理与保护成效的方法与进展》，《生物多样性》2018 年第 3 期，第 286—294 页。
[③] 国家财政部：《海岛及海域保护资金管理办法》，财建〔2018〕861 号。

价包括对决策、过程、产出、效益等指标的考核。具体内容包括：决策情况、相关制度建设与执行情况、资金到位使用及项目实施进展情况、实现的产出情况、取得的效益情况等。"尤其是在此其中，关于对补偿资金的使用效用考核进行了进一步规定，从而促进我国海洋生态补偿资金使用的科学合理性发展。

4. 关于海洋生态补偿是否与预期相符合。利益受损主体与特别牺牲主体所应获得的海洋生态补偿，是否与预期规划相符合？能否填补现状与原有境况之间的差距？补偿项目是否有效应对海洋生态环境改变的影响？所补偿的利益是否等于或大于所损利益？利益受损主体对补偿是否满意？这些都是对于海洋生态补偿效果评估的重要方面。就目前相应的实践境况而言，如何对其实效予以评估，我国尚无相应明确对应的规定来予以明确。如在相应的关涉海洋生态补偿的海事仲裁中，常是利益受损与作出特别牺牲的主体未得到完全补偿而上诉后，多由相应的海事法院担任仲裁人，对其中的海洋生态补偿情况予以鉴定。因此，在此层面，借助海洋督察等路径，推进海洋生态补偿的积极落实，就尤其必要。

（二）海洋生态补偿的评估效果反馈

在海洋生态补偿的效果评估完成之后，相对应的是——将形成相应评估报告及结果，反馈给上级海洋行政主管部门；同时在发现问题的第一时间，向同级相应的监管部门反映，争取有关方尽快介入调查，及时对海洋生态补偿状况进行调适，对发现存在责任过错、失责失职的行为予以追究，对所存争议问题进行协商与利益调整，以求缩减海洋生态补偿的低效能、滞后情况发生的概率。与此同时，从海洋督察角度看，关于海洋生态补偿效果的评估与反馈，是对海洋生态补偿行为的事后督察。

在此期间，一方面，通过海洋生态补偿效果的评估与反馈，不仅可以实现对相关海洋行政部门关于海洋生态环境监管所付诸的行为的监督，而且还可以对其效率进行相应评估与督察，相类似于绩效考核。同时，借助海洋生态补偿效果的评估与反馈，也有利于海洋生态补偿相关制度机制的优化与再造。通过对海洋生态补偿效果的评估与反馈、对海洋生态补偿的海洋督察，进而激活海洋生态补偿相关制度机制的再造启发功能，实现对海洋生态补偿过程中的尚未建立或尚未成熟制度机制进行构建和完善，从而不断优化我国海洋生态补偿制度体系。

当然，从另一方面来看，随着对所涉海洋生态补偿领域的不断深入，所面临的新问题与新挑战也在不断涌现，致使所涉海洋生态补偿领域中相关制度机制的不足与缺失进一步凸显。譬如在评估的"精确度、完整性、科学性"保证上，需要依托第三方组织与单位加以完成，以确保评估的"精确度、完整性、科学性"；必须避免评估机构独立性受干扰与影响，否则一旦评估机构受干扰与影响，就必然会伤及新挑战评估的"精确度、完整性、科学性"，伤及海洋生态补偿督察的有效性，从而对我国海洋生态补偿的有效推进及实施带来新的挑战。

第九章 海洋生态补偿机制设计

机制通常指的是有机体的构造、功能及其相互关系；机器的构造和工作原理。由此，可以进一步阐述为："在正视事物各个部分的存在的前提下，协调各个部分之间关系以更好地发挥作用的具体运行方式。"所以，总体而言，海洋生态补偿机制是指海洋生态补偿的价值目标、主客体、运行领域、补偿标准、方式手段、保障制度等组成部分的相互关系与作用总和。各自相互联系而非分立，彼此"互补—依存—联动、互哺—共生—共进"，从而推进海洋生态补偿的目的与价值的实现。

更进一步看，显然，海洋生态补偿的研究及其机制运行是一个庞大的系统工程。海洋生态补偿机制的设计及运行，必须立足于其中的特殊性特点（如海洋环境资源及生态系统的整体性、流动性、立体性，渔民强海洋依赖性与弱势主体性等），充分考虑其完善与发展的走向，对海洋生态补偿机制进行有针对性设计。综合而言，可以从下述几个层面加以设计与配置：从"运行领域层面"加以设计与配置的"海—陆统筹机制"；从"价值目标层面"加以设计与配置的"环境—经济—社会价值协调机制"；从"补偿主体层面"加以设计与配置的"中央—区域—地方三方联动机制"；从"补偿方式层面"加以设计与配置的"政府—市场—社会三维拓展机制"；从"补偿阶段与流程层面"加以设计与配置的"事先—事后结合机制"；从"补偿层级层面"加以设计与配置的"修复—输血—造血三级推进机制"等。显然，通过上述不同层面机制的设计与配置，以及彼此的相互呼应与配合，从而为海洋生态补偿的成功运行提供重要驱动力。

第一节 运行领域创新：海—陆统筹

基于海洋自身的特殊性（整体性、流动性和立体性），以及海陆之间的天然连接关系，无疑从"运行领域层面"，设计与配置"海—陆统筹"非常必要。从一定程度来看，在海洋生态补偿运行中，强化海洋与陆地统筹，针对海洋生态补偿中的陆域运行境况及研究，吸收海洋生态补偿运行的陆域资源及其动力挖掘，优化海洋资源配置、利益补偿与责任承担，无疑是促进海洋生态补偿的良好运行的关键环节。

一 陆域生态补偿的配合不可或缺

从目前已有的研究成果及其研究进展看，习惯上仍是受限于"陆地思维"禁锢的居多。诸如在具体的海洋生态补偿运行中所经常使用的"蓝色国土、填海造地"等提法，其骨子里所反映的仍是陆地思维，缺乏真正海陆统筹意识与海陆统筹的设计。显然，如果海洋生态补偿设计仅立足于"就海洋论海洋"，仅从海洋界限割裂"海陆统筹与联系"，这显然违背海洋生态补偿设计的本义，其运行也必然不完整。显然，海洋生态补偿的运行，并非意味着简单地将陆域生态补偿排除在外。相反，海洋生态补偿的陆域配合及其运行状况评估恰恰至关重要，不可或缺，是海洋生态补偿运行的重要组成。因此，需要从"海陆统筹"层面加以设计。

二 海洋生态补偿成效需从"海陆统筹"层面推进

总体而言，海洋生态补偿的发起动因，主要基于海洋环境资源及相关海洋利益关系人利益受损及破坏、环境生态系统需要加以保护等因素而引发。而一方面，海洋环境资源及其生态的受损在很多时候是基于"陆域受益"基础上而导致或附带的，或者可以一定程度上说海洋环境资源及其生态的受损很多时候就是陆域主体所导致的。例如，陆源污染物的排放问题，尤其是未经合理处理的生活污水以及工业废水直接进入海洋，造成了"污染行为内由陆城市或居民所导致"，但是近海海域水体的污染的后果则有居住于近海岸地区的民众来承担。又如沿海城市基于"城市化扩张"的需求，在向海要地、开发海洋资源、发展海洋经济的过程中，大力推进"围海造地"等向海洋进军、人类活动不断向海洋延伸的直接结果是改变了海岸原有自然风貌，沿海滩涂这一局部生态圈遭受破坏。所以陆域利益主体在享受着海洋的利益的同时，理应承担起保护海洋生态补偿的责任与义务。因此，一定程度上，也可以说陆域责任及义务的承担，也构成了海洋生态补偿资金的重要来源。

从另一方面看，海洋生态补偿的良性运行、海洋生态的有效保护，需要强化"海陆联防联控",加强陆海污染的综合防治,实现与推进海洋生态补偿的成效。例如在完善陆域生态补偿的基础上,强化对海洋排污受益主体的生态处罚力度,扩大对受海洋生态损害影响的单位、个人的生态补偿和对受入海河流污染的沿海县市的生态补偿,加大海洋保护区、生态修复工程等建设,有利于对受影响的海洋利益受损者、特别牺牲者及其海洋资源环境自身的生态补偿提供推动力。而与此同时,内陆及沿海城市的海洋科学技术创新、生态补偿量化手段的完善,以及国家的海洋生态保护区建设以及实施近岸海域环境功能区划等方案推进,都为海洋生态补偿运作领域的"海陆统筹"提供重要推动力。例如浙江省政府为加强海洋生态补偿运作"海陆统筹",批准实施了《浙江省近岸海域环境功能区划》,借此加强陆域污染物入海控制,强化涉海工程环境监管,从而为海洋生态保护及其海洋生态补偿建构"陆域实施的前置阶段"。借助海洋生态补偿的陆域前置阶段的把关,从而对其后的海洋环境资源及其生态损害的规制与消减起到"事前阀"的作用,减少与避免后期的海洋环境资源及生态损害,以缓解后期海洋生态补偿的压力。

因此,无疑需要跳出"陆地思维"的桎梏,从"海陆统筹与联动"的视角,设计与配置的"海—陆统筹",填补陆域的配合及其运行状况评估,避免"就海洋论海洋"的局限。这样有利于破除"重陆地、轻海洋"的思维惯性掣肘,推进海洋生态补偿机制健全及海洋战略实施。

第二节 价值目标创新:环境—经济—社会价值协调

正如在海洋生态补偿内涵阐释章节中所述,海洋生态补偿价值追求要兼顾环境经济社会价值协调。因此,在海洋生态补偿机制设计中,应充分体现对海洋生态价值的关注,体现对海洋生态系统恢复等方面的功能。同时对渔民的正当利益保护与补偿予以充分关注与体现,也是海洋生态补偿设计中所应关注社会效应的内涵所在。要制定一个公平合理的补偿标准就必须合理核算出所涉及生态—经济—社会价值的损失。补偿过多和补偿过少都是不合理的,要遵循权责统一原则,做到海洋生态补偿的标准应当"因地制宜"。

一 人类关于海洋价值认识的四个阶段

就"价值"的内涵而言,一般意义上的"价值"是客体满足主体需要的属性，而经济意义上的"价值"，则是可以被货币衡量的无差别人类劳动，两者在内涵上有其差异。有经济价值的物品及事物有其价值，但是有价值的物品及事物却并不一定具有经济价值。如质量优良的空气可以满足我们对舒适环境权益需求的价值，但是就目前条件与情况而言，其经济价值尚难评估，因为空气等环境要素目前尚难成为可估价的商品而进入流通领域。但是，显而易见，海洋生态环境中的很多要素虽然不具有经济价值，但是却有着无法估量的生态价值，其对于人类乃至整个地球生物种群的生存发展有着不可替代的作用。因此，仅用传统的经济价值货币衡量法，去估算计量超越经济价值的海洋环境要素的生态价值，本身就会陷入一个巨大的困境。更何况，即使海洋生态价值能够用于货币估算计量，按照目前的条件及境况，也仅仅只能占据海洋生态价值总量的很小一部分。因此，人类对海洋及其所具有的价值认识仍是一个不断深化的过程。就当前的认识而言，在海洋生态环境问题日益逼近之前，人类对海洋战略地位及其价值的认识大致可以分为四个阶段。

1. 第一阶段。15世纪以前，海洋最为直接的价值——"鱼盐之利"与"舟楫之便"的价值被充分认识。

2. 第二阶段。15世纪至20世纪初期，海洋作为"世界交通的重要通道"的价值得以重视。

3. 第三阶段。"一战"后到20世纪80年代，海洋被视之为"人类社会生存发展的重要空间"，其中的价值开始受到关注。人类社会文化开始从一直以来坚持与依赖的"背向海洋"的"黄土文化"转向发展"面向海洋"的"蓝土文化"，人类社会开始步入向海洋要生存发展空间，形成强烈的"开发海洋资源、发展海洋经济、向海洋进军"的意识与冲动。

4. 第四阶段。1992年的世界环发大会后，海洋被视之为"人类生命的重要支持系统"，其在"地球进化和人类繁衍"过程中作为"可持续发展的宝贵财富"[①]的价值被得到进一步认识。海洋的"生态价值"开始得到初步的认识。

二 海洋生态补偿应充分体现生态价值

诚然，海洋占地球表面积近71%，其作为未得到充分开发利用的资源宝库与广阔空间，其中所蕴含的渔业、矿产、油气等丰富资源，以及近

---

① 张润秋：《海洋管理学理论初探及其应用》，博士学位论文，中国海洋大学，2003年，第2页。

海、滩涂、深海的"上—中—下立体广阔空间"都是海洋资源及空间开发价值的重要组成。因此，海洋的生存空间价值、鱼盐舟楫之便价值、交通通道价值、经济价值亦是不言自明。与此同时，海洋所蕴含的"生态价值"在当前尤其需要加以深化与认识。现有科学研究已明确得出海洋对于人类生命支持系统而言十分重要，海洋是地球上能量循环的关键因素，对地球生态环境起到调节器的作用。海洋生态系统的稳定关系着整个人类的生存发展、生态安全。

然而，随着全球环境问题的日益严峻，生态危机伴随着人们"向海洋进军"的步伐，而进一步延伸至海洋领域。特别是近些年来，人类社会在日益关注海洋资源的攫取过程中，"海洋环境问题、海洋生态危机"日益成为"海洋时代"必须关注的一个问题。由此关于海洋"生态价值"的认识尤其需要加强，在海洋价值的认识与评估中，越来越需要倾向于对其生态价值的考量。

无疑，"正视与合理评估海洋生态价值、保护海洋资源环境及其生态安全"是人类社会实现海洋时代可持续发展的根本内涵。因此，在海洋生态补偿运行中，应充分体现"生态价值"，充分体现海洋生态价值的认识与评估，是海洋生态补偿的应有之义。从动因与缘起的层面看，海洋生态补偿的发起在很大程度上是基于人类在"向海洋进军、开发海洋资源、发展海洋经济"进程中，对所致"海洋环境资源损害、生态系统破坏等"系列问题的予以矫正。人类的系列海洋经济活动对海洋资源（尤其是不可再生资源）的消耗，一度以来已经很大程度地影响了海洋生态系统的平衡。显然，在当前海洋生态文明的演进中，必须推进海洋生态补偿运行，必须充分补偿受损的海洋环境资源，矫正正走向失衡的海洋生态系统。毋庸置疑，在海洋生态补偿设计运行中，充分体现海洋生态补偿的"生态价值"价值非常必要。

1. 在海洋生态补偿设计运行中，应充分体现对海洋生态价值的关注，体现对海洋生态系统恢复等方面的功能。例如对于造成海洋生态受损的行为，应当责令恢复正常的海洋生态；恢复海洋生态系统的支出、为海洋生态服务付费的行为应在合理的对价范围内；避免仅限于经济补偿的"不对称补偿"。

2. 对于产生正效益的海洋生态环境的价值补偿问题，海洋生态补偿设计运行应促使人类向海洋生态系统"返还"必要的活劳动和物化劳动的成本。为使海洋生态经济系统得以正常运转，鼓励有益于全社会的海洋生态环境保护和建设事业。这种返还的必要量包括 c、v、m 三大部分，而不是仅给其中的一部分①。c 表示用于海洋生态环境保护与建设中的生产资料的价值，v 表示劳动者在必要劳动时间内所创造的价值；m 表示包括劳动者在剩余时间内所创造的价值。

3. 对于产生负效应的海洋生态价值补偿问题，海洋生态补偿设计运行应实现对海洋生态环境产生负效应的海洋开发和利用行为的合理规制，推进相应的"海洋环境资源使用收费"，以及"海洋资源开发活动强制保险"等方式与途径的运作，并将所收款项纳入海洋生态补偿专项资金。

三　海洋生态补偿应合理评估经济价值

海洋生态补偿运行并非简单意味着机械维持海洋现状，放弃发展海洋经济。而是在保护海洋生态环境基础上，也注重海洋资源的开发与海洋经济的可持续。一定程度上，生态补偿设计的一大重要目的是在海洋生态价值与海洋经济价值中寻求最佳的契合点。因此，在海洋生态补偿应对其中的经济价值予以合理评估，从而实现合理的补偿，例如对于基于海洋资源所产生的市场交易价值的评估。其中，包括从海洋中直接获取物资和利用海洋获取经济利益，前者主要有海洋食品、生物医药、矿产资源、渔业资源等；后者包括海洋的航运价值以及基于海体和海洋风光所带来的各种旅游、娱乐所产生的主要和附加价值等。不过在具体的海洋生态补偿的运行中，这方面的经济价值常未被加以评估，并计算在内。

四　海洋生态补偿中应关注社会价值

（一）关注"变为弱势主体"渔民的正当利益保护与补偿

正如前面所述，在海洋时代海洋战略的推进进程中，海涂围垦、项目征地、临港工业、房地产开发等攫取海洋资源行动所带来的是——海洋生态问题的日渐突出、渔民的渔业生产作业空间日益受到压缩。其中受影响冲击最大的是对海洋具有强依赖性的渔民。"面临失海、变为失海渔民"的风险使渔民面临"下海无鱼、养殖无滩、种田无地、转产无岗"窘境，进而导致渔民因"政策性失海、失业式失海"而"走向返贫、走向弱势"，变为"弱势群体"。因此，在发展海洋经济、开发海洋资源过程中，对渔民的正当利益保护与补偿予以充分关注与体现，无疑是海洋生态补偿

---

① 王淼、段志霞:《海洋生态价值的特点及补偿》,《工业技术经济》2005 年第 1 期，第 70 页。

设计中所应特别关注这一社会效应的内涵之一。

（二）关注代际海洋正义失衡的矫正

追求环境正义既是生态补偿的出发点，又是其最终归宿。这在海洋生态补偿中亦是如此。因此，在海洋生态补偿设计中，不仅仅要协调当代人之间的关于海洋利益的分割与平衡，也要注重海洋利益分配的整体性和可持续性；既要维护当代人之间的海洋利益平衡，也要确保子孙后代和当代人之间在享有海洋利益上的公平。当代人不能为了当下自己对于海洋利益的享有，而透支或被剥夺后代人对于海洋利益的享有，从而导致代际海洋不正义。因此，海洋生态补偿设计应关注当前代际海洋正义失衡的矫正，在当代人与后代人之间建立起公平正义的桥梁，追求与维护海洋利益享有的代际公平正义。而这无疑也是海洋生态补偿设计中所应关注的社会效应的另一层内涵。

五 价值评估中的难题：补偿标准的设定

海洋生态补偿标准是所涉及的海洋环境资源生态—经济—社会价值评估中的一大难题。要制定一个公平合理的补偿标准就必须评估行为对海洋生态产生影响，核算出所涉及生态—经济—社会价值的损失。因为所谓的补偿就是补偿损失，补偿过多和补偿过少都是不合理的，违背了权责统一原则。对于海洋生态补偿的标准应当"因地制宜"。就我国而言，领海面积大，海岸线长，不同地区的经济发展水平相差很大，对于海洋生态环境的保护要求也有区别。所以，在我国很难采取统一的补偿标准，而应当视每个海洋区域的具体情况采取不同的补偿标准。就当前我国的生态补偿标准实施境况而言，主要有下述两种方法。

（一）核算法

生态补偿标准核算的基础需要几个方面，包括：生态保护者的投入；生态受益者的获利；生态破坏的恢复成本；生态系统的服务价值。对于生态补偿标准的核算是一项综合性的运用，需要结合各方面来考虑。对于生态补偿标准的核算主要存在成本机会算法和生态服务功能价值评估两种。生态环境服务功能价值评估主要是针对生态保护或者环境友好型的生产经营方式所产生的水土保持、气候调节、生物的多样性保护、景观美化等生态服务功能价值进行综合性的评估与核算。

（二）协商法

协商法就权利义务双方对补偿标准进行协商，得到一个双方都可以接受的结果。但是协商也不是单纯的无凭无据的协商,双方协商的基础是通过核算来进行的。核算的方法有很多种,不同的核算方法得出的结果差异很大,此时就要双方进行协商来确定最后的结果。

总而言之,生态补偿标准的确定是生态补偿机制构建与运行的关键。当然在标准的制定与实施中,需要考虑中国各个地方与区域的需求与实情。在我国,区域与区域之间差异大是一大特点,其中包括在"环境要素组成、区域文化、民族构成、公众环境治理需求程度、相关主体的支付能力"等方面存在差异。因此,标准的制定与实施也应该是动态的、相对的,应该综合考虑其中的相关差异因素。从而促使标准的制定与实施对于补偿的主客体而言,彼此都能接受;而且能在综合考虑海洋环境资源生态—经济—社会价值的实现过程中,增进社会的整体福利。

显然,从价值目标层面看,环境价值、经济价值与社会价值的设定,应是海洋生态补偿的综合目标追求。因此毋庸置疑,设计"环境—经济—社会协调",并推进运作与实施,本身就是海洋生态补偿目的实现的内在要求。

第三节 补偿主体创新:中央—区域—地方三级联动

"生态补偿主体与对象的确定是生态补偿运行的出发点和归宿点。"[①]而补偿主体与对象的确定与厘清则是在海洋生态补偿运行过程中所面临的一大难题。尤其是海洋在地球上是一个有机联系的整体,海洋自身的"整体性、流动性和立体性"等特性,其后所导致的利益相关主体及利益分配的跨区域性,更是增加了跨区域海洋生态补偿主体的确定与厘清的难度。而海洋生态补偿的这一特殊性,也为"中央—区域—地方三级联动"的配置与运行提出的现实需求、奠定了坚实的基础。

一 海洋生态补偿主体与对象的确定与厘清

(一)海洋生态补偿主体

海洋生态补偿主体(简言之即由谁来补偿)是补偿的前提基础。目

---

① 王清军:《生态补偿主体的法律建构》,《中国人口、资源与环境》2009年第1期,第139—145页。

前经济学、生态学、管理学等不同学科都对生态补偿的主体进行了不同层面的界定。在当前海洋生态补偿的现行条件及制度设计背景下，总体而言，我国的海洋生态补偿主体主要包括两大类。

其一，政府主体。政府是国家的行政机构，法律规定和人民授予了其运用公权力、监管国家环境资源的职责与职能，其中也包括对海洋环境资源及生态保护的职责与职能。我国相关法律规定国家对自然资源的管理需要通过政府的行政职能来实现。显然，借助政府的职责职能，更易于集中优势对海洋资源进行管理，政府通过财政转移支付、开征生态税收等手段，实现对海洋生态补偿，矫正失衡的海洋生态利益分配。当然，由于海洋所具有的整体性、流动性等特点，因此，现实中可能基于跨国海洋环境问题而导致的跨国海洋生态补偿问题（如日本福岛核电站泄漏事件就涉及韩国、朝鲜、中国和俄罗斯等诸多国家），从而致使国外政府、国际组织也可能作为海洋生态补偿的主体，成为一大特色。因此，在海洋生态补偿设计与配置中，应加以认识与考虑。

其二，企业、其他组织及自然人主体。其包括基于海洋资源环境开发利用（如海涂围垦、沿海周边作业、企业排污、石油泄漏等），对海洋环境资源及生态带来损害或破坏结果，而应承担海洋生态补偿责任的相关企业、其他组织及自然人主体。

（二）海洋生态补偿对象

海洋生态补偿对象简而言之就是对谁进行补偿。理论通常可以分为三大类。其一，海洋环境资源及生态开发利用中的利益受损者。其二，海洋环境资源及生态破坏中的受害者。其三，为保护与建设海洋环境资源而作出"特别牺牲"的"特别牺牲者"。显然，上述利益相关者所受损害或受破坏的海洋生态利益，为保护与建设海洋环境资源而作出的"特别牺牲"（如为保护特定区域海洋生态功能而放弃的"提升发展机会"等）理应得到合理补偿。

二 中央：海洋生态补偿中的战略统筹

海洋是国家的重要战略资源，尤其是海洋生态价值在当前国际博弈形势下的特殊性与重要性，都决定了在海洋生态补偿中，实现中央政府的统筹管理有其必然性。而在其中，海洋的生态价值特征与海洋生态补偿的中央统筹管理之间所存在的对应关系（如表9—1所示）。

表 9—1　　　海洋生态价值特征与海洋生态补偿对中央
统筹管理的要求对应关系

海洋生态价值的特征	对中央统筹管理的要求
整体性	需要中央在海洋资源开发与利用中从全局把握，在海洋生态补偿中进行统一指导与科学规划
持续性	对海洋生态补偿的技术性要求较高，需要中央提供技术支持
公共性	政府公共服务职能的体现
全球性	国际协作与交流

（一）整体性

海洋生态系统是一个有机整体，各生物与非生物要素组成之间通过能量流动与物质循环等方式，进行交流和平衡控制。不同的海域之间、近海与大洋之间无时无刻不在进行着能量循环。由此，国家进行科学规划不仅有助于防止生态失衡，而且在海洋资源的开发和利用行为导致生态利益不公之时，国家进行统一指导对于调节主体间的利益关系有重要作用。

（二）持续性

基于海洋生态系统自身的自净能力与自动调节功能，只要人类社会的海洋开发利用活动控制于合理的阈值水平，就可以借助海洋的自身修复能力，持续为人类提供海洋生态产品和服务。当然，这种"合理的阈值"的确定并非易事，并非单个个体或团队甚至某个地区可以胜任，需要国家提供相应的技术支持。

（三）公共性

环境产品的公共属性在海洋生态系统中依然适应。公共性无法满足市场的逐利性，因而完全期待市场对其进行合理配置效果并不理想，必须通过政府干预和宏观调控来弥补这方面的欠缺。众所周知，国家公共服务职能已经成为现代国家职能中的重要组成，对于公共产品的配置便是国家公共服务职能的应有之义。

（四）全球性

海洋本身就是一个整体，只是在长期的利益博弈中人为地将其划分各个海域。在经济与环境问题全球化进程的今天，以全球为一个整体的海域、以全球流动为状态的海洋，在人类社会的海洋开发活动与各国的海洋战略博弈大背景下，已经将地球上的各个区域连接成一个整体、一个利益共同体。无疑，在"利益共同体"的背景趋势下，海洋生态补偿不仅仅是国内各主体间的利益协调，甚至涉及国际海洋生态价值的再分配。

因此，需要借助中央加以统筹（从世界范围看，甚至需要各主权国家的通力合作）。中央对海洋管理的统筹主要表现在编制海洋发展规划（如国家海洋事业发展"十二五"规划等），制定海洋生态补偿政策、法律和法规，颁布海洋发展工作指南，海洋环境监测报告的发布，确定海洋生态补偿标准化等。

三 区域：海洋主体功能区建设对区域海洋生态补偿的整合

海洋主体功能区建设是近年来海洋管理的重点。长期以来，我国海洋管理的各级行政部门基于海洋行政管辖权管理海洋事务，这就必然导致，一方面，管理权的分散，各级政府及部门机构设置重叠，职权界限不明，在导致我国资源环境公共物品的"九龙治水"典型困境的同时，又不能适应海洋环境要素分布的跨行政区域性，影响整个海洋生态系统建设的整体性[①]。另一方面，对于跨行政区划的海域，则可能出现无人管理的状况。

无论是海洋管理的"争夺"状态，还是"空置"状态都不利于海洋生态补偿的施行。海洋主体功能区的建设便于海洋行政管辖权限的确定，无论是对海洋开发日常事务的管理还是海洋生态补偿的施行都有利，不仅方便确定海洋生态补偿中的政府补偿直接主体，而且即便政府不作为补偿主体，亦可依据行政管辖主体来明确补偿"协调主体"。因此，在海洋生态补偿运行设计过程中，转变海洋管理的分散式管理模式为分散与集约结合，加强海洋主体功能区建设，确保区域化海洋生态补偿运行。如就渤海海域主体功能区建设而言，显然，单一省（市）无力承担其中的监管职责职能。因此，针对渤海海域的环境要素特征及其地理特性，设计配置了"津、辽、冀、鲁三省一市管辖"的形式。当然，即便是由各省（市）进行协同划分管理，也对各省（市）的统筹协调对话要求非常高。否则，极有可能容易因忽视渤海海域的整体生态属性和经济属性，无法达到海洋生态保护和海洋开发的帕累托最优。因此，实施生态补偿，确保渤海区域整体性以及可持续发展，必须跳出行政区划的界限，着眼于渤海区域整体的生态属性和经济属性，设置渤海海域生态功能区就是可行方案。

四 地方：海洋生态补偿的实施主力

总体而言，中央的统筹只是规范性的宏观指引，具体实施落实海洋生

---

① 李思佳：《论海洋生态补偿机制及其实施》，《前沿》2014 年第 363、364 期，第 98 页。

态补偿的主力应当在地方。各个沿海省（市）在发展本地海洋经济时，既要遵循中央的统一指导，又要根据实际条件编制本地区的海洋经济发展规划。例如2009年5月，国务院专门出台了《关于支持福建省加快建设海峡西岸经济区的若干意见》（国发〔2009〕24号）。除此之外，山东省于2011年1月，在"十二五"开局之年颁布了《山东半岛蓝色经济区发展规划》。这是我国第一个关涉海洋经济的区域整体发展战略，成为国家海洋发展战略的重要组成[①]。无独有偶，同年，纳入国家海洋发展战略的还有浙江省海洋经济发展示范区，正是基于2月份国务院对《浙江海洋经济发展示范区规划》的批复。毫无疑问，这是国家层面上的"海洋经济区域发展规划"，具有一定的宏观性和引领性。由此，浙江省也以《浙江省海洋经济发展示范区规范》引领了全省转型升级。上述不同类型、不同区域的区域化海洋发展战略及规划，都充分展示了地方在发展海洋经济、衡平失衡海洋生态利益中所起的功能及其重要战略地位。这在海洋生态补偿运行中，亦是如此。

地方在海洋生态补偿的运行中的定位：一是海洋生态补偿的直接实施主体。一方面，对于海洋生态活动的正外部性而言，主体的活动导致海洋生态效益增益，作为利益所有者的国家应当承担起补偿义务，地方政府当以国家财政或者生态补偿专项资金对导致海洋生态效益增加的主体进行补偿，鼓励其保护海洋生态的行为。另一方面，对于海洋生态活动的负外部性而言，如果是由于地方政府的决策不当，或者是虽然政府决策在当时看来并无不当，但由于海洋资源开发过程中的科学不确定性因素，可能会让海洋活动中的某些行为触碰海洋生态价值的底线，进而阻碍其机能和作用的发挥，导致其功能的下降，同时对相关利益主体也会造成利益损害，由此地方政府应当承担直接的补偿责任。二是地方政府往往是海洋生态补偿主体的直接接触方。在实施海洋生态补偿的过程中，即便补偿方与受偿方是政府之外的其他个人或组织，地方政府也应当积极协助补偿。切实履行环境信息公开的职责，为补偿量的确定提供便利；监督整个补偿过程，避免补偿不公。

因此，综合而言，海洋的"整体性、流动性、立体性"等特性决定了配之以"中央—区域—地方三级联动"的必然性。与此同时，事实与实践也证明，只有"中央—区域—地方三级联动"的设计与配置，才能

[①] 马龙、路晓磊等：《基于海洋功能区划的山东半岛蓝色经济区海洋生态补偿机制探讨》，《海洋开发与管理》2014年第9期，第77页。

适应海洋生态补偿的跨区域性问题及挑战，充分实现海洋生态补偿的失衡利益矫正与补偿的目的。

第四节 补偿方式创新：政府—市场—社会三维拓展

从生态补偿的实施主体层面看，可将生态补偿划分为市场补偿和政府补偿，在很多学者的研究中均体现了这一常规分类。这种分类方法是基于如下考虑：一方面，生态补偿的公共性特征，使得其最关键的主体只能是政府，政府利用其固有的分配优势对公共产品进行分配，对于不公正的现象进行纠偏，向生态补偿中弱势群体利益的倾斜保护等。另一方面，生态价值的可估量性以及其所具有的经济效益使得市场在生态补偿中有极大的施展空间，在海洋生态补偿中尤其如此。

一 政府：海洋生态补偿运行中的统筹和协调

一定程度而言，政府在海洋生态补偿运行中的作用集中体现于政府的生态责任承担问题。由于海洋生态的整体性以及环境问题的公共性，加之市场在生态补偿中不可避免的短板，使得政府在海洋生态补偿运行中的作用尤为重要。政府在海洋生态补偿中承担何种责任、如何承责，直接关系海洋生态补偿良性运行。

（一）公权力保障下的强干预型政府海洋生态补偿

就目前的情况来看，海洋生态补偿市场化还处于起步阶段，海洋生态系统服务市场尚未真正建立，必须依托于政府的干预。在海洋生态补偿实施过程中，无论是组织协调能力，还是资源集中分配，政府所表现出来的高效率也是市场化激励无法比拟的，包括政策的制定、法律法规的出台、资金的调度等。因此，国家和沿海各级政府应充分发挥其主要实施者和组织者的作用天然优势。

（二）指导型政府海洋生态补偿

即使某些情况下可以通过市场机制来实施的补偿，也不意味着政府可以冷眼旁观。政府组织协调职能的发挥，可以为市场补偿机制的运行创造有利条件，也可以中间人的身份组织双方协调谈判，引导有关利益方达成公平的补偿协议。政府"柔性的"的生态补偿方式在很多时候能切实协调和指导利益相关者达成补偿共识。这种指导型的生态补偿方式往往还是依赖于双方的友好协商以及在进行利益博弈中的妥协与让步，在这种利益较量过程中，双方的出发点更多的是自身的经济利益因素，直接考虑生态因素的可能性并不大。这也是哈丁"公地的悲剧"所论证的问题。此时也就需要政府担任指导和监督的责任，确保在海洋生态补偿主体与受偿主体之间达成的补偿协议能够有利于海洋生态环境的保护。

二 市场：海洋生态补偿运行中的"成本—效益"评估

很长一段时间以来，学界就在探讨用市场机制来解决环境污染问题，碳交易便是最典型的例子。把海洋环境问题纳入市场机制当中去也将成为未来海洋环境保护的趋势。依据经济学原理，既然要进入市场中进行交易，就必然是有价值的"商品"，并且这种商品的价值是可以估量的，即有既定的"价格"。诚然，海洋资源的经济价值是不言自明的，海洋的生态价值也在世界范围内达成普遍共识，甚至生态价值要远大于其经济价值。海洋生态补偿中的市场化激励机制就是要对运用市场经济规律，对生态补偿法律关系进行调整。市场通过不具有"刚性"手段的强制效果，引导主体进行自主的价值选择，使其通过进行"成本—效益"分析，并依托市场法则来规范市场行为，既满足主体自身对于海洋经济价值的关切需求，又关注海洋环境资源及生态保护。从而通过将海洋生态服务功能及其效益纳入市场调节渠道，借助市场功能，来降低海洋生态保护的成本。

在海洋生态补偿中，海洋资源的开发和利用者是海洋生态补偿的主要实施主体。主要有如下几种情况：第一，基于海洋开发主体的开发活动，其使用了海洋生态资源，获取了海洋生态资源的价值。当然，作为人类共享的海洋资源宝库不能仅仅为一部分人或特定的人享有。从理论上讲，每一个个体都有平等享有的权利。而实际享有的主体则因为其所获得的利益支付相应的"对价"。因此，海洋开发主体应向海洋生态资源的所有者——国家支付使用费用。第二，海洋开发主体的活动不仅造成海洋资源的减损，甚至影响到其他利益方对于海洋生态系统服务的享有，造成其利益损失。在此境况下，海洋开发主体不仅仅需要依据第一种情况中所述向国家支付"对价"，而且还要对其他受损主体予以补偿。第三，"搭便车"行为也要付费。即若开发主体基于他人的海洋生态保护和建设行为而"搭便车"受益，开发主体也应对"受搭便车方"予以补偿，纳入其海洋生态保护和建设的成本。

所以，相比政府补偿手段，市场更灵活，成本较低。当然市场手段也面临着信息不对称、交易成本过高、盲目性等问题，这将影响市场补偿机制的运行①。

三 社会：海洋生态补偿运行中的参与和填补

政府和市场可以基于各自的优势在生态补偿中发挥其功效。总体上，政府补偿具有政策方向性强、目标明确、容易启动等优势，因此，在海洋生态补偿中政府依然是主力军。但是也有诸多无法避免的缺陷，如体制灵活性差、运作成本高（人力成本和财力成本）、标准确定难以及财政压力大等，所以在海洋环境资源及生态保护的许多领域，在具体的海洋生态补偿运行中，政府参与生态补偿效果并不都很理想。因此，也常常会在海洋这一公共物品的生态补偿运行中，面临"政府失灵"。与此同时，就目前来看，我国市场经济发展并不完善，环境保护的市场建设更是处于起步阶段，对市场在生态补偿中的作用的研究尚处于探索和尝试期。对于海洋这一公共物品，市场的调节及其功能发挥也常常面临"市场失灵"的境况。

因此，海洋生态补偿不仅仅要充分发挥政府补偿和市场补偿的优势作用，同时也要针对"市场失灵与政府失灵"，需要引入社会资源及力量的参与和填补，协助政府与市场一起加以协同解决。比如相关组织或个人出于公益目的，成立相应的专项海洋生态补偿社会基金，为海洋生态补偿提供资金支持。

一定程度上，因为海洋环境问题历来就非常复杂，而海洋的整体性、流动性、立体性的诸多特性，更增加了海洋环境问题的复杂性。例如就海洋污染而言，导致海洋水体污染的原因有很多，如近海岸污水排放、船舶在航行中的溢油、海底石油开采过程中的石油泄漏等。若是近海岸的海洋水体污染，查询相关责任主体难度会低一些，然而若所涉及的是非近海岸或跨国界的海洋水体污染纠纷，那么要找到相关主体及其纠纷解决就绝非易事。因此，针对这类情况，借助社会力量的参与与协同，设立专门的海洋水体污染生态补偿基金是其中的一个途径选择。其资金来源可包含政府财政注资、海洋污染的罚没收入、社会捐助等。为此，国际海事组织就于1971年通过了《1971年国际油污赔偿基金公约》，并设立国际油污赔偿基金来对船舶发生溢油损害进行补充性的补偿。虽然美国并未加入该公约，但是也制定了《1990年油污法》，并对海洋溢油损害补偿作了更为严格的规定。OPA1990规定设立10亿美元的国家油污基金，以求能为各受

---

① 朱丹果：《生态补偿法律机制研究》，博士学位论文，西安建筑科技大学，2008年，第40—41页。

害者提供更为充分的补偿。另外，对于海洋生物多样性锐减问题，也可以设立保护海洋生物多样性生态补偿专项基金。而对于重大的海洋开发活动，则可以借助强制保险制度，弥补损害发生时损害方补偿不足的问题，从而充分发挥社会力量在海洋生态补偿运行中的作用。

当然，总体而言，社会补偿更多的是"道义补偿"，就是基于海洋环境资源及生态保护问题的公共性、社会公众对于海洋环境资源及生态保护的关切，从而使原本不负有海洋生态补偿直接义务的组织或个人，产生自主自发的良心义务，从而主动对海洋资源开发活动所导致的生态环境利益的损失进行补偿[1]。因此，其中的主体往往是环保意识较强的个人，或者以保护环境为宗旨的社会自组织。随着人们环境保护意识的逐渐觉醒，公民个人和社会组织自发地承担海洋生态补偿义务的情况会越来越多。无疑，在海洋生态补偿设计中，应充分考虑如何激励社会力量功能发挥等问题，从而充分唤醒社会力量在海洋生态补偿运行中积极参与。

四 补偿方式与手段的针对性设计

相对于其他资源环境及其生态系统而言，正是基于海洋资源环境及其生态系统的特性及其多变性，因此，海洋生态补偿的方式与手段也应当"具体问题具体分析"，借助"政府—市场—社会三维拓展"的设计，实现海洋生态补偿方式与手段的多样化；针对不同情形与情境，以"帕累托效应"予以相对应的设计，以求取得最大的效用，达到事半功倍最好的效果。总体而言，在当前海洋生态补偿的现行条件及制度设计背景下，我国的海洋生态补偿方式与手段应从以下层面加以针对性设计。

（一）海洋生态补偿的方式

其一，货币资金补偿。货币资金补偿是现行的最直接、最便捷的补偿方式。例如，补偿金、捐赠款、政府财政资金支出等。资金货币补偿的补偿效率较高并且易于操作、执行简便，并且可以通过资金补偿实现其他方式的补偿。对于补偿金而言，则可以通过政府对相关生态补偿主体进行征收，再通过适当程序发放给相对应的补偿对象。对于捐赠款应当由相应的基金组织和公益单位来管理款项，有针对性地运用款项进行生态保护建设。另外，政府也应当从国家财政收入中划拨一部分财政资金进行生态环境补偿。

其二，国家政策支持。政策补偿是由国家实施的，国家通过制定各种

---

[1] 贾欣：《海洋生态补偿机制研究》，博士学位论文，中国海洋大学，2010年，第108页。

政策来引导企业、个人和其他社会组织进行海洋生态环境的保护。例如，通过税收的减免来促进环保产业的发展，对退出海洋捕捞的渔民给予补贴等；健全相关收费制度，对违法开发利用海洋与海洋污染等行为征收相应的费用。

其三，海洋生态的修复。生态的修复有别于货币补偿，货币补偿是直接以货币的形式给予补偿对象，而生态的修复是直接针对受损的环境进行补偿措施。如建设人工鱼礁、设立海洋自然保护区等。目前主要的生态修复措施有：第一，沿岸植被的修复。世界上许多国家都进行了沿海开发，使得很多沿海生态树林、湿地受到了严重的破坏，例如我国海南的房地产开发就破坏了大量的红松林。通过对于植被的种植和保护，有利于恢复沿海生态环境。第二，近海大陆架的修复。大规模的填海造地造成了大陆架生态的破坏，许多鱼类适宜的居所被破坏，渔业产量减少，海水浑浊污染。可以通过人工鱼礁等还原鱼类的生活环境。第三，采取合理的养殖方式。海洋给人类提供了丰富的食用产品，但是随着人类对海洋生态环境的破坏和对鱼类等海洋生物的过度捕捞造成了鱼类等资源的减少。采取科学合理的鱼类养殖可以有效地解决这一个问题，通过建立近海养殖场所，养殖所需食物资源，防止对于鱼类等资源的过度捕捞。

（二）海洋生态补偿的手段

其一，行政补偿手段。行政补偿通常是指政府利用相关财政资金的划拨、政策的实施等形式予以补偿。其中包括财政转移支付、环境税费法律政策、补偿基金等不同手段方式。就目前条件及实施情况而言，行政补偿手段是我国海洋生态补偿的重要手段，而政府作为行政补偿的实施者，则是海洋生态补偿的重要主体。政府在实施补偿过程中有先天的优势，政策方向性强、目标明确，更有利于海洋生态补偿目的与价值的实现。当然，行政补偿手段也存在海洋监管体制不灵活、管理成本高、财政压力大等方面的不足。

其二，市场补偿手段。市场补偿是行政补偿的一种补充手段。市场补偿是指将生态环境的补偿置于市场之上，通过市场自身的调控，双方进行平等协商所进行一种生态补偿手段。市场补偿的顺利进行需要有明确的产权划分作为基础，我国由于制度的原因实施得并不是很理想，而其他国家和地区开展得较为成功。市场补偿有着独特的优势，多以生态补偿作为一个重要的发展方向。

一般情况下，市场补偿程序为：第一，当出现生态问题时责任双方将问题放在桌面上进行谈判，有赔偿或者补偿义务一方根据市场价格对受损方进行赔偿或补偿,具体的价格根据双方的协商而定,排除了第三方公权力的介入。第二,面临一方需要做出以破坏生态环境为代价的行为时,可以通过大家事先约定进行交易。例如现在很多国家协商拟定碳排放量,当一方超出这个量时可向其他国家购买配额。第三,对产品进行认证。当一个生产厂家生产出生态产品时可以通过一个第三方的认证机构进行认证,消费者可以以高于其他非生态产品的价格购买该生态产品。这些都是市场补偿的方式和手段。

显然,就海洋生态补偿的方式运用而言,仅限于政府行政补偿、市场补偿是不够的,因为海洋资源环境及其生态保护是一个典型的公共物品,因此,必须引入社会补偿方式。否则很难充分合理解决海洋公共部品保护及其利益分配的外部性问题。更何况,在海洋生态补偿的具体运行中,其中的方式与手段的具体运用,也要立足于海洋环境资源、海洋生态系统的诸多特性,及其海洋生态补偿中的诸多特殊性问题,进行针对性的"政府—市场—社会三维拓展"设计,以适应海洋生态补偿运行的需求。

五 方式手段实施中的难题:海洋生态补偿量的估算计量

在"政府—市场—社会三维拓展"运行中,海洋生态补偿量的估算与计量是一项技术性非常强的工作,是决定海洋生态补偿有效运行的一大难题与关键环节。从估算计量的关键、现有估算计量方法与估算计量模型看,主要关涉下述几方面。

(一)估算计量的关键在于对海洋生态损失的量化

正是基于海洋的"整体性、流动性、立体性"等诸多特性,导致海洋环境问题复杂,也致使海洋生态损失的量化极其困难。总体而言,海洋生态系统为人类不仅提供了系列有形服务(如水产品、水资源等),与此同时,还提供了相应的无形服务。这一类无形服务的价值在很多时候甚至会远远大于诸如水产品等类型的有形服务。而相对而言,水产品之类可以用价值去衡量,但是,无形服务却很难准确计算。并且,人类目前对海洋的认识还非常有限,现实上也不可能从全方位对人类活动的海洋生态影响作出一个准确的预估。

(二)现有估算计量方法的不足与缺陷

就当前的估算计量方法评估而言,其中的主要缺陷在于:其一,估算计量方法的指导观念与意识未及时更新,受传统学科领域的限制。其二,习惯于滞后的"反应型思维",头痛医头、脚痛医脚,缺乏整体性评估。很多时候简单限于针对某项经济损失的单项估算计量,缺乏生态整体意识。其三，估算计量方法不科学。常导致遗漏、重复估算的境况。其四，需要探索与形成对潜在生态损失的估算能力。当前的估算计量方法多只能限于现实活动的估算计量，还基本无法对潜在影响进行相应程度的估算计量。从而导致对于不可逆转的生态灾难而言，现有的多限于货币的估算计量方法基本无能为力。

（三）相关的估算计量模型

纵观当前的相关研究与实践，不少学者在对海洋补偿量的估算计量作出很多尝试，并根据相关影响因素设计出估算计量模型。如贾欣在《海洋生态补偿量的计量分析》中就分别对海洋生态损失和海洋生态补偿量计出估算计量模型。国家海洋局于 2013 年 8 月印发《海洋生态损害评估技术指南（试行）》。该指南适用于在我国内水、领海、毗连区、专属经济区和管辖的其他海域内人为活动和突发事件造成海洋生态损害的评估，也适用于在我国管辖领域以外，造成我国管辖海域生态损害的评估。指南将海洋生态损害评估工作分为准备阶段、调查阶段、分析评估阶段和报告编制阶段，并设置了计算模型，对海洋环境容量和海洋生态资源恢复期损失以及海洋生态修复费用进行核算[1]。海洋生态损失的核算为海洋生态补偿量的确定提供重要借鉴。

因此，综合而言，正是因为海洋环境资源及生态保护的典型公共物品性，以及在海洋生态补偿中的"政府与市场失灵"等方面原因，一方面，需要积极唤醒社会资源及力量的参与与功能发挥，另一方面，需要政府—市场—社会三者的相互配合、彼此优势互补，拓展功能效益空间。因此，从"补偿方式层面"，设计与配置"政府—市场—社会三维拓展"非常必要。

第五节 补偿阶段与流程创新：事先—事后结合

海洋生态补偿起步不久，海洋生态补偿主体、客体、方式、手段、补偿量计算、标准等基本问题被关注外，对于海洋生态补偿的系统化研究，则研究甚少。就流程层面看海洋生态补偿设计，我国还没有形成一个统一、成型的流程模式。在进一步的海洋生态补偿设计中，需要充分结合海洋环境资源与生态系统的特殊性（整体性、流动性和立体性），海洋环境

---

[1] 计算公式来源于国家海洋局《海洋生态损害评估技术指南（试行）》。

侵权及环境损害的潜在性、隐蔽性、间接性、延续性、关联性，海洋环境损害发生的不可逆转性，并在此基础上加以针对性的设计与设置。显然，在成熟与完善"海洋生态补偿流程"基础上，设计配置以"事先—事后结合"，对于海洋生态补偿运行而言，必不可少。

一 海洋生态补偿的流程配置

就流程层面看海洋生态补偿设计，我国还没有形成一个统一、成型的流程模式。不过，比较与借鉴其他领域运行流程看，较为成熟的流程可以分为下述五个环节。

1. 在发生生态环境破坏事件后，由一个专门性的、独立性的评估机构进行初步调查，先对环境的破坏程度进行取证和初步损失预估。这一阶段的关键是这个评估机构必须有权威性，作出的调查数据让各方都信服，才能使得补偿工作的顺利进行。

2. 评估机构对损失进行计算，结合市场价值及后续影响建立价值计算模型，计算出损失量。

3. 确定相关的补偿主体和补偿对象。由评估机构与其他相关公权部门相互配合寻找补偿主体和补偿对象，进行责任的划分。

4. 在计算出补偿标准后可以由公权机关来主持补偿主体和对象对这个补偿标准进行进一步的协商，如果协商不成则进入司法程序。

5. 具体补偿的实施。待补偿标准确定后双方再明确以何种方式进行补偿，最后实现补偿程序的完成。

显然，就海洋生态补偿而言，起步不久，一些新生问题逐步被关注。其中海洋生态补偿主体、客体、方式、手段、补偿量计算、标准等基本问题尚处于初始研究的阶段，而对于海洋生态补偿的系统化研究，则更是涉及甚少。显然，在进一步的海洋生态补偿设计中，需要充分结合海洋环境资源与生态系统的特殊性（整体性、流动性和立体性），海洋环境侵权及环境损害的潜在性、隐蔽性、间接性、延续性、关联性，海洋环境损害发生的不可逆转性，并在此基础上加以针对性的设计与设置。显然，在成熟与完善"海洋生态补偿流程"基础上，设计配置以"事先—事后结合"，对于海洋生态补偿运行而言，必不可少。

二 "事先—事后结合"的阶段性环节

（一）海洋生态补偿事先阶段运行

正如上述所阐明的海洋环境问题及海洋生态补偿的特点，尤其是海洋环境侵权及环境损害的潜在性、隐蔽性、间接性、延续性、关联性，海洋损害后果的不可逆转性，无疑，海洋生态补偿的"事先阶段环节"非常必要。事先阶段的海洋生态补偿可以分为两种境况。

第一种是事先完全的海洋生态补偿。即只有在海洋生态补偿到位后，方可进行海洋资源开发与利用活动。如在编制滩涂围垦预案之时，就将相应的生态补偿方案纳入其中，对相关利益方的利益衡平及补偿方案进行论证与设置，甚至是进行合理的生态补偿后，才进行相应的滩涂围垦方案及行为。

第二种是防患于未然的事先准备。科学合理的海洋生态补偿运行，不能仅仅着眼于发生海洋生态损害之后的"滞后型反应"，而应当是将这种运行提前至海洋资源开发与资源利用、海洋损害发生的前期预防过程。当然，对于海洋生态补偿的事前预防而言，主要是针对主体的海洋开发与利用行为所产生的补偿而言。对于突发性海洋生态事件所造成的损失补偿，由于其具有突然性和无法预测的特点，在事前难以预测与预防，因此需要从其他方面配套加以进行相应的准备。其中包括：其一，在海洋开发与利用规划中明确海洋生态补偿的有关事宜；其二，提供生态价值的估值与补偿标准的预估；其三，环境信息的监测与发布；其四，海洋生态补偿资金的储备等。

（二）海洋生态补偿事后阶段运行——针对海洋生态利益分配失衡的矫正与纠偏

对于这种发生于不同利益主体之间海洋生态利益分配失衡后的补偿运行，其境况也分为两种。

第一种是针对海洋生态价值减损所引起的海洋生态补偿运作。例如借助海洋生态补偿运行，对发生海洋污染事故后对"失渔"渔民进行补偿、对发生石油泄漏后受影响的沿岸地区予以补偿等。在此类境况下，海洋生态补偿事后阶段运行一般需要借助如下相应步骤：首先，引起海洋生态利益分配失衡原因的确定。确定其中可能的原因，如可能是海洋污染行为、滩涂围垦中的海洋生态破坏活动、突发的溢油事故等。其次，受损主体的海洋生态利益损失申报，以及受偿主体的确定。例如，发生海底钻井平台的漏油事故，可能会对渔民以及近海岸海洋养殖户甚至是沿岸居民等的相关利益带来系列相应损害与影响，从而成为利益受害者，成为海洋生态补偿的被补偿主体。因此，这些相关利益受害者与被补偿主体应及时向有关方面申报，确认其所的损失及程度。最后，依据受损主体的损失、海洋生态价值的损失，以及补偿主体的获益情况，来确定海洋生态补偿量及程度。

第二种是海洋生态价值未减反增、受偿主体的经济或其他利益减损下的海洋生态补偿运作。这种境况一般发生在受偿主体在作出"特别牺牲"的同时,自己的经济与其他利益减损,不过海洋生态价值在"特别牺牲者"的"特别牺牲"下未减反增的境况下。例如"特别牺牲者"为了保护海洋生态环境,作出"特别牺牲",放弃自身发展机会;或者相关主体基于极高的环境保护觉悟,自发采取海洋生态保护的行动(如沿海防护林、沿海滩涂的维护等)。显然,对于相关"特别牺牲者"在保护海洋生态过程中所作出的"特别牺牲",海洋生态补偿应给予充分运作,并在核实后给予应有的补偿。

从而借助"事先—事后结合"运行,将海洋生态补偿延伸至"源头与过程"的不同环节,体现海洋生态补偿环节的"全过程性",而不是仅仅局限于"末端的被动式事后应对"。

第六节 补偿层级创新:修复—输血—造血三级推进

如何保护海洋环境,从某种程度来看,对海洋生态环境的最佳保护就是保持其最初的状态。但是人类社会的文明演进至今,为了维系人类的生存和发展,海洋的开发与利用还会继续。然而,也不能因噎废食而放弃发展海洋经济。在海洋生态补偿运行中,首先考虑的应当是在海洋生态系统的修复层面的作用,还要进行相应的转移支付即输血型资金补偿,更要追求可持续发展能力的提升,设计造血型生态补偿。正如古语所云,"授人以鱼不如授人以渔"。

一 生态修复型生态补偿

从某种程度来看,对海洋生态环境的最佳保护就是保持其最初的状态。但是人类社会的文明演进至今,尤其是工业革命以来,对海洋资源的大肆开采以及沿海地区工业化进程中对海洋环境的忽视等,使得海洋的原初状态已经受到破坏。况且,为了维系人类的生存和发展,海洋的开发与利用还会继续。然而,资源总有枯竭的时候,不能毫无节制地开发海洋资源,但是也不能因噎废食而放弃发展海洋经济。

在海洋生态补偿运行中,首先考虑的应当是在海洋生态系统的修复层面的作用。就海洋生态补偿修复来说,主要有两个方面:一是海洋通过自身存在规律进行自觉的修复；二是根据海洋存在的规律实施一定的措施引导海洋进行自我修复，使受损的生态系统尽可能地恢复到原有状态，在修复过程中坚持海洋自我修复为主、人工干预修复为辅的修复原则[①]。从我国目前的海洋生态修复及其运行情况来看，较为典型的海洋生态系统修复有：借助海洋生态补偿设计与运行而引导与激励的滨海湿地生态修复、红树林生态修复、沙滩修复、富营养化海湾水体生态修复、珊瑚礁生态修复、海岛生态修复等。从海洋生态修复及其机制运行的实效境况看，海洋生态系统修复及其机制的功能发挥，要充分借助与利用海洋自身的修复能力，另外人工辅助作用的培育与挖掘也是海洋生态补偿中的生态修复型机制的重要发挥空间。与此同时，不同类型的海洋生态系统修复，生态修复型机制的具体设计与运行也应有所不同。

二 输血型资金补偿

输血型补偿运行关键在于解决两方面的问题：（1）公平性问题。尽管所有生态补偿都应当以公平为价值追求目标，但是，对于输血型生态补偿尤其如此，基于海洋生态价值的估值困难的特性，无疑借助"输血型"的生态补偿，实现海洋生态利益分配的公平，也是相应运行设计的追求目标。（2）补偿资金的来源问题。一般来说，"输血型"补偿是需要将合理的补偿方式、标准等与科学的管控充分结合起来的，科学的管控是补偿方式和标准落实的支持者，换言之，科学完善的公共财政制度是补偿有效落实的必要前提。因此，从政策、法律法规等相应规定层面看，可以依照"污染者付费，获益者补偿，开发者保护，破坏者恢复"的原则，为海洋生态补偿注入资金[②]。另外，"生态服务支付"（PES）或"生态效益付费"（PEB）也是一种"输血型"补偿形式，这种形式主要是通过市场机制运作的方式来平衡相关主体之间的利益诉求，简言之，就是污染实施的一方或获益的一方对于弱势的一方通过付费的方式进行补偿的形式，进而以求经济与环境的共赢发展[③]。而比较分析当前国内外的具体实践，"输血型补偿"与"造血型补偿"的选择会受到社会经济发展程度的影响。

---

① 姜欢欢、温国义等：《我国海洋生态修复现状、存在的问题及展望》，《海洋开发与管理》2013年第1期，第35页。
② 刘平养、张晓冰、宋佩颖等：《水源地输血型与造血型生态补偿机制的有效性边界——以黄浦江上游水源地为例》，《世界林业研究》2014年第1期，第8页。
③ 秦艳红、康慕谊：《国内外生态补偿现状及其完善措施》，《自然资源学报》2007年第4期，第557—565页。

在发达国家中"输血型补偿"更多被应用,究其原因,主要是发达国家社会保障体系更完善、财政充裕,政府有能力通过转移支付进行直接性的补偿。而发展中国家往往会由于经济发展水平相对落后,国家财政基础薄弱,加之社会行政执法较弱和监管机制欠缺等因素影响,往往会使得发展中国家更偏向于使用"造血型补偿"的方式①。对于我国而言,作为发展中国家,该方面的局限性也一定程度存在。

三 造血型生态补偿:可持续发展能力的追求

古语云,"授人以鱼不如授人以渔"。在海洋生态补偿设计中,亦是如此。就造血型生态补偿设计而言,可以借助下述层面方案的设计来实现其中的目的:通过直接或间接支持产业项目发展,通过技术扶持、政策优惠、税收减免等方式,来提高受偿主体的自我生产能力、提升自我的可持续发展能力。综合而言,一定的资金补偿虽然必要,但是在很多时候,却并不能完全补偿受损者的损失。在一方面,是因为生态价值估算计量的困境导致无法避免的"低估";而另一方面,则是补偿潜在损失的"度"不易把握。显然,"鱼"的价值虽可以既定,而海洋生态补偿中所导致的损失很大程度上是不定的,因此,以"既定的价值"补偿"不定的价值",很难达至公平。不过,"渔"的价值又是可以多次循环提升而可持续的。因此,造血型海洋生态补偿可以成为其中的问题解决之道。因为可以借助"渔"的价值的可持续性,来寻求填补"既定的价值"对"不定的价值"补偿之间的缺口,从而在宏观把握上求得动态平衡,走出以往仅限于"经济类补偿"的思维局限,实现"输血+造血"的海洋生态补偿方式的多层次拓展深入,增加对海洋生态补偿对象的能力培养与机会选择、发展权等多层次类型的补偿,进而实现从"被动补偿"向"造血后的自我可持续发展能力提升"的转型。

---

① 刘平养:《发达国家和发展中国家生态补偿机制比较分析》,《干旱区资源与环境》2010年第9期,第1—5页。

结语 "黄土→蓝土→蓝图"的海洋文明演进

文明的演进在不经意间就将人类的文明带向了"海洋文明",而文明演进的趋势表明,以海洋生态补偿命题为切入点的海洋生态文明系列问题,将成为作为海洋大国的我国在海洋时代的重大现实研究热点。

一 已成当前亟待解决的重大课题,海洋时代重大理论现实问题研究的新起点

文明的演进将人类文明带向了"海洋文明",人类的"活动半径"也从"内陆"延展至"海洋"。就在人类社会从"黄土文明"走向"蓝色文明",人类的生产生活方式从"脸朝黄土、背对海洋"转向"面向海洋、走向海洋"的转型发展进程中;发展海洋经济成为当前的一个关注热点、国家战略、热门课题,同时,海洋生态环境污染、海洋生态破坏等问题也日益进入公众关注的视野。显然,受损的海洋生态需要修复、尚未受到破坏的良好海洋生态需要保护;如何在环境经济快速发展过程中,推进海洋生态环境保护与建设,尤其是在国家海洋战略、"一带一路"重大决策的背景下,如何对所受影响、过度开发乃至破坏的海洋生态给予补偿,毋庸置疑已成为当前人类社会海洋生态文明演进进程中所不容回避的亟待解决的重大课题。而文明演进的趋势表明,以海洋生态补偿命题为切入口的海洋生态文明系列问题,将成为作为海洋大国的我国在海洋时代的重大现实研究热点。

二 海洋生态补偿难题将长期存在,需精准破题与推进研究

显然,海洋的整体性、系统性、流动性、关联性、跨界性等特性,又使原有"被动反应、要素分类、行政区划型"海洋生态环境问题治理与损害修复形式远难适应,而这也使海洋生态补偿问题研究走向前

台，同时也给海洋生态补偿的深入研究带来诸多挑战。其中包括海洋生态补偿的内涵与理论基础、特性、构成体系、原则、类型、标准、方式等实践和管理等一系列问题。需要解决在海洋生态补偿中，所面临的一系列选择性难题：补偿对象的确定难题，是海洋生态功能还是渔民发展权补偿？补偿标准的核定难题，是机会成本还是生态系统服务价值？补偿方式的甄选难题，是纵向统配还是横向转移？补偿资金的来源难题，是政府还是市场、社会力量？显然，就海洋生态补偿的基本理论而言，其中的类型、目的、标准、原则、海洋生态补偿领域的特殊性等问题都需进一步厘清。补偿的类型与目的应是两个层次，即海洋（环境要素）+人（尤其是特别牺牲者）；方式与途径是多个层面的，从政府财政转移支付、特定主体负担付费、市场社会调节等多个层面展开；除了"输血型"经济补偿，还应突出"造血型"的技术与发展机会补偿，从而实现"人+物、事先+事后、政府+市场+社会、输血+造血"的"复合立体型"补偿等。虽然挑战明显存在，但研究方向逐步清晰。

其一，从"重生态保护补偿"转向"生态保护补偿与生态损害补偿并重"。以往的理论往往认为，对于生态保护的正外部性需要实施补偿以实现正外部性的内部化，而对于负外部性行为则要通过征税、收费等庇古手段或自愿协商、产权交易等科斯手段实现负外部性的内部化。从法学角度审视，环境损害等外部损害往往是采取损害赔偿制度而非补偿制度。而目前本成果的研究，则探索要求负外部性制造者通过补偿的方式实现负外部性的内部化。这是一种新的尝试。

其二，从"重事后生态补偿"转向"事后生态补偿与事前生态补偿并重"。以往的生态补偿往往是在外部性行为及后果发生以后，而本研究成果则认为，对于一些可以预见生态损害的填海工程、围涂工程等涉海工程是可能建立事前生态损害补偿的，而对于一些难以预见生态损害的陆源污染等行为及后果可以建立事后生态补偿，从而做到事前和事后的结合。从条件许可的情况下建立事前生态补偿制度，是有效保护海洋生态的源头性制度。

其三，从"重人对人的生态补偿"转向"人对人的生态补偿与人对海的生态补偿并重"。生态补偿的早期理论本身是针对生态服务补偿，也就是指人对自然的补偿。但中国生态补偿机制实施中多数是强调人对人的补偿，通过人对人的补偿达到人类保护自然的效果。而目前本成果的研究则认为，海洋生态损害补偿制度的归宿是人类对海洋的补偿，但是实施过程可能是通过人对人的补偿进而达到人对海的补偿。这样，就把生态补偿的两个视角都落实在海洋这个客体之上了。

综合而言，虽然目前本成果的研究围绕海洋生态补偿及其运行所面临的系列难题（补偿对象的确定难题、补偿标准的核定难题、补偿方式的甄选难题、补偿资金的来源难题等），借助日本濑户内海经验与神户人工岛再生补助项目、美国墨西哥湾、塔斯曼海、康菲案、环渤海、长三角和珠三角的先行先试等的实证比较，对海洋生态补偿中的核心问题——理论指导与实践创新进行了重点研究，并提出了六大理论新建构与六大实践创新。然而，海洋生态补偿是一个在海洋时代新时期刚刚凸显的现实课题，而且海洋的流动性、整体性、立体性等特性，决定了海洋生态补偿问题必然会比其他领域的补偿（如林地生态补偿、草原生态补偿、流域生态补偿等）要复杂得多，势必仍然会有诸多难题有待进一步深入研究。其中就包括如何立足于海洋的特性，对海洋资源资产产权加以科学界定（包括所有权、管理权、经营权、处分权的科学界定，海洋资源资产产权的分配，我国海洋资源资产产权关系等问题），以及如何对海洋生态价值予以准确合理评估等长期困扰的难题。这些难题既是挑战，更为海洋生态补偿这一现实课题研究提供了进一步延伸与拓展的空间。中共中央、国务院在 2015 年 9 月 21 日印发了《生态文明体制改革总体方案》，提出了"1+6"组合方案，为我国的生态文明领域作出了顶层设计，2015 年 6 月国家海洋局印发《国家海洋局海洋生态文明建设实施方案（2015—2020）》，明确提出"实行海洋生态补偿制度"的要求，《国务院办公厅关于健全生态保护补偿机制的意见》（国办发〔2016〕31 号）明确提出把健全生态保护补偿机制作为推进生态文明建设的重要内容，建立国家级海鲜自然保护区、海洋特别保护区生态保护补偿制度，不断推进生态保护补偿工作的制度化和法制化。中国海洋局在 2018 年 2 月印发了《全国海洋生态环境保护规划（2017—2020年）》，系统部署了今后一段时期海洋生态环境保护的各项工作，突出综合施策的基本原则和导向。为此，目前本成果的研究专章对生态补偿进行了翔实论述。这无疑凸显了生态补偿问题研究的重要性，也对于海洋生态补偿问题的深入研究与运行提供了国家决策层面的引领。可以说有关海洋生态补偿、关涉海洋问题的深入研究正在发生，也正在不断推进走向深层。

三 跳出"就海洋论海洋"局限,打破"陆地中心思维惯性"掣肘,实现"黄土→蓝土→蓝图"的跨越

面朝黄土、背朝天历史使中华民族在"黄色国土"情节下陆地思维根深蒂固,"蓝色国土"战略已然引领民众视角扩展至海洋,但"蓝色国土、填海造地"等提法实质仍是陆地思维,缺乏真正海洋意识。这种"陆地中心思维"惯性将掣肘海洋战略推进,制约"海洋战略蓝图"的实现。因此,欲真正实现"黄土→蓝土→蓝图"跨越,就须跳出"就海洋论海洋"局限,在陆海统筹、河海兼顾、区域海域联动、重点海域以海定陆的理念演进中,推进海洋生态补偿,实现"海洋战略蓝图"。

当然海洋的复杂特性,使海洋生态补偿比陆域更复杂。如海洋的多变、跨界与难控特性使海洋生态损失评估、治理及修复面临难题,就须从预防、恢复和增殖等层次,立体式探索并组合应用生态功能养护及利益补偿措施。破解海洋生态补偿资金的来源渠道难题,就须在政府拨款与费税征收外,积极拓展财政转移支付、专项基金、市场交易、保险机制、居民入股、彩票债券、海洋生境银行(OHB)等渠道。针对海洋公共物品的外部性难题,则对海洋生态补偿的相应研究远弱于森林、流域、草原等领域,须及时汲取他山经验,在海洋特色基础上,就"补什么、谁补、如何补"等基本问题,完善补偿主体、方式、阶段、层次的多维化结构,分类分层次推进。需要验证"生态建设与发展机会成本、生态系统服务价值"两大评估体系。在机会成本评估方面,需要重点完善市场定价、国家或地区平均利润率及 GDP 增速、补偿双方的生活水平差距等指标体系。在生态服务功能价值量化方面,需要引入影子价格法、影子工程法、人力资本法、边际成本核算、GIS 评估计量模型等加以评估;验证日韩浮动标准法的可行性。在制度的可行性验证问题,以粤、鲁、浙及环渤海、长三角和珠三角区域联动为先行先试区;验证所设计制度的实证性。其中荷兰退滩还水计划、日本神户人工岛再生补助项目及韩国新万金工程,塔斯曼海、墨西哥湾及康菲案等都是其中比较典型的实证。这些都为海洋生态补偿研究的深入提供了鲜活的样本与实证验证。

四 以问题导向破解海洋生态补偿研究与运行中的难题

要破解海洋生态补偿研究与运行中所面临的系列难题,就"海洋

生态补偿"而研究"海洋生态补偿"难以从更高层面对难题破解提供思路，容易落入"头痛医头、脚痛医脚"的被动与滞后的境地。因此，将海洋生态补偿研究推向深入，要根据海洋生态补偿面临的现实难题切入，进行问题导向研究。就生态补偿的制度新理论而言，其是海洋生态补偿有效运行的重要理论支撑。基于海洋生态补偿涉及不同主体的功能、不同阶段的目标、不同类型的手段，因此海洋生态补偿的制度理论不是限于单一的某一项制度，而应是一个制度体系。其中的生态系统服务价值评估制度理论、海洋生态损失价值评估制度理论、政府财政转移支付制度理论、海洋生态补偿资金筹集制度理论、受益者补偿制度理论、海洋生态保护激励制度理论等系列理论新建构，彼此相互呼应、相互配合、各具优势、互哺共生，形成良性循环，彰显系统化功能。

无疑海洋生态补偿运行是一个庞大的系统工程。海洋生态补偿实践创新，必须立足于其中的特殊性特点（如海洋生态环境及生态系统的整体性、流动性、立体性，渔民强海洋依赖性与弱势主体性等），充分考虑其今后完善与发展的走向，对海洋生态补偿运行进行有针对性实践。综合而言，可以从下述几个层面加以创新：运行领域的"海—陆统筹"；价值目标层面的"环境—经济—社会价值协调"；补偿主体的"中央—区域—地方三方联动"；补偿方式的"政府—市场—社会三维拓展"；补偿阶段与流程的"事先—事后结合"；补偿层级的"修复—输血—造血三级推进"等。显然，通过上述不同层面创新，以及彼此的相互呼应与配合，从而为海洋生态补偿的成功运行提供重要驱动力。

五 以"海洋为基点的国际利益博弈"始揭序幕，关涉海洋生态补偿研究必将力承时势重责

伴随着占地球71%的海洋成新高地，城市化进程使世界人口呈"内陆迁向沿海"趋势，海洋经济已成新增长点，我国也正从亚欧大陆国家向太平洋国家转型，海洋流动性也打破了国家"政治界线"，各国海洋资源争夺博弈更激烈。"康菲案难题"是警钟，其凸显的不仅是"事后型、赔偿型救济之路"的局限与困境，更彰显"事先型、补偿型"机制的重要性。虽石油污染的补偿对象是"物+人"（海洋生态功能、渔民），但渔民的权益救济却常被忽视。墨西哥湾案、巴西雪佛龙案涉赔补偿额是200亿美元与106亿美元，但仅隔半年的康菲案却仅为10亿人民币（用于恢复生境，但渔民的权益补偿基本未

涉及）。显然其中差距不仅是金额与制度保障的欠缺，更是法律价值取向冲突。无疑，海洋生态补偿自"塔斯曼海案"以来，就已初显其利益博弈的国际性。

可谓海洋是新的制高点，但绝非"大肆掠夺新资源的信号"，"海洋开发热的生态补偿冷思考"是对逼近的环境风险及利益失衡的警示。从根本上而言，这已不是单一的海洋生态补偿问题，更是中国这样的海洋大国尽早摆脱被动、赢得先机的重大战略。而这一切，都赋予了海洋生态补偿及其制度建构研究以良好契机与广阔空间。

参考文献

一 中文参考文献

（一）学术著作类

马克思、恩格斯：《马克思恩格斯全集》，人民出版社1979年版。

[美] 赫尔曼·E. 戴利：《超越增长：可持续发展的经济学》，诸大建、胡圣等译，上海译文出版社2001年版。

[英] 库拉：《环境经济学思想史》，谢扬举译，上海人民出版社2007年版。

[德] 芭芭拉·沃德、[法] 勒内·杜博斯：《只有一个地球》，吉林人民出版社1997年版。

[英] 爱德华·戈德史密斯：《生存的蓝图》，中国环境科学出版社1987年版。

[英] 哈耶克：《自由秩序原理》，邓正来译，生活·读书·新知三联书店1997年版。

[英] 哈耶克：《个人主义与经济秩序》，邓正来译，生活·读书·新知三联书店2002年版。

[美] 埃莉诺·奥斯特罗姆：《公共事务的治理之道——集体行动制度的演进》，生活·读书·新知三联书店2000年版。

[美] 埃莉诺·奥斯特罗姆、拉里·施罗德、苏珊·温：《制度激励与可持续发展——基础设施政策透视》，生活·读书·新知三联书店2000年版。

[美] A. 弗里曼：《环境与资源价值评估》，曾贤刚译，中国人民大学出版社2002年版。

[美] 曼昆：《经济学原理》第5版，北京大学出版社2010年版。

徐祥民、申进忠等著：《海洋环境的法律保护研究》，中国海洋大学出版社2006年版。

顾钰民：《马克思主义制度经济学——理论体系比较研究应用分析》，复旦大学出版社 2005 年版。
何爱平：《区域灾害经济问题研究》，中国社会科学出版社 2006 年版。
龚高健：《中国生态补偿若干问题研究》，中国社会科学出版社 2011 年版。
李小云：《生态补偿机制：市场与政府的作用》，社会科学文献出版社 2007 年版。
孔凡斌：《中国生态补偿机制：理论、实践与政策设计》，中国环境出版社 2010 年版。
龚高健：《中国生态补偿若干问题研究》，中国社会科学出版社 2011 年版。
吕忠梅：《超越与保守——可持续发展视野下的环境法创新》，法律出版社 2003 年版。
白永秀：《中国经济改革 30 年·资源环境卷（1978—2008）》，重庆大学出版社 2008 年版。
秦玉才、汪劲：《中国生态补偿立法路在前方》，北京大学出版社 2013 年版。
盛连喜、曾宝强、刘静玲：《现代环境科学导论》，北京化学工业出版社 2002 年版。
刘中民等：《国际海洋环境制度导论》，海洋出版社 2007 年版。
周国强：《环境保护与可持续发展概论》，中国环境科学出版社 2005 年版。
盛洪：《现代制度经济学》（上、下卷），北京大学出版社 2003 年版。
张德贤等：《海洋经济可持续发展理论研究》，青岛海洋大学出版社 2002 年版。
何爱平：《区域经济可持续发展导论》，经济科学出版社 2005 年版。
王金南、陆军、吴舜泽主编：《中国环境政策》（第七卷），中国环境科学出版社 2010 年版。
中国生态补偿机制与政策研究组编著：《中国生态补偿机制与政策研究》，科学出版社 2007 年版。
唐建荣：《生态经济学》，化学工业出版社 2005 年版。
郑少华：《生态主义法哲学》，法律出版社 2002 年版。
沈满洪：《生态经济学》，中国环境科学出版社 2008 年版。
刘家沂：《海洋生态损害的国家索赔法律机制与国际溢油案例研究》，海洋出版社 2010 年版。

任勇、冯东方、俞海等：《中国生态补偿理论与政策框架设计》，中国环境科学出版社2008年版。
钭晓东：《民本视阈下环境法调整机制变革》，中国社会科学出版社2010年版。
陈敏德：《环境法原理专论》，法律出版社2008年版。
吕忠梅：《超越与保守：可持续发展视野下的环境法创新》，法律出版社2003年版。
万本太、邹首民主编：《走向实践的生态补偿：案例分析与探索》，中国环境科学出版社2008年版。
杨建强、廖国祥、张爱君：《海洋溢油生态损害快速预评估技术研究》，海洋出版社2011年版。
傅京燕：《环境规制与产业国际竞争力》，经济科学出版社2006年版。
洪荣标、郑冬梅：《海洋保护区生态补偿机制理论与实证研究》，海洋出版社2010年版。
中国21世纪议程战略研究组：《生态补偿：国际经验与中国实践》，社会科学文献出版社2007年版。

（二）博士学位论文

黄润源：《生态补偿法律制度研究》，博士学位论文，华东政法大学，2009年。
刘姝：《中日韩三国沿海城市填海造陆战略研究与分析》，博士学位论文，大连理工大学，2013年。
尤艳馨：《我国国家生态补偿体系研究》，博士学位论文，河北工业大学，2007年。
贾欣：《海洋生态补偿机制研究》，博士学位论文，中国海洋大学，2010年。
宫小伟：《海洋生态补偿理论与管理政策研究》，博士学位论文，中国海洋大学，2013年。
高乐华：《我国海洋生态经济系统协调发展测度与优化机制研究》，博士学位论文，中国海洋大学，2012年。
李时蔚：《海洋生态补偿中政府补偿主体地位的研究》，博士学位论文，华侨大学，2019年。
刘明：《陆海统筹与中国特色海洋强国之路》，博士学位论文，中共中央党校，2014年。

刘青：《江河源区生态系统服务价值与生态补偿机制研究》，博士学位论文，南昌大学，2007年。

何承耕：《多时空尺度视野下的生态补偿理论与应用研究》，博士学位论文，福建师范大学，2007年。

马爱慧：《耕地生态补偿及空间效益转移研究》，博士学位论文，华中农业大学，2011年。

杨洪国：《国家重点生态公益林生态补偿标准调整系数的研究》，博士学位论文，中国林业科学研究院，2010年。

刘兴元：《藏北高寒草地生态系统服务功能及其价值评估与生态补偿机制研究》，博士学位论文，兰州大学，2011年。

李炜：《大小兴安岭生态功能区建设生态补偿机制研究》，博士学位论文，东北林业大学，2012年。

冯思静：《煤炭资源型城市生态补偿研究》，博士学位论文，辽宁工程技术大学，2010年。

王辉民：《环境影响评价中引入生态补偿机制研究》，博士学位论文，中国地质大学，2008年。

李晓燕：《海洋生态系统动力学模型中控制参数时空分布的反演研究》，博士学位论文，中国海洋大学，2013年。

张朝晖：《桑沟湾海洋生态系统服务价值评估》，博士学位论文，中国海洋大学，2007年。

岳利萍：《自然资源约束程度与经济增长的机制研究》，博士学位论文，西北大学，2007年。

张新峰：《空间自相关的数据分析方法与应用研究》，博士学位论文，兰州大学，2009年。

钱备：《钢结构浪溅区腐蚀防护技术及缓蚀剂在干湿交替下的研究》，博士学位论文，中国科学院研究生院（海洋研究所），2014年。

刘强：《我国生态补偿财政政策研究》，博士学位论文，湖南农业大学，2011年。

孙嘉辰：《矿产开发生态补偿费用计算方法及实例研究》，博士学位论文，大连理工大学，2011年。

李俐：《中美生态补偿制度比较研究》，博士学位论文，山东师范大学，2013年。

郑水丽：《基于国际经验的鄱阳湖生态经济区生态补偿机制研究》，博士学位论文，南昌大学，2010年。

郑海霞：《中国流域生态服务补偿机制与政策研究》，博士学位论文，中国农业科学院，2006年。
于开芹：《泰安市区土地利用变化及生态效应研究》，博士学位论文，山东农业大学，2009年。
郑麒：《基于宁波余慈地区统筹规划的生态补偿研究》，博士学位论文，复旦大学，2008年。
田民利：《基于区域生态补偿的横向转移支付制度研究》，博士学位论文，中国海洋大学，2013年。
段国旭：《基于集成化管理的财政资源配置制度研究》，博士学位论文，河北工业大学，2005年。
李斌：《论海洋生态保护补偿制度的构建》，博士学位论文，宁波大学，2017年。

（三）学术刊物类

石晓然、张彩霞、殷克东：《中国沿海省市海洋生态补偿效率评价》，《中国环境科学》2020年第7期。
许瑞恒、林欣月、姜旭朝：《海洋生态补偿研究动态综述》，《生态经济》2020年第7期。
石晓然、阎祥东、方馨：《海洋生态补偿试点政策效果评估》，《中国渔业经济》2020年第3期。
许瑞恒、姜旭朝：《国外海洋生态补偿研究进展（1960—2018）》，《中国海洋大学学报》（社会科学版）2020年第1期。
张广帅、赵全民、唐晨：《我国海洋生态补偿的法律体系和制度框架》，《海洋开发与管理》2019年第4期。
石晓然：《中国沿海省市海洋经济和海洋生态综合实力测评——基于海洋生态补偿视角》，《中国渔业经济》2020年第4期。
石晓然、张彩霞、殷克东：《中国沿海省市海洋生态补偿效率评价》，《中国环境科学》2020年第4期。
许瑞恒、林欣月、姜旭朝：《海洋生态补偿研究动态综述》，《生态经济》2020年第7期。
石晓然、阎祥东、方馨：《海洋生态补偿试点政策效果评估》，《中国渔业经济》2020年第3期。
浙江省宁海县海洋生态补偿案例执行：《增殖放流日本对虾1170万尾》，《科学养鱼》2020年第6期。

何跃军、陈淋淋：《认知滞后与制度滞后：海洋生态补偿的双重滞后与改进》，《海峡法学》2020年第1期。

刘诗怡、李仁真：《我国海洋生态补偿法律制度构建研究》，《城市学刊》2020年第2期。

郑湘萍、谢东燕：《生态正义视阈下粤港澳大湾区海洋生态补偿机制研究》，《桂海论丛》2020年第1期。

许瑞恒、姜旭朝：《国外海洋生态补偿研究进展（1960—2018）》，《中国海洋大学学报》（社会科学版）2020年第1期。

王潇：《新〈海环法〉下我国海洋生态补偿法律制度探析》，《广西质量监督导报》2019年第8期。

曲亚囡、李佳：《海洋生态补偿的行政法规制研究》，《湖北开放职业学院学报》2019年第15期。

张广帅、赵全民、唐晨：《我国海洋生态补偿的法律体系和制度框架》，《海洋开发与管理》2019年第4期。

高如峰、彭琳、温泉、彭欣、陈雪初：《以生态修复为导向的海洋生态补偿模式研究》，《海洋开发与管理》2019年第1期。

李荣光：《域外海洋生态补偿法律制度对我国的启示》，《桂海论丛》2018年第6期。

安然：《生态文明视阈下辽宁省海洋生态补偿机制建立研究》，《经济研究导刊》2018年第26期。

李荣光：《域外海洋生态补偿法律制度对我国的启示》，《荆楚学刊》2018年第4期。

耿相魁：《重视完善海洋生态补偿机制》，《浙江日报》2018年5月29日第5版。

安然：《海洋生态补偿与财政转移支付制度的建立》，《现代商贸工业》2018年第12期。

安然：《海洋生态补偿标准核算体系研究》，《合作经济与科技》2018年第7期。

包特力根白乙：《国内海洋生态补偿研究述评》，《海洋开发与管理》2017年第5期。

张玉强、张影：《海洋生态补偿机制研究——基于利益相关者理论》，《浙江海洋学院学报》（人文科学版）2017年第2期。

黄晓凤：《创新海洋生态补偿机制》，《中国社会科学报》2017年3月8日第4版。

黄湘涵：《海岛生态的补偿机制分析》，《科技资讯》2016年第36期。

李晓璇、刘大海、刘芳明：《海洋生态补偿概念内涵研究与制度设计》，《海洋环境科学》2016年第6期。

王立安、许晓敏：《海洋生态补偿机制的研究现状及其展望探析》，《经济研究导刊》2016年第22期。

刘仲、张南、宋号号：《南海海洋生态补偿法律制度研究》，《开封教育学院学报》2016年第1期。

安然：《构建我国海洋生态补偿机制的思考》，《合作经济与科技》2016年第2期。

徐丽媛：《生态补偿中政府与市场有效融合的理论与法治构架》，《江西财经大学学报》2018年第4期。

张兰婷、倪国江：《国外海洋开发利用的体制机制经验及对中国的启示》，《世界农业》2018年第8期。

刘洪滨、杨伟：《韩国的海洋环境保护》，《太平洋学报》2008年第8期。

曹洪军、宫小伟：《海洋生态补偿的国际经验与借鉴》，《学术交流》2013年第8期。

杜群：《国外生态补偿制度的实践》，《环境经济》2009年第11期。

刘诗怡：《我国海洋生态补偿法律制度构建研究》，《城市学刊》2020年第2期。

易小明：《分配正义的两个基本原则》，《中国社会科学》2015年第3期。

江必新、邵长茂：《论国家治理商数》，《中国社会科学》2015年第1期。

徐朝阳、林毅夫：《发展战略与经济增长》，《中国社会科学》2010年第5期。

宋马林、王舒鸿：《环境规制、技术进步与经济增长》，《经济研究》2013年第3期。

金艳鸣、黄涛、雷明：《"西电东送"中的生态补偿机制研究》，《中国工业经济》2007年第7期。

刘宾：《城市生态经济效益的计量研究》，《数量经济技术经济研究》1994年第8期。

任保平、宋文月：《新常态下中国经济增长潜力开发的制约因素》，《学术月刊》2015年第2期。

王昌福：《经济运行中的"生态平衡"》，《数量经济技术经济研究》2001年第1期。

钟昌标、李富强、王林辉：《经济制度和我国经济增长效率的实证研究》，

《数量经济技术经济研究》2006 年第 11 期。

张复明:《矿产开发负效应与资源生态环境补偿机制研究》,《中国工业经济》2009 年第 12 期。

林毅夫、龚强:《发展战略与经济制度选择》,《管理世界》2010 年第 3 期。

汪宗田:《马克思主义制度经济理论的创新与发展》,《中南财经政法大学学报》2013 年第 6 期。

黄少安:《关于制度变迁的三个假说及其验证》,《中国社会科学》2000 年第 4 期。

沈满洪、张兵兵:《交易费用理论综述》,《浙江大学学报》(人文社会科学版)2013 年第 2 期。

李富强、董直庆、王林辉:《制度主导、要素贡献和我国经济增长动力的分类检验》,《经济研究》2008 年第 4 期。

余林徽、陆毅、路江涌:《解构经济制度对我国企业生产率的影响》,《经济学(季刊)》2014 年第 1 期。

钞小静、沈坤荣:《城乡收入差距、劳动力质量与中国经济增长》,《经济研究》2014 年第 6 期。

王艾青:《制度变迁对中国经济增长的影响:参量选择与量化方法》,《学术月刊》2008 年第 5 期。

刘士新:《海洋生态补偿研究综述》,《合作经济与科技》2015 年第 5 期。

任保平:《结构失衡新特征背景下加快中国经济发展方式转变的机制》,《社会科学战线》2013 年第 3 期。

廖一波、寿鹿、曾江宁、徐晓群:《我国海洋生态补偿的研究现状与展望》,《海洋开发与管理》2011 年第 3 期。

李彩红、葛颜祥:《可持续发展背景的水源地生态补偿机会成本核算》,《改革》2013 年第 11 期。

丘君、刘容子、赵景柱、邓红兵:《渤海区域生态补偿机制的研究》,《中国人口·资源与环境》2008 年第 2 期。

阮利民、曹国华、谢忠:《矿产资源限制性开发补偿测算的实物期权分析》,《管理世界》2011 年第 10 期。

何爱平、石莹:《我国城市雾霾天气治理中的生态文明建设路径》,《西北大学学报》(哲学社会科学版)2014 年第 2 期。

林志群:《日本神户"人工岛"开发的启示》,《城市规划》1987 年第 2 期。

钭晓东：《从规范冲突到协同共生：论环境法治进程中的普适性难题及破解》，《中国高校社会科学》2014年第2期。

白永秀、岳利萍：《资源共享机制初探》，《光明日报》（理论版）2005年3月15日第7版。

岳利萍、何爱平：《发展视阈下生态文明的经济学界定及其度量》，《福建论坛》（人文社会科学版）2014年第3期。

白福臣：《构建广东海洋生态补偿机制的困境及对策》，《新经济》2014年第10期。

周达军：《我国海洋渔业投入产出控制政策面临问题的思考》，《管理世界》2007年第5期。

吕惠明：《海洋服务业的区域定位探析》，《管理世界》2011年第11期。

姚丽娜：《现代海洋渔业发展战略研究——以舟山海洋综合开发试验区为例》，《管理世界》2013年第5期。

卫留成、安路明：《海洋石油企业哲学思维的总体特征》，《管理世界》1996年第3期。

薛奕明：《我国海洋捕捞渔业机械化途径的探讨》，《经济研究》1965年第5期。

陈伯庚、沈仲荣：《上海市海洋渔业公司实行航次超产奖的调查》，《经济研究》1978年第11期。

何爱平：《"人定胜天"？"天人合一"——我国减灾防灾任重道远》，《绿色中国》2005年第2期。

杜群：《生态补偿的法律关系及其发展现状和问题》，《现代法学》2005年第3期。

韩秋影、黄小平、施平：《生态补偿在海洋生态资源管理中的应用》，《生态学杂志》2007年第1期。

李爱年、刘旭芳：《生态补偿法律含义再认识》，《环境保护》2006年第19期。

沈满洪：《以制度创新推进绿色发展》，《浙江经济》2015年第12期。

邢丽：《关于建立中国生态补偿机制的财政对策研究》，《财政研究》2005年第1期。

宋力男、黄硕琳：《我国海洋捕捞渔民群体收入问题浅析》，《上海海洋大学学报》2015年第2期。

秦格：《区域工业发展生态环境补偿统筹机制的必要性研究——以广东省为例》，《金融管理研究》2014年第1期。

王海飞、林柳琳：《区域联动及其相关基本问题研究》，《改革与战略》2014年第6期。

李百齐：《建设和谐海洋，实现海洋经济又好又快地发展》，《管理世界》2007年第11期。

汪长江、刘洁：《关于发展我国海洋经济的若干分析与思考》，《管理世界》2010年第2期。

李百齐：《树立科学的发展观，努力保护海洋环境》，《管理世界》2006年第11期。

郭其友、李宝良：《机制设计理论：资源最优配置机制性质的解释与应用——2007年度诺贝尔经济学奖得主的主要经济学理论贡献述评》，《外国经济与管理》2007年第11期。

刘平养、张晓冰、宋佩颖：《水源地输血型与造血型生态补偿机制的有效性边界——以黄浦江上游水源地为例》，《世界林业研究》2014年第1期。

黄宇驰、王敏、黄沈发、苏敬华：《长三角地区开展流域生态补偿机制的策略选择与前景展望》，《生态经济》2011年第6期。

龚强：《机制设计理论与中国经济的可持续发展》，《西北师大学报》（社会科学版）2008年第3期。

蒋萍、祝志杰：《可持续性系统模型的构建与阐释》，《统计与决策》2008年第2期。

杨咸月：《信息不对称与机制设计理论——2007年诺贝尔经济学奖获得者的贡献》，《经济理论与经济管理》2008年第2期。

王清军：《生态补偿主体的法律建构》，《中国人口·资源与环境》2009年第1期。

刘文剑：《海洋资源、环境开发使用补偿费核算探讨》，《中国海洋大学学报》（社会科学版）2005年第2期。

郑伟、徐元、石洪华、王宗灵、丁德文：《海洋生态补偿理论及技术体系初步构建》，《海洋环境科学》2011年第6期。

傅秀梅、宋彦龙、戴桂林等：《中国海洋生态资源环境问题与海洋生态补偿对策分析》，《海洋湖沼通报》2013年第2期。

贾欣、尹萍、张宗英：《海洋生态补偿理论与实践研究综述》，《农业经济与管理》2012年第4期。

连娉婷、陈伟琪：《填海造地海洋生态补偿利益相关方的初步探讨》，《生态经济》2012年第4期。

黄锡生、峥嵘:《论跨界河流生态受益者补偿原则》,《长江流域资源与环境》2012 年第 11 期。

刘慧、黄秉杰、杨坚山:《东半岛蓝色经济区海洋生态补偿机制研究》,《山东社会科学》2012 年第 11 期。

俞虹旭、余兴光、陈克亮:《基于生态系统方法的海洋生态补偿管理机制》,《生态经济》2012 年第 8 期。

郑苗壮、刘岩、彭本荣等:《海洋生态补偿的理论及内涵解析》,《生态环境学报》2012 年第 11 期。

俞虹旭、余兴光、陈克亮:《海洋生态补偿理论与实践研究进展及实践》,《环境科学与技术》2013 年第 5 期。

刘慧:《生态行政视角下完善我国海洋生态补偿法的思考》,《资源与产业》2012 年第 6 期。

李小健:《海洋生态补偿起步》,《中国人大》2013 年第 8 期。

陈建梅:《我国海洋生态补偿的地区差异性思考》,《知识经济》2013 年第 5 期。

白福臣:《构建广东海洋生态补偿机制的困境及对策》,《新经济》2013 年第 1 期。

张继伟、杨志峰、黄歆宇:《基于环境风险分析的海洋自然保护区生态补偿研究》,《生态经济》2009 年第 4 期。

郑冬梅:《海洋自然保护区生态补偿探析》,《海洋开发与管理》2008 年第 11 期。

于霖、高婧:《建立渤海海洋生态保护补偿制度研究》,《中国科技信息》2008 年第 17 期。

张继伟、黄歆宇:《海洋环境风险的生态补偿博弈分析》,《海洋开发与管理》2009 年第 5 期。

王淼、段志霞:《海洋生态价值的特点及补偿》,《工业技术经济》2005 年第 1 期。

陈玲:《从被"许可"的破坏到生态补偿附款许可——我国海洋工程环境行政许可的制度检视与变革路向》,《华南师范大学学报》(社会科学版) 2012 年第 3 期。

黄舒舒、张婕:《海洋资源开发项目中生态补偿的博弈分析》,《项目管理技术》2013 年第 8 期。

周尊隆:《海洋保护呼唤生态补偿》,《今日浙江》2013 年第 24 期。

金明亮、陈文福、陈菲嫣:《西部生态补偿的理论与实践——中国西部生态补偿国际研讨会综述》，《贵州财经学院学报》2005年第4期。

罗澍、黄远峰、黄毅华等：《深圳滨海大道工程的生态影响与生态补偿》，《中国环境监测》2000年第3期。

赵霞：《建立和完善生态补偿机制的财政思考》，《经济学动态》2008年第11期。

沈孝辉：《共存才能共荣——建议尽快建立长江流域生态补偿机制》，《森林与人类》1996年第4期。

黄庆波、戴庆玲、李焱：《中国海洋油气开发的生态补偿机制探讨》，《中国人口·资源与环境》2013年第2期。

林文勤：《构建我国海洋工程生态补偿机制的可行性与现实困境分析》，《环境与可持续发展》2014年第2期。

杨蕾、王寰、孙军：《平海洋行政规划视域下海洋生态补偿制度之构建——从概念分析到行动路径》，《中国海洋大学学报》（社会科学版）2014年第2期。

钭晓东：《生态文明演进中〈环境保护法〉修改的几个基本问题》，《管理世界》2011年第2期。

钭晓东：《海洋时代海洋污染损害赔偿问题研究》，《法学杂志》2013年第2期。

任保平、韩璐：《中国经济增长新红利空间的创造：机制、源泉与路径选择》，《当代经济研究》2014年第3期。

任保平、钞小静：《从数量型增长向质量型增长转变的政治经济学分析》，《经济学家》2012年第11期。

王珏：《分层次：发展服务我国贸易的一种思路》，《经济管理》2009年第11期。

高煜：《产权、资源利用与中国的可持续发展》，《西北大学学报》（哲学社会科学版）2006年第1期。

王开盛、杜跃平：《自然资源、投资与经济增长》，《未来与发展》2010年第7期。

李荣军：《荷兰围海造地的启示》，《海洋开发与管理》2006年第3期。

杜群：《美国以自然资源保护为宗旨的土地休耕经验》，《林业经济》2008年第5期。

郭瑞瑞、陈奕好：《海洋渔业的"公地悲剧"分析》，《中国商界》2010年第11期。

蔡志坚：《长三角地区公众森林环境服务支付意识的研究》，《经济师》

2007 年第 2 期。

朱小静、Carlos Manuel Rodriguez、张红霄、汪海燕：《哥斯达黎加森林生态服务补偿机制演进及启示》，《世界林业研究》2012 年第 6 期。

昌军、王广凤：《海洋经济价值内涵及其评价的框架结构》，《河北理工学院学报》2005 年第 2 期。

刘岩、李明杰：《21 世纪的日本海洋政策建议》，《中国海洋报》2006 年 4 月 7 日第 4 版。

窦博：《俄罗斯海洋发展前景展望》，《中国海洋大学学报》（社会科学版）2008 年第 2 期。

刘红、王慧、张兴卫：《生态安全评价研究述评》，《生态学杂志》2006 年第 1 期。

姜欢欢、温国义、周艳荣、吕则和、谢冕：《我国海洋生态修复现状、存在的问题及展望》，《海洋开发与管理》2013 年第 1 期。

乌兰：《海洋生态旅游与环境保护关系研究》，《山东社会科学》2010 年第 10 期。

杨振姣、罗玲云：《日本核泄漏对海洋生态安全的影响分析》，《太平洋学报》2011 年第 11 期。

杨振姣、唐莉敏、战琪：《国际海洋生态安全存在的问题及其原因分析》，《中国渔业经济》2010 年第 5 期。

杨振姣、周孟：《国际视野下海洋生态安全及其对国家安全的影响》，《太平洋学报》2010 年第 12 期。

刘家沂：《生态文明与海洋生态安全的战略认识》，《太平洋学报》2009 年第 10 期。

凌欣：《论海上溢油生态损害之企业预防责任》，《河南师范大学学报》（哲学社会科学版）2013 年第 3 期。

杨振姣、董海楠、姜自福：《我国海洋生态安全多元主体参与治理模式研究》，《海洋环境科学》2014 年第 1 期。

陈仲新、张新时：《中国生态系统效益的价值》，《科学通报》2000 年第 1 期。

王森、段志霞：《关于建立海洋生态补偿机制的探讨》，《中国渔业经济》2008 年第 3 期。

张明慧、陈昌平、索安宁：《围填海的海洋环境影响国内外研究进展》，《生态环境学报》2012 年第 8 期。

申进忠：《〈联合国海洋法公约〉强制性争端解决机制与海洋环境保护》，

2004 年中国环境资源法学研讨会论文，重庆，2004 年 7 月，第 22—27 页。

黄秀蓉、葛万军：《转型期的环境保护与治理策略》，《光明日报》（理论/实践版）2014 年 2 月 2 日第 3 版。

慎丽华、石建中：《日本濑户内海环境污染防治经验启示》，创新驱动与转型发展——青岛市第十一届学术年会论文，青岛，2013 年 9 月 12 日。

刘雪莲、张微微：《海陆联合的全球结构与合作性区域结构》，《政治学研究》2011 年第 4 期。

张思锋、张立：《煤炭开采区生态补偿的体制与机制研究》，《西安交通大学学报》（社会科学版）2010 年第 2 期。

刘卫先：《"塔斯曼海"轮溢油污染案一审判决引发的思考》，《海洋开发与管理》2008 年第 5 期。

蒋飞：《海洋生态文明视野下生态补偿机制初探》，《改革与开放》2012 年第 22 期。

贾欣：《海洋生态补偿量的计量分析》，《中国渔业经济》2013 年第 1 期。

马明飞、周华伟：《完善我国海洋生态补偿法律制度的对策研究》，《环境保护》2013 年第 12 期。

曹洪军、宫小伟：《海洋生态补偿的国际经验与借鉴》，《学术交流》2013 年第 8 期。

韩萌：《康菲溢油事故的法律责任分析》，《华北电力大学学报》（社会科学版）2012 年第 1 期。

苗丽娟、于永海、索安宁等：《确定海洋生态补偿标准的成本核算体系研究》，《海洋开发与管理》2013 年第 11 期。

段靖、严岩、王丹寅等：《流域生态补偿标准中成本核算的原理分析与方法改进》，《生态学报》2010 年第 30 期。

郭跃：《鄱阳湖生态经济区湿地生态补偿标准研究——以吴城为例》，《中国管理科学》2012 年第 11 期。

孙晓雷、何溪：《新常态下高效生态经济发展方式的实证研究》，《数量经济技术经济研究》2015 年第 7 期。

钟昌标、王林辉、董直庆：《制度内生化均衡过程和我国经济增长制度有效性检验》，《数量经济技术经济研究》2008 年第 3 期。

吕炜：《中国经济转轨进程中的财政制度创新逻辑》，《世界经济》2003 年第 10 期。

李文海：《黄土文明的过去和未来》，《寻根》2003年第1期。

王金坑、余兴光、陈克亮、王炳坤：《构建海洋生态补偿机制的关键问题探讨》，《海洋开发与管理》2011年第11期。

贾若祥等：《地区间建立横向生态补偿制度研究》，《宏观经济研究》2015年第3期。

徐飞：《中国八成近海生态呈亚健康》，《生态经济》2015年第8期。

秦艳红、康慕谊：《国内外生态补偿现状及其完善措施》，《自然资源学报》2007年第4期。

王海飞、林柳琳：《区域联动及其相关基本问题研究》，《改革与战略》2014年第6期。

戈华清：《构建我国海洋生态补偿法律机制的实然性分析》，《生态经济》2010年第4期。

唐俐：《南海海洋生态补偿法律问题探析》，《法学杂志》2010年第1期。

李万慧、刘夏阳、赵小蓉：《中国究竟应当实行什么样的财政转移支付结构》，《地方财政研究》2009年第2期。

陈尚、张朝晖、马艳等：《我国海洋生态系统服务功能及其价值评估研究计划》《地球科学进展》2006年第11期。

刘慧、高新伟、黄秉杰：《完善我国海洋生态补偿法律制度的路径探析——基于康菲石油案对我国海洋生态补偿法律的挑战》，《生态经济》2013年第2期。

程功舜：《海洋生态补偿的法律内涵及制度构建》，《吉首大学学报》（社会科学版）2011年第4期。

刘霜、张继民、刘娜娜、徐子钧：《填海造陆用海项目的海洋生态补偿模式初探》，《海洋开发与管理》2009年第9期。

陈希敏、白永秀：《从收入分配的本质看生产要素按贡献分配原则的理论依据》，《经济评论》2003年第5期。

向友权、胡仙芝、王敏：《论公共政策工具在海洋环境保护中的有限性及其补救》，《海洋开发与管理》2014年第3期。

李靖、廖和平：《基于生态系统服务功能价值土地整理生态效益评价研究——以重庆市长寿区木耳村土地整理项目为例》，《西南师范大学学报》（自然科学版）2013年第10期。

曲艳敏、张文亮、王群山、马志华：《海洋生态补偿的研究进展与实践》，《海洋开发与管理》2014年第4期。

汪秀琼、吴小节：《中国生态补偿制度与政策体系的建设路径——基于路线图方法》,《中南大学学报》(社会科学版) 2014 年第 12 期。
龙开胜、陈利根:《基于生态地租的生态环境补偿理论建构及应用》,《自然资源学报》 2012 年第 12 期。
严厚福:《流域生态补偿机制的合理构建》,《南京工业大学学报》(社会科学版) 2015 年第 6 期。
包庆德、丁玉梅:《生态哲学视野中的生态补偿机制研究进展》,《内蒙古财经学院学报》 2009 年第 12 期。
黄飞雪:《生态补偿的科斯与庇古手段效率分析——以园林与绿地资源为例》,《农业经济问题》 2011 年第 3 期。
严立冬、谭波、刘加林:《生态资本化:生态资源的价值实现》,《中南财经政法大学学报》 2009 年第 3 期。
郑长德:《中国西部民族地区生态补偿机制研究》,《西南民族大学学报》(人文社会科版) 2006 年第 2 期。
刘春江、薛惠锋:《环境产权拍卖机制及定价研究》,《环境保护科学》 2009 年第 12 期。
杨长福:《对开展海洋生态补偿审计的几点思考》,《中国审计报》 2017 年 5 月 17 日。
郝林华、陈尚、夏涛等:《用海建设项目海洋生态损失补偿评估方法及应用》,《生态学报》 2017 年第 6 期。
张普:《我国海洋生态补偿法律制度研究》,《合肥学院学报》(综合版) 2018 年第 2 期。
牟盛辰:《生态治理现代化视阈下浙江海洋生态补偿机制创新研究》,《社科纵横》 2018 年第 5 期。

(四) 其他类别

中华人民共和国国家环境保护局:GB 3097 - 1997,中华人民共和国国家标准 - 海水水质标准,中国标准出版社,1997 年 12 月 3 日。
国家海洋局:蓬莱 19 - 3 油田溢油事故联合调查组公布事故原因调查结论,2011 年 11 月 11 日。
国家海洋局:蓬莱 19 - 3 油田溢油事故联合调查组关于事故调查处理报告,2012 年 6 月 21 日。
国家海洋局:HY/T095 - 2007,海洋溢油生态损害评估技术导则。
Ecoagriculture Partners. 2006. Program summary. Available at.
Http://www. ecoagriculturepartners. org? programs? . htm. Washington,

D. C.：Ecoagriculture Partners.

Supplement III Buiding National Capacity for Payments for Ecosystem Services. Report to the UNDP? GEF：Forest Trends：Washington，D. C.

康菲公司设赔偿基金网站［EB/OL］. http：//finance. people. com. cn/GB/16677867 html，2018 - 02 - 28.

国家海洋局：《中国海洋环境状况公报》，2019 年。

国家海洋局：《中国海洋环境状况公报》，2018 年。

国家海洋局：《中国海洋环境状况公报》，2017 年。

国家海洋局：《中国海洋环境状况公报》，2016 年。

国家海洋局：《中国海洋环境状况公报》，2015 年。

国家海洋局：《中国海洋环境状况公报》，2014 年。

国家海洋局：《中国海洋环境状况公报》，2013 年。

国家海洋局：《中国海洋环境状况公报》，2012 年。

国家海洋局：《中国海洋环境状况公报》，2011 年。

国家海洋局：《中国海洋环境状况公报》，2010 年。

国家海洋局：《中国海洋环境状况公报》，2009 年。

国家海洋局：《中国海洋环境状况公报》，2008 年。

国家海洋局：《海洋统计年鉴》，2019 年 9 月。

国家海洋局：《海洋统计年鉴》，2018 年 9 月。

国家海洋局：《海洋统计年鉴》，2017 年 9 月。

国家海洋局：《海洋统计年鉴》，2016 年 9 月。

国家海洋局：《海洋统计年鉴》，2015 年 9 月。

国家海洋局：《海洋统计年鉴》，2014 年 9 月。

国家海洋局：《海洋统计年鉴》，2013 年 9 月。

国家海洋局：《海洋统计年鉴》，2012 年 9 月。

国家海洋局：《海洋统计年鉴》，2011 年 9 月。

国家海洋局：《海洋统计年鉴》，2010 年 9 月。

国家海洋局：《海洋统计年鉴》，2009 年 9 月。

国家海洋局：《海洋统计年鉴》，2008 年 9 月。

国家海洋局：《中国海洋经济统计公报》，2019 年。

国家海洋局：《中国海洋经济统计公报》，2018 年。

国家海洋局：《中国海洋经济统计公报》，2016 年。

国家海洋局：《中国海洋经济统计公报》，2015 年。

国家海洋局：《中国海洋经济统计公报》，2014 年。

国家海洋局：《中国海洋经济统计公报》，2013 年。
国家海洋局：《中国海洋经济统计公报》，2012 年。
国家海洋局：《中国海洋经济统计公报》，2011 年。
国家海洋局：《中国海洋经济统计公报》，2010 年。
国家海洋局：《中国海洋经济统计公报》，2009 年。
国家海洋局：《中国海洋经济统计公报》，2008 年。
中共中央：《国务院生态文明体制改革总体方案》，2015 年。

二 外文参考文献

Economic Commission for Europe, Recommendations on Payments for Ecosystem Services in Integrated Water Resources Management, United Nations 2007.

Pew Oceans Commission. Planning the Sailing of Ocean Industry in USA. Beijing: Ocean Press, 2005.

TRIBE L, SCHELLING C, JOHN VOSS E. When Values Conflict: Essays on Environmental Analysis, Discourse, and Decision. Cambridge: MA: 144 Ballinger Publishing Co., 1976.

Yuhuan Jiang, Jiwei Zhang, Keliang Chen, Xiongzhi Xue, Adi Uchenna Michael. Moving towards a systematic marine eco-ompensation mechanism in China: Policy, Practice and Strategy. Ocean and Coastal Management, 2019, 169.

Jin Taijung, Yao Hu. National Identity in the Content of Globalization: A Structural Perspective. Social Sciences in China, 2015, (2).

Plantinga A. J., conservation Alig R., Cheng H. The supply of land for conservation uses: evidence from the reservation reserve prograimne [J]. Resource, Conservation and Recycling, 2001, (31).

WUNDER S, ENGEL S, PAGIOLA S. Taking Stock: A Comparative Analysis of Payment for Environmental Services Programs in Developed and Developing Countries. Ecological Economics, 2008, 65 (4).

FARLEY J, COSTANZA R. Payments for Ecosystem Services: From Local to Global. Ecological Economics, 2010, 69 (11).

JunJie Wu, Bruce A. Babcock Relative Efficiency of Voluntary Versus Mandatory Enviromnental Regulations. (The) Journal of Enviromnental Economics and Managtnent, 1999, (38).

Harnndar, B. An Efficiency Approach to Managing Mississippi's Marginal Land Based on the Conservation Reserve Program. Resource, Conservation and Recycling, 1999, (26).

MASKIN E. Nash Equilibrium and Welfare Optimality. Review of Economic Studies, 1999, (66).

De Groot, R S Wilson, A Boumans, R J. A Typology for the Classification Description and Valuation of Ecosystem Functions Goods and Services. Ecological Economics, 2002, (41).

Johst K, Drechsler M, Watzold F. An Ecological-economic Modeling Procedure to Design Compensation Payments for the Efficient Spat ion-temporal Allocation of Species Protection Measures. Ecological Economics 2002, (41).

Moran D, Mcvittie A, Allcroft DJ, etala. Quantifying Public Preferences for Agri-environmental Policy in Scotland: a Comparison of Methods. Ecological Economics 2007, 63 (1).

Flliott M, Cutts ND. Marine Habitats: Loss and Gain, Mitigation and Compensation. Marine Pollution Bulletin 2004, (49).

Tou Xiao Dong. Citizen-oriented reforms of Environmental Law's Working Mechanism, China legal Sciences, 2013, (7).

DEBORAH P FMcCAY, NICOLEW, MATTHEwW, et a. l Spill Hazard Evaluation for Chemicals Shipped in Bulk Using Modeling [J]. Environmental Modelling & Software, 2006, (21).

RAUSCHER M. Environmental Regulation and the Location of Polluting Industries. International Tax and Public Finance, 1995, (2).

Pham T T, Campbell B M, Garnett S. Lessons for Pro-poor Payments for Environmental Services: An Analysis of Projects in Vietnam [J]. The Asia Pacific Journal of Public Administration, 2009, 31 (2).

Xie J, and Saltzman. Environmental Policy Analysis: An Environmental Computable General Equilibrium Approach for Developing Countries. Journal of Policy Modeling, 2000, (22).

Asquith N M, Vargas M T, Wunder S. Selling Two Environmental Services: In-kind Payments for Bird Habitat and Watershed Protection in Los Negros, Bolivia. Ecological Economics, 2008, 65 (4).

KARIN U, MARTIN D, FRANKW, et a. l. A Software Tool for Designing Cost-effective Compensation Payments for conservation Measures. Environmental Modelling & Software, 2007, 11.

Cook, W. D., and L. M. Seifond, "Data Envelopment Analysis (DEA) -Thirty Years On", European Jouropean of Operational Research, 2009, 192 (1).

Daily G, Polasky S, Goldstein J, Kareiva P, Mooney H, Pejchar L, etal. Ecosystem Services in Decision Making: time to Deliver. Frontiers in Ecology and the Environment 2009, 7 (1).

Song Bingtao. Institution and Change of the Public Economy: A New Interpretation of Early Modern Civilization Evolution. Social Sciences in China, 2015, (1).

后　　记

　　就人类文明的演进进程而言，无论是生态文明还是海洋文明，在2022年的时间点上，都注定是一个非凡而具有历史铭记点的里程碑式年份。因为：其一，2022年是《人类环境宣言》发布的50周年。1972年6月16日联合国人类环境会议全体会议在斯德哥尔摩召开，并通过具有里程碑意义的《人类环境宣言》，与会国和国际组织取得七方面重要共同看法与二十六项原则，呼吁各国政府和人民为维护和改善人类环境，造福全体人民，造福后代而共同努力，为保护全球环境战略与世界环境法治指明了方向。其二，2022年是《里约宣言》发布的30周年。1992年6月14日联合国环境与发展大会通过《里约宣言》。《里约宣言》是继《人类环境宣言》和《内罗毕宣言》以后又一个有关环境保护的世界性宣言，它不仅重申了前两个宣言所规定的国际性环境保护的系列原则、制度和措施，更有新发展。该宣言体现了冷战后新的国际关系下各国对于环境与发展问题的新认识，反映世界各国携手保护人类环境的共同愿望，是国际环境保护史上的一个新的里程碑。其三，2022年是《生物多样性公约》发布的30周年。《生物多样性公约》是一项保护地球生物资源的国际性公约，于1992年6月1日由联合国环境规划署发起的政府间谈判委员会在内罗毕通过，1992年6月5日，由签约国在巴西里约热内卢举行的联合国环境与发展大会上签署。公约于1993年12月29日正式生效。联合国《生物多样性公约》缔约国大会是全球履行该公约的最高决策机构，一切有关履行《生物多样性公约》的重大决定都要经过缔约国大会的通过。在国际社会疫情仍未得到有效控制的背景下，是一个急需夯实研究的时代命题。

　　除此之外，更为重要的是——2022年正值《联合国海洋法公约》发布40周年。40年前，也就是在1982年12月，历时9年的第三次联合国海洋法会议在牙买加的蒙特哥湾落幕。作为人类历史上最漫长的国际多边谈判，通过了《联合国海洋法公约》，形成17个部分、320条款项以及9

个附件的庞大海洋法体系。该公约于 1982 年 12 月在牙买加开放签字，我国是最早签字的国家之一。而这也使中国在国家社会海洋文明演进进程的链条中有了历史记忆节点。当前人类社会正从"面向黄土、背对海洋"的"黄土文明"转向"面向海洋、拥抱海洋"的"海洋文明"演进。而这一海洋时代背景，无疑也进一步彰显了 2022 年《联合国海洋法公约》在全球海洋发展中的重要里程碑意义。

习近平总书记强调，建设海洋强国是实现中华民族伟大复兴的重大战略任务。对中国而言，1982 年的第三次联合国海洋法会议，是重返联合国后第一次参加的重要国际多边谈判。而从其后我国所提出的建设海洋强国目标来看，它无疑是对中国影响最为深远的国际谈判之一。对于走在海洋强国战略推进进程的中国而言，2022 年无疑是非常具有特殊意义的年份。因此，夯实相关重大海洋问题研究，向世界讲述迈向海洋文明、走向海洋时代的中国故事，阐述中国主张，贡献中国智慧，展现中国担当，在当下就有着非常重要的时代意义。举一纲而万目张，解一卷而众篇明。海洋文明演进与海洋强国战略推进的时势背景，无疑对于海洋生态补偿问题的研究走向深入有着重要的引领。我自 2012 年开始重点关注海洋生态补偿问题，到 2018 年申报成功国家社科基金后期资助项目"海洋生态补偿问题研究"，再到 2022 年出版，历经十余年。本课题的重点方向选择与研究思路框架在十余年的打磨中不断优化，也取得系列阶段性成果。在此期间，非常感谢自然资源部、生态环境部、国家海洋局等部门及钭晓东等专家，张印等同学，在收集资料与推进课题研究的大力支持，积极助力本课题研究的不断深入。当今世界正经历百年未有之大变局，正经历世界多极化、全球样态叠加的深刻嬗变，无疑对于海洋文明演进中的相关重大海洋问题、对于海洋生态补偿问题研究等实现与时代共振有着深刻的影响。同时也促使其中的相关问题研究，在"海洋利益全球化博弈—国家海洋战略推进—中国式方案及使命阐释"的相互交织与相互作用中，进一步承担更为深远的时势使命！

黄秀蓉
2022 年 7 月 1 日